国家の歴史社会学

再訂訳版

SOCIOLOGIE DE L'ÉTAT

ベルトラン・バディ／ピエール・ビルンボーム
Bertrand Badie and Pierre Birnbaum

小山勉・中野裕二＝訳

吉田書店

SOCIOLOGIE DE L'ÉTAT
Nouvelle édition
augmentée d'une préface

by Bertrand Badie and Pierre Birnbaum

Copyright © 1979, Éditions Grasset et Fasquelle
Copyright © 1982, Éditions Grasset et Fasquelle, Pour la préface

Japanese translation rights arranged with
La Société des Editions Grasset & Fasquelle, Paris
Through Tuttle-Mori Agency Inc, Tokyo

訳者まえがき

　本書は Bernard Badie et Pierre Birnbaum, *Sociologie de l'État*, Nouvelle édition augmentée d'une préface, Grasset, 1982（初版は1979年）の全訳である。原著の日本語訳は小山勉の訳により日本経済評論社から1990年に出版されていたが，入手できない状態となっていた。そこで，吉田書店より改めて再訂訳版を出版することとした。

　改めて出版するにあたり，日本経済評論社版の小山勉の訳文全体を中野が再検討し，必要に応じて訳し直した。そのため，故人である小山勉と中野の共訳という形をとっている。1990年版の使用と共訳という形を快諾していただいた小山先生のご家族にお礼を申し上げたい。また同じく1990年版の使用を許可していただいた日本経済評論社にもお礼申し上げたい。

　今回，1990年版から25年が経過したことを考慮し，単に訳し直すだけでなく，B・バディとP・ビルンボームの両著者にそれぞれ文章を寄せていただいた。原著が出版されて35年以上の時が経ている。原著出版後の国家をめぐる状況の変化，35年の時を経ても変わらない本書の意義がそれぞれの著者の視点から述べられている。本文に対する補論として，ぜひ併せて読んでいただきたい。

　さらに書くならば，同じく吉田書店から，ビルンボームのもとで学んだイヴ・デロワ（Yves Déloye）（ボルドー政治学院教授）の『国民国家　構築と正統化』が2013年に出版されている。デロワの『国民国家』は人々が近代国家の枠組みに組み込まれ国民となっていく過程を忠誠の変化や投票行動の意味変化などから跡づけるもの

である．本書が近代国家構築の過程と国家の型，ならびにそれに応じて異なるエリート間の関係を中心に扱うとするならば，デロワの『国民国家』は国民形成を中心に扱うといってよい．本書と併せて読むことで，地理学，社会学，そして歴史学の方法を取り入れたフランス政治学が国民国家をどのように理解したのかが理解できよう．

【凡例】
1　引用箇所はすべて「　　」で示し，なお引用文中の中略［……］は（……）でまとめた．
2　イタリック体で強調されている語句の訳語には傍点を付した．
3　人名は，初出の場合は，［　　］または（　　）を用いて，原則として原語と生年・没年・在位期間等を示した．フランス人以外の人名表記は，主として『岩波西洋人名辞典　増補版』と山川出版社の「世界各国史」に依った．ただし，姓の表記の省略は原著に依る．
4　原著中の他の文献からの引用については，邦訳のあるものは当該箇所を〔　　〕で明示するように努めた．ただし，訳文は仏文への忠実性を重視した．なお，再訂訳にあたり追加した邦訳文献を（　　）で示した．
5　書名は『　　』で，論文は「　　」で表した．
6　訳者の補足部分は，著者らが（　　）で示した補足や挿入と区別するために〔　　〕を用いた．
7　索引は訳者が作成したものであり，収録範囲は本文および著者二名の補論に限定される．

第2版への序文

　本書の目的は，ある概念，つまり国家概念の使用法を明確にすることにあった。国家概念は，理論的慎重さを欠いたまま過度に一般化され，同時に画一的にすべての政治システムに当てはめられてきたために，その固有の内容が失われていた。それゆえ，国家概念は現代政治分析において問題発見的意義を完全に失いつつある。政治機構の中央集権化は，程度の差こそあれすべての社会に共通する法則であるとみなされ，そこで国家概念は，何ら明確な定義をされないままに，たいていこの過程の最終段階を指すものとして使われている。

　ところが，社会学理論に目を転じれば，社会学理論がつねに国家をより厳密に捉えてきたことに気づくだろう。いくつかの大きな社会学の系譜は，その相互の違いを超えて，国家と政治的中心とを概念上明確に区別するという点では共通している。それらはまた，国家概念を周到に構築するために，分化概念を考慮に入れることによって，その概念にいっそう操作的な性格を与えている。

　このような状況のもとで，われわれは二者択一を迫られている。すなわち，大雑把で無益な国家の定義で満足するのか，あるいは，社会学理論が引き出したさまざまな見地を学び，国家は普遍史的現象ではなく，前近代社会が多かれ少なかれ直面した歴史的危機の産物であると認めるべきか，そのいずれかである。しかしながら，国家はどこにでも存在するものであると主張することはもはやできないとしても，だからといって，われわれは，国家の構築がただ一国あるいは少数の国にしか見られないなどと主張するつもりはない。

実は，国家化（étatisation）の社会過程はそれぞれ国によって異なっており，そうした多様な過程をもたらしているのは個々の歴史だからである。

われわれが本書を執筆した当時は，とくにアングロ・サクソン系の諸国で，国家と歴史を突き合わせて理解すべきであるという見解が表明されていた。政治学理論のうちでもっとも革新的と思われる分野がこの見解を広めていた。今日では，社会学理論の生み出した大モデルは全面的な危機に直面し，それを契機に，今度は社会学の方でこの見直しの流れが目立っているように思える。この危機は同時に，より伝統的な分析への回帰ももたらしている。そこでは，分析方法は方法論的個人主義や単純な経験的方法から着想をえて，分析計画はたいてい純粋に規範的な考察に合わせて方向が定められている。

このような変化の大部分は，歴史社会学に固有の方法論上の困難と，歴史社会学に付随する認識論的不確実性とに起因している。しかし，理論的反省を放棄することは最善の解決策ではない。本書におけるわれわれの狙いは，どのような時期とどのような場所で，それぞれの社会の歴史と国家の構築過程とが連接するのかを摘出する分析モデルを練り上げることである。絶えず歴史から学ぶことで，これからの国家の社会学は，政治類型の新しい進化論を避けなければならない。ひとたび特定の類型の国家が構築されると永久不変化するといった理論を再び生み出さないようにしなければならない。そうすればとくに，ある国家型から別の国家型への変容の条件は何か，を問うことができよう。

1982 年 7 月

目 次

訳者まえがき　iii
凡　例　iv
第2版への序文　v

序　論 ────────────────────────────── 1

第Ⅰ部　社会学理論における国家

第1章　古典社会学の直観 ──────────────── 6
第1節　マルクスの思想と2つの国家論　6
第2節　デュルケム：分業と国家　19
第3節　ウェーバー：国家と西欧的合理性　30

第2章　現代の支配的社会学の挫折 ──────────── 42
第1節　新しい国家観　44
　1　国家と合理化
　2　国家の一般化
第2節　支配的モデル批判に向けて　80
　1　分化社会学批判
　2　単線的発展説批判

第Ⅱ部　国家・社会・歴史

第1章　国家・分業・資本主義 ──────────── 108
第2章　国家と社会構造 ─────────────── 128
第3章　国家・文化・分離 ───────────── 139
第4章　国家の伝播：ヨーロッパから従属社会へ ─── 151

第Ⅲ部　現代社会における国家・中心・権力

第1章　国家による統治：官僚制をもった権力 ——— 170
- 第1節　国家のモデル：フランス　170
- 第2節　国家の制度化の未完成：プロシア　185

第2章　市民社会による統治：官僚制の弱さ ——— 194
- 第1節　低国家化のモデル：イギリス　194
- 第2節　アメリカの場合　201
- 第3節　国家と多極共存型民主主義　209

結　論 ——— 217

解　説　221

補論1
すべての主権国家に主権はあるのか？（ベルトラン・バディ）　267

補論2
説明変数としての国家類型　（ピエール・ビルンボーム）　279

訳者あとがき　295

事項索引　307
人名索引　316

序　論

　最近，社会学全体が歴史と向き合っている。現代になって科学的学問領域の1つとなった社会学は，幾人かの社会学の創始者たちが自らの研究に与えていた歴史的な側面を忘れる傾向にあった。それ以来，社会学は有機体論的視座とミクロ社会学的アプローチに支配されていた。前者は，不変で均衡のとれた1つの全体と定義される社会システムに関する分析に社会学を引き入れていたし，後者は，多様な社会的相互作用が展開される小集団に関する研究へと社会学を導いていた。いずれの場合も，社会学は歴史に無関心となり，同時に支配現象を顧みなくなっていた。このような歴史と社会学の断絶は，とくにアメリカ社会学において決定的である。アメリカ社会学は大きな成果をもたらしながらも，いまなお断固として非歴史的である。

　これに対しフランスでは，数十年前は，往々にして歴史学者の方が社会学者の研究に学び，彼らの方法を借用して，それを社会の変転の研究に適用していた。今日，事態は逆転しているようである。いまでは社会学者の方が歴史学者の研究を自らの分析に組み込もうとしている。社会学は歴史学的となり，自らの固有のモデルを歴史の資料に適用している。このような動きの口火を切ったのは，社会学者マックス・ウェーバー（Max Weber, 1864-1920）の歴史研究の重要性にいちはやく気づいたアングロ・サクソン系の政治社会学であった。そこから驚くほど豊かな研究成果が生まれた。今度はフランスの社会学が実際に歴史を再発見することが緊要となっている。

　とりわけこうした新しい動きのみが真の意味での国家の社会学の

開花を促すことができるといえる。長い間哲学者や法律学者の研究に委ねられてきた国家は，実はむしろ社会学的なアプローチに属している。それは，ある種の還元主義的な社会学主義が頻繁に主張するように，国家の組織と機能の仕方が何らかの社会的決定論によって規定されるからではなく，国家それ自体が1つの社会的事実だからである。国家は社会システムにおける行為者であるから，社会システムの歴史と関連がある，しかしそれでも，国家は固有の歴史を有している。

まったく新しい比較の方法によってはじめてそれが説明可能となるだろう。この新しい比較の方法では，都市国家の構造のみならず，帝国，絶対主義国家，さらには近代国家の構造についてもすぐれた考察を行った歴史学者の分析に，多くの社会学理論のパラダイムを適用することを想定している。この方法は，歴史学者が試みた理論化を彼らとは違った仕方で解釈することも含む。社会学者の問題関心と歴史学者のそれとは異なるからである。

本書の著者は2人ともこれまでこのような方法論上の難題と取り組んできた。ところが，フランスには，社会学者は歴史学者の優位を認めて譲るか，あるいはいっそのこと歴史学者に鞍替えすべきであると主張することによって，この問題をあっさり片づけてしまっている者もいる。われわれのうちの1人は，以前に政治発展の問題について検討し，この歴史的現象に社会学的説明を加えようとした。もう1人は，フランス社会の最近の歴史に見られた権力の変容に関する解釈を一新しようとした。まさにこうした作業から，この新しい著書の構想が生まれたのである。本書は歴史学者の研究成果に負うところ大である。

しかしながら，歴史社会学はいまなおきわめて脆弱である。それは膨大な，時に種々雑多な文献の孫引き的な分析に依拠している。

さらに，歴史社会学は，国家の歴史を知ろうとすると同時に，その歴史を社会学的に解釈しようとする。われわれがうまく克服できなかった問題も多い。それでもなお，われわれは研究を発展させるための下準備をし，いくつかの理論的視座を描こうとした。なぜなら，国家の生成とその変容，国家形態の多様性，その発展の不均衡といった問題について検討する，国家の社会学を構築することがいまや緊要となっているからである。

第 I 部

社会学理論における国家

第1章　古典社会学の直観

第1節　マルクスの思想と2つの国家論

　マルクス（Karl Marx, 1818-1883）の次の2つの言明の間には共通点があるのだろうか。1つは、「社会の経済的構造は法律的・政治的上部構造が聳え立つ実質的な土台である[1]」、という定言的で単純明快な言明である。もう1つは、マルクスが、他の人々は自分の著作に基づいて研究を発展させることができるだろうとみなした後で、次のように認める際の言明である。すなわち、将来のマルクス主義者達は、あらゆる領域において、『資本論』を学ぶことによって、彼ら自身の分析を発展させることができるだろう、ただし「多様な国家形態と社会のさまざまな経済的構造との関係を除いて[2]」。

　前者の主張は、その他の主張とともに、俗流マルクス主義の起源に位置するものである。この主張は、とりわけ国家を経済主体論的・還元主義的観点から捉える第3インターナショナル〔コミンテルン〕の支持者たちと同様、今日の多くのエピゴーネン〔追随者〕のなかできわめて支配的な考えである。〔土台・上部構造という〕この空間的隠喩は、いくつかの修正を除いて、今日でもなお頑固な理論家の言説に登場している。彼らは、「自律」「調停」「最終審級に

---

[1] Karl Marx, *Préface à la contribution à la critique de l'économie politique*, Éd. Sociales, 1957, p. 4.〔武田隆夫・遠藤湘吉・大内力・加藤俊彦訳『経済学批判』岩波文庫、「序言」13頁〕

[2] Karl Marx, *Lettres à Kugelmann*, Éd. Sociales, 1971, p. 30.

おける被規定性」といった概念を用いて，この隠喩を豊かにすることができると信じ込んでいる。マルクス主義はしばしば単なる言説となることで，純粋に概念ゲームとして機能し，また，原典の大胆な読解から引き出され，またしてもマルクス自身が認識していた現実の極度の多様性を無視する新しい隠喩を生産する機械として機能している。このような確固たる伝統のなかでは，国家は，現在どのように異なった形態をとっていても，すべての資本主義社会においてはつねに不変であり，しかもつねに資本の忠実な代理人である。この資本は時として巧妙にある程度の自律性を国家に与えることによって，自らの支配をいっそう機能的で確実なものにする。

このように考えるならば，マルクスを国家の社会学の創始者の1人とみなすことはできない。ところが，マルクスによれば，社会が異なれば国家の形態も異なる。なお，逆説的な意味で次の引用は本書の題辞としても役立つだろう。すなわち，彼によれば，「『現実の国家』は国境とともに変わる。それは，プロシア＝ドイツ帝国とスイスやイギリスでは違っており，合衆国とでも違っている。だから，『現実の国家』は1つの虚構である[3]」。われわれがなすべきことは，もはや国家について論ずることではなく，個々の社会の歴史に即して形成された多様な国家の類型を正しく分析することである。このフレーズから気づかされるのだが，マルクスが挙げている国々はすべて資本主義型の経済体制をとっている。にもかかわらず，それぞれの国家は根本的に異なっている[4]。フランスのマルクス研究者たちは，彼の著書に関して経済主体論的・還元主義的な見解を示すこ

---

[3] Karl Marx, *Critique des programmes socialistes de Gotha et d'Erfurt*, Éd. Spartacus, 1948, p. 34.〔全集刊行委員会訳『ゴータ綱領批判』国民文庫, 39 頁〕（後藤洋訳『ゴータ綱領批判 エルフルト綱領批判』新日本出版社, 2000 年）

[4] 本書第Ⅲ部を参照。

とに執着するあまり，この重要な点をまったく考慮しなかった。

　マルクスは驚くほどの予感をもって，次章以降で展開する国家の社会学のいくつかの方向を見通していた。彼の指摘によれば，合衆国では，「ブルジョワ社会は封建制のなかから突然現れたのではなく，それ自体のなかから出てきたものである。現代の諸関係はこの数世紀来の発展の結果ではなく，新しい変化の出発点である。国家は，それまでの国家機構をまったく顧みることなく，当初からブルジョワ社会とその生産様式に従属していた。それゆえ，国家の自己目的化は起こりようがなかった[5]」。今日の歴史社会学はヨーロッパ大陸の高度に発達した国家の起源について検討する際に，封建制のいくつかの重要な影響を強調しているが，これらの点についてはマルクスもすでに注目していた。合衆国では，国家は封建的な構造から自己を解放する必要はなかったがゆえに，「自己目的」化することもなかったし，市民社会に対して自立をいわば「要求する」こともありえなかった。それゆえ，国家は市民社会に対して依然として従属状態にあり，のちに考察するように，合衆国では国家は今日なお最小国家である。

　反対に，われわれがプロシアで目の当たりにするのは，「官僚制の骨組みと警察の装甲板をもち，封建的な要素の混合物をともなった議会形態で縁取りされた軍事独裁にほかならない国家[6]」である，とマルクスは強調している。したがって，封建制の過去を経験した社会は官僚制国家を生み出す。この国家は市民社会を支配するにいたり，その意味では単なる支配的ブルジョワジーの道具ではない。

---

5) Karl Marx, *Fondements de la critique de l'économie politique*, Anthropos, 1968, 2ᵉ vol., p. 545.

6) Karl Marx, *Critique des programmes socialistes de Gotha et d'Erfurt, op. cit.*, p. 35.〔『ゴータ綱領批判』，41頁〕

プロシアでは，19世紀になっても，その独自の過去のゆえに，国家は，「抑圧的で，自立性が強く，工業・商業・農業とは無縁の神聖な勢力であり，そのため国家はブルジョワ社会の俗悪な道具に堕することはまったくない[7]」。フランスのマルクス研究者たちはこうしたさまざまなテキストをまったく引用していない。なぜなら，いかなる社会学的な方法も受け入れない彼らの還元主義的な解釈をこれらのテキストが正面から否定するからである。

逆にマルクスは，これらの引用箇所や他の多くのテキストにおいて，歴史の軌跡の多様性に注目した国家論の基本原理を提示している。あのあまりにも有名な，下部構造・上部構造という，歴史的視座とはまったく無関係の，決定論的・還元主義的な隠喩とは正反対な国家の社会学的モデルがこれから少しずつ明らかになってくる。マルクスの考えによれば，特定の国家の構築過程における重要な変数は，きわめて狭い意味での封建制である。それゆえ，マルクスはすでに，国家の本質を規定しているのは社会政治的変数であって，生産関係だけではない，と考えていた。合衆国には封建制の過去がなかったがゆえに，国家は市民社会に，したがってブルジョワジーに「従属」するにいたった。これとは逆に，プロシアでは，封建制の過去があったがゆえに，国家はブルジョワジーの道具にならなかったばかりでなく，「自立を要求した」のだという。

ここで注目すべきは，マルクスのいう国家の「自立」とは，文官官僚制と強力な軍事・警察機構に対する支配力とを基礎とするものである，という点である。国家は種々の固有の資源を確保するようになってはじめて，実際に自立を要求できる[8]。国家は社会階級間

---

7) Karl Marx, *Nouvelle Gazette rhénane*, Éd. Sociales.
8) このような国家の自立要求モデルについては，Pierre Birnbaum, *Les Sommets de*

の関係,階級関係の凝縮にほかならない,ということはあまりにもよく知られているが,マルクスが本当の意味で政治的な変数によって自らの考えを発展させるようになった時,国家は1つの制度として現れる。彼にとって,「政治的国家を有機体とみなすことは1つの大きな進歩である[9]」。このヘーゲル (Georg Wilhelm Friedrich Hegel, 1770-1831) との「思いがけない出会い」はマルクスには本質的なものに見えた。なぜなら,ヘーゲル理論の発見によって,国家が市民社会を支配するための道具としての官僚制を強調することができるからである。マルクスは唯物論者であるけれども,純粋に観念論的とみなされているヘーゲルの著作を軽視してはいない。ここでも,マルクスの注意深い読解は独断的で性急な解釈の余地を許さないのである。マルクスによれば,「ヘーゲルは2つの固定した対立物,現実的に異なる2つの領域としての『市民社会』と『政治的国家』とを分離することから出発する。この分離は確かに現実的に近代国家のうちに存在する[10]」。市民社会から分離された国家は,政治の特殊な歴史状況の影響を受けて,官僚機構に依拠しながら自らの分化に成功することになる。現代の社会学者は歴史的な軌跡の極度の多様性により注意を払うことによって,同じ結論に達し,より納得のいく類型論をわれわれに与えてくれることになる。

　確かに周知の通り,マルクスはヘーゲルを次の2つの点について批判する。1つは,ヘーゲルが,官僚制は「個別利益の想像上の普

---

　　l'État, Seuil, 1977, chap. 1〔田口富久治監訳・国広敏文訳『現代フランスの権力エリート』日本経済評論社,1988年〕を参照。
9) Karl Marx, *Critique de la philosophie de l'État de Hegel*, Costes, 1948, p. 30.〔真下信一訳『ヘーゲル法哲学批判序説』国民文庫,「ヘーゲル国法論批判」15-16頁〕
10) *Ibid.*, p. 151.〔真下訳,129頁〕

遍性を守り，結果，一般利益の想像上の特殊性を守ること[11]」しかできないという点を理解していないこと，もう1つは，官僚制の「内容」に関する考察を行っていないということ[12]，である。マルクスは，個別利益が実際に一般利益になりさえすれば，官僚制は廃止すべきである，と提言するにいたっている[13]。彼がのちに綱領的な文章でしばしば主張しているように，自動的に調和のとれた社会は，実際に国家を必要としないし，ましてや官僚制も必要としない。しかし，このような分析だけを取り上げるならば，マルクスの考察を正しく評価することはまずできないだろう。マルクスはウェーバーの官僚制に関する研究を先取りして，こうした「現実的な」官僚機構の出現をきわめて的確に検討し，国家は「現実的な勢力」となり，しかも「それ自体独自の実質的内容[14]」となるとしている。この瞬間から，「国家は自己の存在に気づく。政治生活は，人間の真の絶対的な類的生活を自任するために，自己の前提条件であるブルジョワ社会とその諸構成要素とを圧迫しようとする[15]」。

　ウェーバーはのちにプロシアについて検討し，官僚制モデルを打ち立てる。マルクスもまた，プロシアに関するヘーゲルの分析を用いて，公務員の採用方法，選抜試験の発達，権限管轄に基づく組織内の階層制の出現等について研究している。現代の社会学者たちが指摘しているように，これらの要因は国家の自律化を促進する[16]。

---

11) *Ibid.*, p. 100.〔真下訳，82頁〕
12) *Ibid.*, p. 98.〔真下訳，81頁〕
13) *Ibid.*, p. 104.〔真下訳，86頁〕
14) *Ibid.*, p. 101.〔真下訳，83頁〕
15) Karl Marx, *La Question juive*, 10/18, UGE, 1968, pp. 27-28.〔城塚登訳『ユダヤ人問題によせて・ヘーゲル法哲学批判序説』岩波文庫，「ユダヤ人問題によせて」28頁〕
16) Karl Marx, *Critique de la philosophie de l'État de Hegel, op. cit.*, p. 113.〔真下訳，

マルクスは国家官僚制の分化過程をきわめて鮮やかに描き出している。「ヘーゲルが市民社会と国家との間につくり上げた同一性は，2つの敵対する軍隊の同一性のようなものである。そこでは，軍人はみな『投降』によって『敵』の軍隊の一員となる可能性がある。その意味では，ヘーゲルは現在の経験的状態を描き出しているといえる[17]」。マルクスにとって，ヘーゲルは通俗的な観念論者ではなく，彼の官僚制に関する論述も単に想像上の官僚制を指しているものでもない。マルクスはヘーゲルの著作を分析して，「ほとんどの節はそのまま字句通りプロシア国法に載ってもおかしくなかろう[18]」とさえ主張している。

しかし，よく知られているように，マルクスは，リープクネヒト（Wilhelm Liebknecht, 1826-1900）がヘーゲルの著書の編集刊行に当たって，ヘーゲルを「プロシア王国的」国家観の発見者・礼賛者として紹介した時，彼を「なんたる愚か者めが」ときめつけている[19]。マルクス自身は，ヘーゲルの著書はプロシア国家の現実に対応していると認めながらも，同時に彼をブルジョワ国家観の理論家とみなしている。マルクスは次のように問いながら，プロシアでは封建制の影響のために，国家が社会を支配しているのだと認めている。しかし，彼のそうした態度も根本的に矛盾している。「この本質（私的所有のこと）に対置される政治的国家に何が残るのか。政治的国家はむしろ規定される側なのに規定する側だと思い込む幻想が残るだけだ。確かに政治的国家は家族と社会の意志を圧殺するけれども，それは没家族的・没社会的な私的所有の意志を実体化するためにほ

90-96 頁〕
17) *Ibid.*, p. 109.〔真下訳，91 頁〕
18) *Ibid.*, p. 97.〔真下訳，79 頁〕
19) Eric Weil, *Hegel et l'État*, Vrin, 1950, p. 15 からの引用。

12　第Ⅰ部　社会学理論における国家

かならない[20]」。このような考察は，前述のマルクスの社会学的モデルを否定するものである。なぜなら，これからは，たとえばプロシアと合衆国との区別はもはやできなくなるからである。いずれの場合も，国家は，社会が封建制の過去を経験しているか否かにかかわりなく，私的所有と結びついている。さらに悪いことに，マルクスは驚くほどの社会学的直観をもって，プロシアの国家とスイスの国家との間には何らの共通点もなく，この両国はイギリスやアメリカの国家とも違う，と述べた後，次のようにつけ加えている。「しかしながら，文明諸国の多種多様な国家は，その形態上の種々雑多な違いにもかかわらず，いずれも近代ブルジョワ社会を土壌とするという共通点をもっている。ただ資本主義的発展の程度に差があるだけである。それゆえ，いくつかの本質的な性格は共通しているのである[21]」。

マルクスは，たとえば，イギリス，プロシア，合衆国がたどったそれぞれ異なる歴史の軌跡を想像力豊かに叙述した後，頻繁に用いられるあのいつもの隠喩を連想させる機械論的な見方に立ち返り，同時に，以前のあの豊かな論証を放棄している[22]。この2つの思考傾向はボナパルティズムの国家に関する分析にもはっきりうかがえる。次のテキストはもっとよく知られているけれども，そのなかで

---

20) Karl Marx, *Critique de la philosophie de l'État de Hegel, op. cit.*, p. 205.〔真下訳，180頁〕

21) Karl Marx, *Critique des programmes socialistes de Gotha et d'Erfurt, op. cit.*, p. 34.〔『ゴータ綱領批判』国民文庫，39頁〕

22) ジョン・マッガイアーはマルクスの著書におけるこの2つの側面について見事な論述を行っている。彼の著書はマルクス主義的政治分析に関する唯一の基本的文献である。John Maguire, *Marx's Theory of Politics*, Cambridge, Cambridge University Press, 1978, pp. 199-200. この点については，Shlomo Avineri, *The Social and Political Thought of Karl Marx*, Cambridge, Cambridge University Press, 1968, chap. 2 を参照。

第1章 古典社会学の直観

もっとも鋭い部分は，従来の隠喩とは異なっているというだけで，ほとんど引用されてはいない。そのなかでマルクスは次のように強調している。「執行権力が50万以上にもおよぶおびただしい数の官僚を自由に動かし，（……）国家が市民社会を包囲し，統制し，規制し，監視し，後見している[23]」フランスでは，「ブルジョワジーはサーベルを神に祭り上げたが，〔いまは〕サーベルが彼らを支配している[24]」。だからこそ，「すべての階級が等しく力なく声なく，銃床の前にひざまずくにいたったのである[25]」。

マルクスによれば，プロシアにおいて官僚制化した国家が社会から自立していたように，フランスでも，「国家機構がブルジョワ社会に対して自己をしっかりと強化した」ので，「国家は完全に自立的になったようである[26]」。マルクスは自身にとって本質的な次の点を幾度も強調している。「ボナパルトは執行権として（……）自己を社会から自立させた[27]」。マルクスのこうした分析は，これまでほとんど検討されていないけれども，彼が最初に取り組んだ観点が一貫していることを示している。マルクスはこの観点から，国家はある歴史的状況においてどの程度まで分化が進めば市民社会から実際に分離しうるのか，という問題を解明するにいたっている。マルクス研究者たちは，彼らが「ボナパルティズム的」と呼ぶこのモデルは，マルクスにおいては例外的な状況にしか当てはまらないとみなすことで，このモデルのもつ理論的広がりを狭めている。例外

---

[23] Karl Marx, *Le 18 Brumaire de Louis Bonaparte*, Pauvert, 1964, p. 274.〔伊藤新一・北条元一訳『ルイ・ボナパルトのブリュメール十八日』岩波文庫，71頁〕（市橋秀泰訳『ルイ・ボナパルトのブリュメール一八日』新日本出版社，2014年）

[24] *Ibid.*, pp. 342-343.〔伊藤・北条訳，138頁〕

[25] *Ibid.*, p. 346.〔伊藤・北条訳，141頁〕

[26] *Ibid.*, p. 348.〔伊藤・北条訳，143頁〕

[27] *Ibid.*, p. 359.〔伊藤・北条訳，154頁〕

的状況の1つは，敵対する社会階級間に一時的に成り立つ均衡から生じる状況（実は，エンゲルス［Friedrich Engels, 1820-1895］の指摘によれば，「闘争状態にある階級が相互にほぼ均衡を保つ時，国家権力が外見上の調停者として両者に対してある程度の自立性をもつ例外的な時期がある[28]」）である。もう1つは，支配階級が市民社会内で行使するヘゲモニーの一時的衰退の結果生じる例外的状況である[29]。

この2つの仮説では，国家の分化過程の名前として用いられる「ボナパルティズム」モデルは，下部構造的な考え方に依拠して，国家の自立はつねに一時的であることを説明するものとなってしまっている。しかしながら，マルクスのテキスト全体の再検討の意義は大きいように思える。なぜならマルクスは，ボナパルティズムの例外的時期に限定せずに，国家の自立のもつ歴史的な，そしてまさに「現実的な」性格を強調しているからである。このような観点に立てば，国家の自立は，封建制の過去を有する一定の社会（プロシアとフランスがその例で，その反対例はアメリカ）で起こり，しかも，政治的なるものの場の分離，すなわち分業の全体的メカニズムの帰結としての機能分化を推し進める，分化過程全般の帰結であるということになる。この分化過程は，〔政治的なるものという〕この特殊な場では，強力な官僚機構を生み出す。

〔土台・上部構造という〕伝統的な隠喩に頼らずにすむ非凡な鋭い直観，それは，国家の誕生を説明するのは生産手段の私的所有ではなく分業である，という直観である。現代の社会学的国家論にとっ

---

28) Friedrich Engels, *L'Origine de la famille, de la propriété privée et de l'État*, Éd. Sociales, 1966, p. 157.〔戸原四郎訳『家族・私有財産・国家の起源』岩波文庫，227-228頁〕（土屋保男訳『家族・私有財産・国家の起源』新日本出版社，1999年）
29) Alain Rouquié, « L'hypothèse "bonapartiste" et l'émergence des systèmes politiques semi-compétitifs », *Revue française de science politique*, déc. 1975, p. 109.

てきわめて重要なものとなるはずのこの考えは，とくに『ドイツ・イデオロギー』のなかにはっきりと現れている。マルクスによれば，社会階級の形成と国家の形成とをともに条件づけているのは分業である[30]。「最大の物理的・知的分業は都市と農村との分離である。都市と農村との対置は野蛮から文明への移行とともに始まる」。確かに，マルクスは分業の発達を是認してはいない。分業が「豊かな人間」を破壊し，「疎外し，人間に対する支配を正当化するものだ」からである。現代の国家社会学者とは反対に，マルクスは，分業は構造の分化をもたらし，社会の自動的な調和すなわち新しい共同体の到来を妨げる，として非難している。しかし，マルクスは分業を絶対に廃止すべきであると考え，その帰結を拒否しながらも，やはり分業の存在を確認している。ところがマルクスは，現実に分化した国家は機能的であるとする見方に気をそそられながらも，彼はこうした機能的国家観からいっそう遠ざかることになる。彼から見れば，フランスやプロシアで国家の自立を確立するために構築された官僚機構は，実際にはきわめて機能不全的なものであった。官僚制国家は合理的な分業から生まれたのではなく，その寄生物的起源の痕跡をとどめている。

これ以後のマルクスにとって国家は，「フランス社会の体を膜のように覆い尽くし，すべての毛穴をふさぐ，恐るべき寄生物[31]」である。国家は，完全に機能的な側面を奪われ，まったく寄生的な道具として，完全に支配階級の手に握られている[32]。次のようにマル

---

30) Karl Marx, Friedrich Engels, *L'Idéologie allemande*, Éd. Sociales, 1965, 1re partie, pp. 35 et 57. 〔古在由重訳『ドイツ・イデオロギー』岩波文庫，73頁〕

31) Karl Marx, *Le 18 Brumaire de Louis Bonaparte, op. cit.*, p. 346. 〔伊藤・北条訳，142頁〕また，p. 274〔伊藤・北条訳，71頁〕も参照のこと。

32) Karl Marx, *La Guerre civile en France*, premier essai de rédaction, Éd. Sociales,

クスは国家を繰り返し告発している。すなわち，国家は「市民社会に寄生している肉瘤」「全教会分子の躁宴」「社会の超自然的な鬼子」「王蛇」であり，その吏員は人民を搾取する「害虫の大群」「高給とりのペテン師」である，と[33]。官僚制は国家の自律化に必要なものではなく，もはや一種の寄生現象にほかならない[34]。官僚制はもはや国家の自立を正当化できない。逆にいえば，なぜブルジョワジーはこれほど効率の悪い官僚制を必要としているのか理解しがたい。

マルクスは，機能的分業から生じた制度化された組織としての官僚制にはもはや関心をもってはいない。官僚制をブルジョワジーの無駄な道具にほかならないとみなしているからである。だから，ナポレオン3世（Charles Louis Napoléon Bonaparte, 1808-1873, 皇帝在位1852-1870）の国家は「空中にうかんでいられず[35]」，完全に自立性を失った。「社会に超然とそびえ立っていたように見えていた国家権力は，実は，それ自体がこの社会の最大の汚辱であり，同時に社会のあらゆる腐敗の温床であった。（……）ボナパルティズムこそは，新興ブルジョワ社会が封建制から自らを解放する手段として完成させようとした国家権力のもっとも汚れた，同時に終局の形態である[36]」。国家の政治社会学は忘れられてしまった。封建制の過去の有無に応じた歴史の軌跡の違いも忘れられてしまった。以後，どこの国でも，「国家はもっとも強力な階級の，つまり経済的に支配

 1953, pp. 188-189.〔村田陽一訳『フランスにおける内乱』国民文庫，140頁〕
33) *Ibid.*, pp. 210-212 et p. 214.〔村田訳，139-146頁〕
34) Claude Lefort, *Éléments d'une critique de la bureaucratie*, Genève, Droz, 1971, pp. 289-292.
35) Karl Marx, *Le 18 Brumaire de Louis Bonaparte, op. cit.*, p. 348.〔伊藤・北条訳，144頁〕
36) Karl Marx, *La Guerre civile en France, op. cit.*, p. 41.〔村田訳，79-80頁〕

第1章　古典社会学の直観　　17

し,そして国家のおかげで政治的にも支配階級となる階級の国家である[37]」。マルクスにとって,「現代の政府は,全ブルジョワ階級の共同事務を処理する委員会にすぎない[38]」。国家の還元主義的アプローチを予想させるテキストを多く引用することはたやすいだろう。国家論の二面性——1つは,支配階級としてのブルジョワジーに対しても,市民社会全体に対しても,国家の現実的な自立を強調する理論,もう1つは逆に,もっとも強力な社会・経済的勢力の「隷属的な[39]」道具にほかならないとする理論——は消え去っているようである。後者の国家論だけが国家の経済主体論的な解釈の論拠として存続している。この解釈では,国家にある程度の自律性を認めようとしてはいるけれども,国家に固有の実態はまったく認められてはいない。このような還元主義的国家観は,論理必然的に,国家の進化論的発展史観に行き着く。いまや国家の出現は諸共同体社会の協調共存を破壊する私的所有の誕生と関連づけて考えられているので,国家は何ら固有の歴史をもたないとみなされる。つまり,資本主義が古典古代的共同体,奴隷制そして封建的生産様式ののちに起こり,共産主義に後を譲ったように,国家は資本主義と同じ運命をたどりながら,出現し,発展し,消滅する。したがって,国家の終焉は資本主義社会の終焉と混同される。エンゲルスによれば,「社会諸関係への国家権力の干渉はいろいろな領域で次々に余計なものとなり,やがて活動を休止する。人の支配は,物の管理と生産

---

37) Friedrich Engels, *L'Origine de la famille, de la propriété privée et de l'État, op. cit.*, p. 157.〔戸原訳,227頁〕
38) Karl Marx, Friedrich Engels, *Manifeste du parti communiste*, Éd. Sociales, 1966, pp. 32-33.〔大内兵衛・向坂逸郎訳『共産党宣言』岩波文庫,41頁〕
39) John Maguire, *Marx's Theory of Politics, op. cit.*, pp. 24-26.

18　第Ⅰ部　社会学理論における国家

活動の指揮にその場所を譲る[40]」。その結果，国家は「紡ぎ車や青銅の斧と一緒に古文化財博物館に[41]」陳列されることになる。

国家の歴史は，（東洋の専制のような例外的な場合を除いて[42]）私的所有の歴史と関連づけられ，国家は資本の要請と資本家の気まぐれによって形成され発展する。国家は実際には社会の環境のなかで飛び立ち，そして滅ぶはずなのであるが，最終的に国家の歴史を上のように表現すれば，国家は，こうした各社会に固有の軌跡とは無関係に，単線的でつねに同一の変転を経験することになる。

第2節　デュルケム：分業と国家

現代社会学の父であるデュルケム（Émile Durkheim, 1858-1917）は，しばしば反マルクス，保守主義，統合，合意の社会学者として紹介されている。素朴な類型化によって，マルクスはとりわけ紛争，社会集団間の対立，歴史の不可避的変化の理論家であるとされ，デュルケムは逆に，調和的に発展する平和で安定した産業社会の唱道者とみなされている。このように，マルクス主義理論は階級闘争に還元され，デュルケムの理論は産業社会に還元される。ところで，われわれが明らかにしようとしてきたように，このような類型化は，

---

40) Friedrich Engels, *Anti-Dühring*, Éd. Sociales, 1973, p. 320.〔『反デューリング論 II』国民文庫，502頁〕（秋間実訳『反デューリング論 下』新日本出版社，2001年）

41) Friedrich Engels, *L'Origine de la famille, de la propriété privée et de l'État, op. cit.*, p. 159.〔戸原訳，230頁〕

42) Maurice Godelier, « La notion de "mode de production asiatique" et les schémas marxistes d'évolution des sociétés », *Cahiers du CERM* を参照。アンリ・ルフェーヴルもまた，マルクスの著書には国家の多様なアプローチがあると強調している（Henri Lefebvre, *De l'État*, UGE, 1976, t. I, chap. 7）。彼はまた，近代の国家類型の多様性を正面から取り上げた数少ない現代マルクス主義者の1人である（Henri Lefebvre, *De l'État, op. cit.*, t. I, p. 99）。

第1章　古典社会学の直観　　19

マルクスの業績を大いに歪曲していると同時に、デュルケムの業績をも正しく評価していない、といえよう。

確かに、デュルケムは、マルクス主義の観点とは正反対の視点から、とりわけ分業の発展にともなう社会の発達について分析した。マルクスが分業を重要な変数とみなしているのは、初期の若干の著書においてだけなのに対して、デュルケムは、分業だけで社会システムの変化を説明できると考えている。その意味で、デュルケムの思想は、分業を社会の歴史の説明原理とする19世紀に支配的であった社会有機体論的な考え方から深い影響を受けている。この考え方によれば、社会は生物システムと同じく、それぞれ特定の機能をもった器官の絶えざる専門化によって発達する。

しかし、デュルケムは、たとえば、社会における諸機構はどのようにしてその機能を変化させることができるのかを示すことで、正当にも、生物体と社会体とを無条件に同一視する絶対的社会有機体説から遠ざかった。それゆえ、デュルケムは器官と機能との同一視に終止符を打ち、それ以後分業を保守主義の手段ではなく近代化の手段としたのである。ところが、ド・ボナルド（Louis Gabriel de Bonald, 1754-1840）やド・メーストル（Joseph de Maistre, 1754-1821）に見られるように、伝統主義的・社会有機体説的な理論の大部分は、このような同一視に基づいて構築されたのである。伝統主義者たちが、歴史的変化を古い権力配分を破壊するとして拒否し、この権力配分を正統化してきた自然な機能分化への回帰を主張しているのに対し、デュルケムは逆に、絶えざる分業の発展がいかに新しい機構の出現、ひいては新しい権力形態の出現をもたらすのか、という点を指摘している。

ここから近代国家が登場する。デュルケムは次のように強調している。「社会が発達するにつれて、国家も発達する。国家の機能は

増大し，他のあらゆる社会的機能にいっそう浸透する。国家はそれによってこの社会的機能を集中し統一する。中央集権化の進展は文明化の進展と並行している。フランス，ドイツ，イタリアといった大国における今日の国家と中世の国家のあり様とを比較すれば，つねに同一の方向で事が起こっていることが分かるだろう。(……) これほど確固たる歴史の法則はないといえよう[43]」。デュルケムはこのようにして社会変容の進化論的な概念を定式化し，必然的分業が不可避的に国家の出現をもたらすとした。ところがデュルケムは，いくつかの歴史の軌跡の特殊性に注目して，マルクスと同様に，とりわけ国家が発展する一定の社会のたどる運命の類似性を指摘している。しかし，彼は社会システムの遠い起源になによりも興味をもち，とくに人類学の業績に強い関心を寄せていたので，近代の政治的中央集権化過程はきわめて多様であることをマルクスほどうまく認識しなかったし，国家形成についてはほとんど厳密な意味での進化論的な見解を強く支持していた。国家はいつでもどこでも同じ法則に基づいて発展する，とみなされている。

それゆえ，デュルケムには，中央集権化と国家構築とは同一の過程をたどるように見えるのである。彼にとって，国家は避けがたい分業の結果である。デュルケムには，ある社会では特殊な歴史的状況によって，単に政治的中心が誕生することもある，ということが見えていない。だからこそ彼は，フランスとイタリアとを分かつもの，この2つの国とアメリカ社会のような型の異なる社会とを対置させるものを見抜きえなかったのである。

ところが，まれにデュルケムがそれほど単線的ではない見方をとろうとしているように見えることがある。たとえば，彼は次のよう

---

[43] Émile Durkheim, *Textes*, Éditions de Minuit, 1975. t. III, p. 170.

に明言している。「すべての国家が必ずしも同じ性質をもっているわけではない[44]」。「社会の種類と国家の型の違いを混同してはならない。2つの社会が同一の仕方で統治されながら、型を異にすることもありうる[45]」。彼はまた、歴史[46]は国家の社会学に「有益な指標[47]」を提供するに違いない、と考えている。彼は連邦制国家の特徴を他の型の国家[48]と比較しながら検討した結果、次のように指摘しさえしている。「ロシアの国家は社会の産物ではなく、逆に社会にとって外在的なものである。ロシアの国家がつねに社会に働きかけようとしてきたのは、外からである。この〔ロシアの国家における〕状況と、われわれが昨年〔講義で〕指摘した中国の国家における状況との間には類似性がある、といえよう[49]」。

　残念ながら、デュルケムはこのような非進化論的国家アプローチを徹底的に推し進めようとはしていない。このアプローチは、分業は、どこでもそして同じ方法で、より適切な機能配分をもたらすはずの画一的な過程である、という彼の考えに根本的に反するからである。もしこのアプローチを推し進めたならば、進歩とは統合された調和的な産業社会へ向かう正常な発展であり、その産業社会では国家はいつでもどこでも固有の機能を果たすようになる、という彼の進歩信仰を根底から危うくすることになったからだろう。

---

44) Émile Durkheim, *Leçons de sociologie*, PUF, 1950, p. 8.〔宮島喬・川喜多喬訳『社会学講義』みすず書房、1974年、38頁〕
45) Émile Durkheim, *Montesquieu et Rousseau*, Marcel Rivière, 1966, p. 36.〔小関藤一郎・川喜多喬訳『モンテスキューとルソー』法政大学出版局、1975年、14頁〕
46) デュルケムの歴史への関心については、Robert Bellah, « Durkheim and History », in Robert Nisbet, *Émile Durkheim*, Prentice Hall, New Jersey, 1965 を参照。
47) Émile Durkheim, *La Science sociale et l'action*, textes présentés par Jean-Claude Filloux, PUF, 1970, p. 202.
48) Émile Durkheim, *Leçons de sociologie, op. cit.*, p. 58.〔宮島・川喜多訳、81頁〕
49) Émile Durkheim, *Textes, op. cit.*, vol. 3, p. 238. なお pp. 257 et 263 も参照。

デュルケムの結論によれば，国家は「まさに分業の進展から生じた」「正常な現象[50]」である。社会システムの歴史に関する彼の解釈は有名であるが，それによれば，分業を経験していない社会では，連帯は職務分担からは生まれず，慣習，宗教，そして集合表象〔集団意識〕全体による強い外的強制から生まれる。それゆえ，この機械的連帯は強力な社会統制の結果である。逆に，社会的密度が高まるにつれて，職務の機能的分担と結びついた有機的連帯の発達を促す分業がますます必要不可欠となる。これ以後，連帯は外的強制からではなく行為者の相互依存から生まれる。集合表象の力が弱まり，社会的統制がその力を失い，そしてついに国家が「特異な器官」として発達することになる。

　国家の創設は新しい法規の出現によって示される。たとえば，国家の自律化は行政法の発達をもたらす。デュルケムは現代の政治社会学の研究を先取りして，「あたかも1つの規則のように，社会の型がより高次になればなるほど行政法がより発達したものになる，ということは歴史が実際に示している[51]」と指摘している。彼によれば，「隠喩的ではあるがやはり便利な用語を再び生物学から借用するならば，行政規則は社会有機体の脳脊髄系統の機能の仕方を規定するものである，といえよう。われわれが日常用語で国家といっているのは，この脳脊髄系統のことである[52]」。

　デュルケムはトクヴィル（Alexis de Tocqueville, 1805-1859）の影響を受けて，彼が中央集権化の唯一の推進主体とみなす国家の歴史

---

50) Émile Durkheim, *De la division du travail social*, PUF, 1960, p. 201.〔田原音和訳『社会分業論』青木書店, 1971年, 216頁〕（井伊玄太郎訳『社会分業論 上・下』講談社学術文庫, 1989年）
51) *Ibid.*, pp. 199-200.〔田原訳, 215頁〕
52) *Ibid.*, p. 198.〔田原訳, 214頁〕

をたどっている。ここでデュルケムが明らかにしているのは、国家はどのようにして「ますます細密・複雑化した下部組織網を次第に全国にくまなく拡大していき、これらの下部組織が地方の既存の主要機構にとって代わり、あるいはそれらを吸収同化していったのか[53]」、また、国家はどのようにして教育や交通路を統制するにいたったのか、さらに統計局を創設することで過去の国家活動をよりよく整理するにいたったのか[54]、といった点についてである。国家が「正常な」活動としてこれらの種々の機能を果たさなければならないのは、国家が「省察」・「熟考[55]」の器官だからである。国家はいくつかの活動を統制する「脳」のようなものである[56]。デュルケムは、「国家の本質的な機能は思考することである」と述べている。

国家はいまや合理性の器官とみなされる。だから、国家は市民の「言いなり」のままであってはならない。国家の役割は、「大衆の無思慮な考えを表現することではなく、この大衆の無思慮な考えに熟慮を重ね、結果、大衆の考えと異なる考えをつけ加えることである[57]」。それゆえ、デュルケムは国家権力を機能的な器械とみなすことによって、増大していく国家権力を正統化しているように見える。だからこそ、第三共和政下のデュルケム社会学の成功とその師範学校への導入は、自律化し、教会勢力と闘い、市民社会諸勢力から分化することによって独自性を強調しようとしていた当時の政治

---

53) *Ibid.*, p. 200.〔田原訳,216頁〕

54) *Ibid.*

55) Émile Durkheim, *Leçons de sociologie, op. cit.*, pp. 95-96.〔宮島・川喜多訳,116-117頁〕

56) Émile Durkheim, *De la division du travail social, op. cit.*, p. 205.〔田原訳,220頁〕Jean-Claude Filloux, *Durkheim et le Socialisme*, Genève, Droz, 1977, chap. 6を参照。

57) Émile Durkheim, *Leçons de sociologie, op. cit.*, pp. 111-113.〔宮島・川喜多訳,130頁〕

権力が，デュルケム社会学を利用したことを物語っている，とみなす研究者たちもいるのである[58]。デュルケムは，行政法の発達だけでなくライシテ（laïcité）〔非宗教性〕のための闘争をも強調することによって，真の国家の2つの重要な特質を指摘している。彼はさらに，集団が個人に対してもつ支配力をどのように国家が弱めるにいたるのか，という点についても明らかにしている。彼によれば，「国家の本質的機能は個人の人格を解放することである。国家は，その構成要素である基礎的な諸社会を抑制することによってはじめて，もし抑制しなければそれらの社会が行使したであろう抑圧的影響力を個人に行使しないように歯止めをかける[59]」。デュルケムによれば，「国家が強力であればあるほど，個人はそれだけ尊重されるようになる[60]」のである。

それゆえ，国家の構築は市民の解放をもたらし，それによって市民は教会の後見からも周辺による統制や地方への忠誠からも逃れることになる。これがまさに第三共和政下で構築された国家の狙いであった。この国家は，教会と闘い，学校教師たちを共和主義の福音をもたらすために奥深い地方にまで派遣し，地方の政治生活を国民的なものにし，官僚制を構築しようとした。デュルケムは，「ここに国家を定義するものがある。それは，権威」や「階層制[61]」と結びついた「一種独特な官僚集団である[62]」，と述べている。デュル

---

58) たとえば Melvin Richter, « Durkheim's Politics and Political Theory » *in* Kurt Wolff, *Émile Durkheim, Essays on Sociology and Philosophy*, Londres, 1964, p. 172 を参照。また，Victor Karady, « Durkheim, les sciences sociales et l'Université : bilan d'un semi-échec », *Revue française de sociologie*, avril-juin 1976 も参照のこと。
59) Émile Durkheim, *Leçons de sociologie, op. cit.*, p. 77.〔宮島・川喜多訳，98頁〕
60) *Ibid.*, p. 71.〔宮島・川喜多訳，93頁〕
61) Émile Durkheim, *Textes, op. cit.*, vol. 3, p. 210.
62) *Ibid.*, p. 61.〔宮島・川喜多訳，84頁〕

ケムは，ウェーバーと同じく，国家の制度化を可能にする自律化した官僚制的機構の形成について詳細な分析を行っている。ここで彼は，国家の代理人は「一般利益」に基づいてどのような行動をとるべきか，彼らの行動は私生活にいたるまでその職務によってどのように規定されているのか，官僚は市民としての資格を犠牲にしてどこまで国家の代理人としての身分を優先させるべきか，といった問題について明らかにしている。デュルケムは，この論理を最後まで推し進めた結果，公務員の組合加入は市民社会の諸々の要求を国家のなかに入り込ませることになるとして，これに反対するにいたっている。国家はあくまでも市民社会から分離され，「明晰」かつ合理的な純粋思考器械であり続けなければならない[63]。

したがって，国家は，分業の絶えざる進展によって「社会とは別の器官」となると，それ以後「すべてのものの上に」，すなわち「カースト，階級，同業組合，あらゆる種類の党派，経済人[64]」の上にそびえ立つ。このようにして，正常な分業は国家の構築と同時に市民の解放をもたらすのである。これとは反対に，マルクスにとっては，分業はつねに疎外をもたらす。マルクス自身，分業が官僚制の形成へといたることを認めてはいるが，彼によれば，分業は克服されるべきものである。さらに，デュルケムにとっては，正常な分業は社会階級による統制を含むあらゆる統制から国家を免れさせるものであるのに対し，マルクスによれば，「国家のあらゆる器官は耳，目，腕，足となって，その持ち主を動けるようにする[65]」。

---

63) Émile Durkheim, « L'Etat », *in Textes, op. cit.*, vol. 3 を参照。また，« Débat sur le rapport entre les fonctionnaires et l'État », *in Textes, op. cit.*, vol. 3 も参照のこと。
64) *Ibid.*, p. 177.
65) Karl Marx, « La loi sur les vols de bois », *in Œuvres philosophiques*, Costes, 1937, t. V, p. 135.

国家は，デュルケムにとっては近代社会の機能的な器械であるのに対し，マルクスにとってはほとんどブルジョワジーの代理人である。それゆえ，マルクス主義的国家観とデュルケムの国家観とは完全に対立しているように見えるのである[66]。

ところが，デュルケムが国家の過度の強大化は国家による市民社会全体の支配をもたらすかもしれないと気づいた時，マルクス主義的でもありトクヴィル的でもあるひらめきを取り戻す。デュルケムによれば，「組織されていない無数の個人からなる社会——肥大化した国家がこのばらばらな個人を締めつけ定着させようとする——は，社会学的にはまさに怪物的存在である[67]」。デュルケムは『自殺論』のなかでも次のように述べている。「ばらばらな個人を十分強力に締めつけようとするために国家が膨張し肥大化してもうまくいかず，個々人は相互に結びつかず，あたかも液体分子のように動き回っている。そのばらばらな個人を固定し，定着させ，組織化する力が必要となる[68]」。

こうしたデュルケムの分析は，国家はどのようにして市民社会全体を「締めつけ監督するか」について明らかにしていたマルクスのそれにも近いし，「かつては，身分，階級，職業，家族そして個人といった多くの二次的な権力のなかに点在していた，そしてあたかもあらゆる社会体のなかにまき散らされていた，すべての権威や影響力の小片を自らの統一体のなかに引きつけ飲み込んだ強大な中央

---

66) Pierre Birnbaum, « La conception durkheimienne de l'État ; l'apolitisme des fonctionnaires », *Revue française de sociologie*, avril-juin 1976 を参照。
67) Émile Durkheim, *De la division du travail social, op. cit.*, p. 32.〔田原訳，24 頁〕
68) Émile Durkheim, *Le Suicide*, PUF, 1960, p. 448.〔宮島喬訳『自殺論』中央公論社，1968 年，376-377 頁〕

権力[69]」の存在に気づいたトクヴィルのそれにも近い。

　しかしデュルケムの見方は，実際にはトクヴィルのそれをいっそう発展させたものである。両者にとって，国家の専制はその起源を徹底的に原子化された大衆社会にもち，そこではいかなる基礎集団も中間的集団も，いかなる結社も同業組合も国家権力を制限するにいたらない。ここではデュルケムとトクヴィルとの関連性がもっともはっきりした形で見られる。つまり，彼らは 2 人とも大衆社会の理論家であって，階級社会の理論家ではない[70]。

　これとは反対に，マルクスはボナパルティズムに関連して国家の専制の可能性について言及した際，国家の専制を大衆社会モデルによってではなく，特定の階級関係によって説明している。彼によれば，国家が自立を要求するのは，市民社会を原子化することによってではなく，社会階級全体を支配しようとすることによってである。しかもこの国家の自立の要求は一時的なものでしかない——国家はほぼ必然的に支配的社会階級との特権的関係を復活させる，と彼は見ているからである。ところが，デュルケムとトクヴィルはマルクスよりも国家の自立はもっと長期的であるとみなしている。なぜなら，2 人にとっては，ひとたび社会が原子化されれば，もはや国家の自立を脅かすものは何もないからである。

　それゆえ，正常な分業がつねに単なる機能的国家をもたらすとは限らない。なお，デュルケムは，社会階級間の関係があまりにも不平等なために，行為者の果たす機能とその固有の能力とがまったく

---

69) A. de Tocqueville, *L'Ancien Régime et la Révolution*, Gallimard, 1952, p. 85.（小山勉訳『旧体制と大革命』ちくま学芸文庫，1998 年）

70) Robert Nisbet, *The Sociological Tradition*, Londres, Heinemann, 1966〔中久郎監訳『社会学的発想の系譜 I・II』アカデミア出版会，1977 年〕および Pierre Birnbaum, *Sociologie de Tocqueville*, PUF, chap. 7 を参照。

一致しえない時,近代社会はいかに分業が進んでも「病理的」発展に向かうこともありうる,ということを認めている。財産の世襲相続制[71]の維持によってもたらされる「強制的」分業は,新しい有機的連帯の創出を危うくする,と彼は指摘している。その意味では,この病理的発展が,マルクスのいうような生産手段の私的所有によってもたらされるのではなく,もっぱら人材の非能力主義的な配置によってもたらされるとしても,機能不全的なこの変化は,特定の社会に固有の歴史の軌跡からではなく,改めてある特定の型の下部構造[72]から説明されている。デュルケムは,この病理的発展——彼自身その可能性を認識していた——を前にして,『社会学講義』でも『社会分業論』でも,その政治的帰結についてあえて検討しようとはせず,またこのような社会における国家の本質を問題視してはいない。デュルケムは,マルクスと異なる前提から出発しながら——たとえば,資本主義社会ほど能力主義的ではない社会においては,国家はどうして「明晰な思考」の単なる機能的器官からほど遠いのか,という点を明らかにすることによって——,マルクスにかなり近い結論に到達しているにもかかわらず,その段階から先にあえて踏み出そうとはしていない。彼は大衆社会で国家が必ず帯びる病理的な性格を再び強調するにとどまっている。彼はむしろ階級社会で国家が果たす諸機能については沈黙を守ろうとしている。マル

---

71) デュルケムによれば,「社会のある階級が,生活するために,自分の用役をいかなる代価を払っても受諾させなければならない立場にあり,他方,他の階級が必ずしも何かの社会的優越性によるものではないが,しかも自分の自由にできる資産のおかげで,そんなことをしなくてもすむ場合には,後者は前者を不当に支配することになる」(Émile Durkheim, *De la division du travail social, op. cit.*, p. 378〔田原訳,370 頁〕)。

72) Anthony Giddens, « Durkheim's Political Sociology », *in Studies in Social and Political Theory*, Londres, Hutchinson, 1977, p. 269.

クスが国家と支配的な社会階級との緊密な関係を明らかにすることによって，彼の2つの国家モデルのうちの一方を重要視しているのに対し，デュルケムは「正常な」分業という考え方をとくに強調し，それに基づいて国家を単なる機能的器官とみなしている。マルクスもデュルケムも社会変動の原動力について2つの考え方を示し，また，固有の歴史的な軌跡の所産である国家形態の多様性を部分的にではあるが認識していたので，彼らは2人とも，必然的に還元主義的国家観にいたる進化論的歴史観を完全に放棄することができたはずなのに，しなかった。このジレンマはまたウェーバーのジレンマでもあり，大部分の現代社会学が直面しているジレンマでもある。これについては，これから明らかにすることにしよう。

第3節　ウェーバー：国家と西欧的合理性

　マルクス主義的国家論とデュルケムの国家論は，その豊かな成果にもかかわらず，未完のままである。国家はマルクスとデュルケムの中心的な問題関心ではなかったから，この制度の誕生と構築に関する彼らの考察は脆弱で矛盾をはらんだままである。これに対し，まさに近代政治社会学の起源たるマックス・ウェーバーの著作においては，国家は重要な課題として登場する。

　このドイツの偉大な社会学者は，政治現象を固有の論理をもち独自の歴史をたどる特殊な事象とみなした最初の人である。政治的なるものはもはや，マルクスやデュルケムの一般モデルにおいてそうであったように，生産関係や分業によって説明されてはいない。政治的なるものはいまや自己のうちに固有の決定因を見出すのである。ウェーバー以降，経済的唯物論と同じくらい説得力のある政治的・

軍事的「唯物論[73]」に基づいて政治現象の実態を説明するために，歴史社会学が求められている。社会システムに影響を及ぼしているのは，もはや生産手段だけではない。行政手段でもある[74]。

ウェーバーの第一義的関心は，支配，服従，権威，権勢，権力といった諸事象の本質である。彼は統治様式の変容を解明することによって，社会の歴史を再構成している。たとえば，封建制は，支配のための物理的手段の統制の型から，すなわち，暴力装置の私的所有，行政手段の広範な占有から説明されている。

フランス社会学は，むしろマルクスやデュルケムの著作の影響を受けてきたこともあって，長い間ウェーバーの業績にはあまり重要性を与えてこなかった。彼の研究を考慮しようとした場合でも，方法論的な問題，社会システムの理解方法，価値の役割，もしくは官僚制に関する説明に限られていた。ところが，ウェーバーの著書は何よりも歴史的資料を体系的に利用した最初のものである。この実り多い観点から，彼はわれわれに真の意味での支配事象の社会学を示し，またそれによって国家という現象の社会学をも示しているのである。

19世紀の進化論的な大モデルとは反対に，ウェーバーは分析的方法を用いて，類型論の構築を試みた。彼はあらゆる社会のさまざまな段階に見られる社会関係の形態を分析している。したがって最初彼は，社会の歴史を叙述しようとしたわけではない。一般によく

---

[73] Hans Gerth, C. Wright Mills, *From Max Weber*, New York, Oxford University Press, 1958, p. 47.（山口和男・犬伏宣宏訳『マックス・ウェーバー――その人と業績』ミネルヴァ書房，1971年）

[74] Anthony Giddens, *Capitalism and Modern Social Theory*, Cambridge, Cambridge University Press, 1971, p. 234.（大塚先訳『資本主義と近代社会理論』研究社出版，1974年）

知られているように，ウェーバーは正統な支配の三類型を提示している。その第1はカリスマ的性格を示しているもの，第2は伝統的性格を有しているもの，第3は合理的な次元に基づく，たとえば国家を通して現れるものである。この支配の三大類型は順番に現れるものではない。

ここでは，ウェーバーの支配形態に関する社会学全体を分析するつもりはないが，次の点に留意しておこう。すなわち，彼によれば，カリスマ的支配は，「超自然的・超人的な力や性格を授けられた」人物の非凡な資質から説明される。その人物は「神の使者」とみなされ，その結果「指導者（Führer）[75]」として扱われる。ウェーバーは最初から，カリスマ的指導者の権力は「経済とは無関係」であると強調している。彼はまた，このカリスマ的権力がどれほど一切の行政装置をもたないのか，また，その意味では伝統的支配や合理的支配とどれほど違っているのか，といった点も強調している。次に，ウェーバーは，たとえば指導者の継承が始まる時に現れるカリスマの「日常化」について検討している。しかし，彼はいかなる進化論にも反対しているので，カリスマ的権力の変容は伝統的支配にも官僚制化にも向かいうる，と強調している。それゆえ，歴史には唯一の法則はない。

ウェーバーはまた，膨大な歴史の実例に基づいて，経済的必要からカリスマ的権力が出現するのではなく，このカリスマの日常化がどのように経済的必要への適応を可能にするか，という点について明らかにしている。彼は，封土封建制（féodalité de fiefs）（個人的で自由な契約）と（その社会の主要な当事者が領主の必要に経済的に応え

---

75) Max Weber, *Économie et Société*, Plon, t. I, 1971, p. 249 et suiv.〔世良晃四郎訳『支配の諸類型』創文社，1971年，70頁以下〕

ることから生まれ，ウェーバーによれば，おもに中東イスラーム圏とインドで見られる）恩給地封建制（féodalité de bénéfices）を区別しながら，こうした権力の日常化様式としての封建制についてとくに詳細に論じている。このことからして，歴史過程は多様な生成をもたらすのである。

　もっとも，ウェーバーはカリスマ的支配の出現と変容を遠い昔の社会に限定してはいない。彼は，たとえば，クロムウェル（Oliver Cromwell, 1599-1658），ロベスピエール（Maximilien Robespierre, 1758-1794），ナポレオン（Napoléon Bonaparte, 1769-1821, 皇帝在位 1804-1814, 1815）などの人民投票的民主政，すなわち，行政装置をもった権力にもカリスマ的支配を認めている。俗流マルクス主義的解釈とは反対に，彼は最後に次のように断言している。「権力が自らの正統性を大衆の信頼と信従に見いだす人民投票的権力にあっては，大衆の従属は逆に権力に対して正義の物質的な前提条件を経済的に守るように強いる。その限りにおいて，人民投票的権力は経済の（形式的）合理性を容易に弱める[76]」。このように歴史上いつの時代にも見られるカリスマ的支配は，その権力の保持者に次のような実質的な権力を与える。すなわち，新しい形態の社会階層を創出できる，あるいは反権威主義的カリスマの場合には，すでに制度化されていた行政機関を用いて，人民に有利な経済的措置を講じることができる。したがって，カリスマ的支配は数多くの機能を果たす。この支配形態はまた，それに続く多様な政治システムを生み出す。しかし，それらのシステムの間には何ら必然的な発展はない[77]。

---

76) *Ibid.*, p. 277.〔世良訳，142頁〕
77) Max Weber, *On Charisma and Institution Building*, édité par Shmuel Eisenstadt, Chicago, University of Chicago Press, 1968 を参照。

これまでカリスマ的支配の事例を長々と論じてきたのは，この事例が制度形成に関するウェーバーの説明の仕方をよく示しているからである。カリスマは種々の非人格的権力にとって代わられるが，非人格的権力の場合も，非常に堅固な組織のなかにさえ新しい形態のカリスマ（たとえば政党の領袖）が生まれることがありうる。この事例はこれだけで，ウェーバーが社会学的には徹底した反進化論的な立場をとっていることを示している。この立場は，マルクスの一般モデルとも，社会の正常な進化というデュルケムの考え方とも異なる。

　他方，伝統的支配はいっそう過去に位置づけられ，近代社会とはまったく相容れないように見える。伝統的支配が現れるのは，支配が「時の経過とともに伝えられる素質の神聖性に依拠し，そして，依拠していると認められる[78]」場合である。ここでとくに留意すべき点は，この型の権力はしばしば，自分の食卓で従僕に食事をともにさせたり，彼らに報酬を現物で支給したり，または封土を与えたりすることで自らの行政を管理する領主の世襲制的権力として現れる，ということである。

　「合法的」支配形態の創設によって国家構築が実現することになるのは，まさにこのような世襲的な人員補充から生じる弊害を克服するためである。この支配の第3のカテゴリーをもって，ウェーバーの類型論的分析は完了する。そして，この類型論的分析によって，彼は進化論と緊密に結びついた歴史観を免れるはずだった。ところが，彼はこの最後の支配類型を定式化することによって，意に反して，19世紀の偉大なる社会哲学のほとんどにその痕跡をとどめ，現在の大多数の社会学者に影響を及ぼす，この同じ進化論と再び結

---

78) Max Weber, *Économie et Société, op. cit.*, p. 232.〔世良訳，23頁〕

びつくのである。

　ウェーバーによれば,「あらゆる分野（国家, 教会, 軍隊, 政党, 企業, 利益団体, 結社, 財団等）で『近代的な』結集形態が発達したが, それは官僚制的行政の発達とその絶えざる前進とまったく一体である。官僚制的行政の誕生は, いわば近代西欧国家の胞子である[79]」。また,「近代の大国家は技術的には官僚制的基盤に完全に依拠している。国家が大きくなればなるほど, ますますこのような傾向が強まる[80]」。これ以後, 類型論は第2の局面に移る。唯一近代社会を特徴づけるのは, 合法的支配の登場であり, それはとくに, 現代国家の真の道具である制度化された官僚制の形成と発展を通して現れる。

　ウェーバーははっきりこういっている。「国家とは制度的性格をもった政治的な経営体である。しかし, それはあくまでも国家の行政装置が諸規則の適用に当たって正当な物理的強制力の独占を要求し, 獲得する場合およびその限りにおいてである[81]」。多くの著作のなかで『経済と社会』の著者〔ウェーバー〕は, 正当な暴力と行政機関を国家のきわめて重要な2つの道具とみなし, それについて詳細な分析を行っている。彼は, 封建制からの離脱がどのようにして軍事力の集中によって, また, もはや封臣的身分関係に依存するのではなく, 領主による兵士に対する定期的な俸給の支払いに基づく軍隊によって実現したのか, という点について明らかにしている。彼はまた,「近代的」国家が,「国家とは別に行政的権力を保持して

---

79) *Ibid.*, p. 229.〔世良訳, 26-27頁〕
80) Max Weber, « Bureaucracy », *in From Max Waber, op. cit.*, p. 211. ウェーバーの著書における発展主義的な概念の登場については, Reinhard Bendix, *Max Weber, an Intellectual Portrait*, Londres, Methuen, 1966, p. 387 以下を参照。
81) Max Weber, *Économie et Société, op. cit.*, p. 57.

いる独立した『私的』権力を収奪する[82]」にいたった過程を強調している。したがって，ウェーバーが指摘しているように，国家は，いかなる世襲制にも終止符を打ち，文官と武官の公務遂行をその公職保有者に有利に働くおそれのある一切の私的所有関係から完全に切り離した時に発展し，近代的になることに成功する，といえる[83]。

国家の誕生，それは世襲制の終焉である。この時，国家という制度は社会から分離し，そして分化と制度化を遂げる。しかし，国家は，この過程を成功させるためには，官吏が自らの職務に真に一体化し，官吏としての役割によって自己の社会的帰属を断ち切るように，彼らに俸給を支払うことができなければならない。ウェーバーは，貨幣経済の誕生によってはじめて国家は官吏に定期的に俸給を支払うようになり，また，貨幣経済の到来があらゆる伝統的な権力の崩壊を促進した，ということに気づいている。このようにして，彼は，真に近代的・機能的な官僚制と，多数の官吏がいまだに自給自足経済に依存していたエジプトや中国の巨大な行政機構とを区別している。後者の場合は，官吏の俸給は現物支給であるから，真の官僚制も生まれなければ，国家自体も発展するにはいたらなかった。

したがって，国家の誕生は経済の特定の型に依存している。しかし，だからといって，ウェーバーが国家を何らかの上部構造とみなしているわけではまったくない。彼が還元主義的国家論と一線を画するために強調しているように，「資本主義と官僚制は歴史的起源を異にしているにもかかわらず，資本主義は現在の発展段階で官僚制を必要とし，同時に資本主義は，官僚制がそのもっとも合理的な

---

82) Max Weber, *Le Savant et le Politique*, Plon, 1959, p. 107.（中山元訳『職業としての政治／職業としての学問』日経ＢＰ社，2009 年）
83) Max Weber, « Bureaucracy», *in From Max Waber, op. cit.*, p. 204 et suiv.

形態で存在できるためのもっとも合理的な経済的基盤を表している。なぜなら，資本主義は税制によって官僚制に必要な財源を与えるからである[84]」。それゆえ，国家の発達は，資本主義形成の，ましてや分業の正常な発展の単なる帰結ではない。国家，官僚制，そして資本主義は，単に同時生起的に発展してきただけなのである。

　ウェーバーにとっても，デュルケムと同様に官僚制は西欧世界固有の分業の拡大の結果であるという点は，もちろん指摘しなければならない。両者にとって，官僚制と，したがって国家の形成は，西欧の絶えざる合理化を例証するものであって，社会勢力関係の発現ではない。ところが，ウェーバーはデュルケムと異なり，政治的分業をそれ自体として検討し，それを一般的過程と同一視していない。つまり彼は，西欧世界に固有の分化過程から生じた特殊な権力形態としての国家の創出の歴史的条件を究明することによって，「国家」という政治的現象の特殊性に光を当てようとしているのである。

　したがって，このような点でマルクス主義とデュルケムの進化論に並ぶウェーバーの進化論は，国家とそのもっとも重要な道具，すなわち彼が理論化することになる官僚制に行き着く。ここではあの有名なモデルを繰り返さない。ただ次の点にだけは留意しておこう。すなわち，官僚制は，行為者が能力主義的基準によって証明された自ら固有の能力と結びついた職務につく組織として表現できるということである。このように中立的に職務に任命された行為者たちは，あらかじめ定められた職階制によって規定された非人格的な権威関係を相互に保持している。このような支配がまさに合法型である。この合法型の支配は，合理的かつ正当な職務組織に依拠している。もっぱら独自の基準にしたがうこうした制度においては，官僚は職

---

84) Max Weber, *Économie et Société, op. cit.*, p. 230.〔世良訳，28頁〕

業経歴の安定性を享受し，自己の役割をよりいっそう内面化できる。

このモデルは官僚制内で起こりうる機能不全や紛争等について説明していないなどの理由で，その不十分さがしばしば強調されてきた[85]。とくに次の2つの点に留意しておこう。1つは，ウェーバーが，官僚制は西欧世界の行動を導く合理性原理の究極的な具現である，とみなしている点である。もう1つは，彼が，官僚制は私的所有領域からの分離過程を表しており，しかもこの過程は西欧先進社会で進行し，新しい型の正統性をもたらす，とみなしている点である。つまり，官僚制は普遍主義的構造の成熟にほかならず，それによって，国家は集団全体への奉仕というその任務を首尾よく遂行できる。官僚制についてのこの理念型がウェーバー思想に関するもっとも通俗的な解釈をもたらす原因である。そこでは，ウェーバーはもっぱら合理性の先唱者とみなされ，そしてまた，彼の著書を利用して，官僚制化された国家機構のみが合法的な規則に基づいて公益を守ることができる，とその機構の長所が賞賛される。ポスト産業社会論者たちは，ウェーバーから着想をえて，このような官僚制は社会紛争の軽減に貢献し，西欧社会の平和的側面を説明する――このように考えれば，西欧社会は，いまなお非西欧的な社会システムにとって不可避の最終的発展段階である――，と主張しさえしている。ウェーバーの思想に残る進化論は，このように，ある種の自民族中心主義を正当化する働きをしている。

ウェーバー理論に関するこうした解釈は，『経済と社会』の著者〔ウェーバー〕が作り上げた官僚制の理念型を正しく評価してはいる

---

85) たとえば，Peter Blau, « Weber's Theory of Bureaucracy » *in* Dennis Wrong, ed., *Max Weber*, Prentice Hall, New Jersey, 1970 または Martin Albrov, *Bureaucracy*, Londres, Macmillan, 1970, chap. 3〔君村昌訳『官僚制』福村出版，1974年，第3章〕を参照。

ものの，彼の歴史的・具体的な分析を無視している。ウェーバーの分析は，さまざまな点から見て，実際の国家官僚制は著書で示されたモデルとは根本的に異なる，ということを論証しているのである。ウェーバーは，ドイツ社会の権力構造を研究して，ユンカー（*Yunkers*）はほとんど絶対的な権力を行使し，国家の制度に自らの「痕跡」をとどめている，と強調している。彼はまた，「もっとも進んだドイツ国家（すなわちプロシア）を支配する政治階級」である農村貴族の強い影響力という点から，ドイツで資本主義が権威主義的な性格を帯びること解明している[86]。したがって，ドイツでは，官僚制は私的所有から自立していないし，ウェーバーの多くの同時代人が考えていたようには合理性を具現することはできない[87]。実際，土地貴族の独占的支配が，ブルジョワジーと資本主義との発達のみならず，それと同時に起こった真の官僚制の発達をも妨げた。ウェーバーは，きわめて明快な分析を通して，貴族と国家との緊密な結びつきを明らかにしている。彼は，たとえばブルジョワ資本の「封建化」がどのようにして官僚制度の自律化を阻止し，国家の合理的機能の遂行を妨げたか，という点について解明している。その点では，彼はおそらくマルクスよりも進んでいる。

　ウェーバーはまた，「ロシアの官僚制的機構の高級官吏は，軍の指導層と同じく，他の国々にならっておもに地主層から採用されて

---

[86] Max Weber, « Capitalism and Rural Society in Germany », *in From Max Waber*, *op. cit.*, p. 373.
[87] 19世紀から20世紀への転換期に，ウェーバーはこのような観点から，彼の同時代のドイツの理論家たちよりも，官僚制に対してははるかに批判的であった。David Beetham, *Max Weber and the Theory of Modern Politics*, Londres, Allen and Unwin, 1974, p. 19以下と chap. 6 を参照。デイヴィッド・ビータムはウェーバーの歴史的文献について適切な分析を行っている。

いる[88]」と指摘している。それゆえ、ロシアもまた、実際に分化した国家の発達にほとんど適さない絶対主義体制を経験し、それが資本主義の開花をも妨げた。このような分析は、当然、ウェーバーのあのいつもの官僚制モデルとは正反対である。官僚制はもはや機能的・自律的な1つの全体を形成しないだけではなく、単一の進化過程の必然的結果でもない。

ウェーバーが、官僚制は本来の活動領域を逸脱すれば病理的になることもありうる、と強調する時、彼はまた自らの官僚制の理念型から遠ざかっている。彼は数多くの実例を挙げて、行政がどのようにして政治化し、それによって合理的・中立的な側面を放棄するにいたるのか、という点について明らかにしている。たとえば、フランスでは、知事は「政治官僚」である。ドイツでも同じく、ビスマルク（Otto Fürst von Bismarck, 1815-1898）以後、官僚と政治家の役割の融合が起きた。ウェーバーにとっては、こうした慣行は異常である。なぜなら、それは官僚を党派的にすることによって、官僚制の機能的側面を減ずる働きをするからである。ウェーバーがこのような「官僚体制」に反対しているのは、「精神的に非常に高邁な職業意識をもっている官僚は当然政治家としては失格である[89]」と考えていたからである。

最後に強調しておかなければならないのは、マックス・ウェーバー自身によって表明された、いくつかの指摘についてである。彼の著作はいまだに厳密な進化論として紹介されているが、この指摘自体が、彼の著作に対する行きすぎた解釈を否定する。『官僚制』という長い論文を注意深く検討すれば、西欧世界のなかにでさえ彼の

---

88) David Beetham, *op. cit.*, p. 199 からの引用。
89) Max Weber, *Le Savant et le Politique, op. cit.*, p. 129.

理論モデルを否定する歴史的実例が数多くあることに，彼自身がどれほど気づいていたかが分かるだろう。最初から彼は，「どの真の大国家も官僚制的行政を生み出した，と考えるのは不正確である[90]」とはっきり述べている。その証拠として，彼は，ローマ帝国では——当時では大英帝国でも同じく——官僚制化はきわめて弱かったという事実を挙げている。彼はイギリスの場合を強調して，彼の思想に関するいかなる進化論的解釈にも異を唱えるために，次のような有力な論拠を示している。「イギリスの国家は，大陸の諸国家とは対照的に，官僚制の発達を経験せず，名望家による行政にとどまっていた[91]」。それゆえ，イギリスの国家は巨大な中央軍〔常備軍〕もいかなる行政法ももたなかった。この２つはいずれも大陸の官僚制国家に特徴的なものである[92]。彼はまた，合衆国は貴族制を経験しなかったがゆえに，ドイツ国家が直面していた諸問題を長い間免れることができた，ということを強調している[93]。

「どこでも近代国家は官僚制化の発達を経験する[94]」と主張し，そのモデルを描いたウェーバーと，発展様式の多様性に注意を払ったウェーバーとの間には，なんたる隔たりがあることだろう。近代の政治社会学もこのような矛盾を免れなかったのである。

---

90) Max Weber, « Bureaucracy », *in From Max Waber, op. cit.*
91) *Ibid.*, pp. 210-211.
92) *Ibid.*, pp. 211-218.
93) Max Weber, « Capitalism and Rural Society in Germany », *in From Max Weber, op. cit.*, p. 385.
94) Max Weber, « Bureaucracy », *op. cit.*, p. 232.

第2章 現代の支配的社会学の挫折

　20世紀の政治社会学は，当初，国家に無関心でいようとしたように見える。20世紀の政治社会学は最初，その創設者たちの誰から学ぼうとも，彼らが提起した種々のモデルを発展させようとはしなかった。いくつかの特殊な研究（たとえばグラムシ［Antonio Gramsci, 1891-1937］の研究）を除けば，マルクス主義政治社会学は長い間ほとんど存在しなかった。第3インターナショナルもその喧伝者たちも経済主体論を説いていたので，政治社会学についてはほとんど沈黙したままであった。デュルケム政治社会学もフランスのデュルケム学派では実質的な発展を見なかった。フランスのデュルケム学派はむしろ未開社会に関心を向けたり，宗教や教育あるいは経済現象を研究したりする方を選んだ。これとはまったく反対に，ウェーバー政治社会学だけはつねに根強かった。それでもおもに官僚制や政党に関する業績を生み出していた。

　したがって，戦間期と1950年代末までに主としてアングロ・サクソン系の世界でつくり上げられる政治社会学は，他のところから着想をえるのである。集団理論の信奉者たち（アーサー・ベントリー［Arthur Bentley, 1870-1957］からディヴィッド・トルーマン［David Truman, 1913-2003］まで）が政治現象の分析の主流となった。しかしながら，彼らの理論モデルでは，国家は諸集団のうちの1つにすぎず，何らの特性も固有の歴史ももっていない。社会的多元論の反映である政治的多元主義学派は現代の政治社会学に大きな影響を及ぼすことになるが，つねに国家概念に無関心であり続けた。

　同じ時期にシステム理論やサイバネティックスのアプローチから

生まれた政治社会学理論についても事情は同じである。なお，システム分析も，コミュニケーションの観点に立った分析（デイヴィッド・イーストン［David Easton, 1917-2014］，カール・ドイッチュ［Karl Deutsch, 1912-1992］等）と同じく，権力現象を過小評価しすぎている。さらにまた，そこで描かれる政治システムは，諸々の社会全体で一定のものとみなされ，それゆえ，いかなる社会にも，いかなる時代にも存在するとされている。このようにして，国家の形成は社会のある歴史の一瞬を画するという考えさえ，政治過程相互の間には同型性があるという根拠の薄弱な仮説に屈したのである。それゆえ，アングロ・サクソン系の政治社会学は長い間，その研究領域から国家を排除してきた。それはまた，最近まで国家の現実的な発展を妨げてきたアメリカやイギリスの社会を反映していた[1]。

しかしながら，1960年代になると，同じアングロ・サクソン系の社会学において国家の再発見がなされた。この新しい傾向は決して例外的・表面的なものではなかった。その多くの研究成果は，むしろ詳細な分析に値し，完全に否定的なものとみなすことはできない。確かにこの再発見は不完全なものであった。その背景には，現実の問題，とくに「福祉国家（*welfare state*）」の出現，さらには純粋に個人主義的・相互作用説的社会学の挫折といった事柄への対応の要請が働いていたので，国家の再発見は多くの点で，真の科学革命というよりはむしろ古典的機能主義の修正とみなされる。国家の再発見は主としてウェーバーのいくつかのパラダイムに基づいて行われたが，19世紀にさまざまな社会哲学の間で交わされた論争の活用は不十分であった。とくにマルクス主義の貢献はまったくとい

---

1) Pierre Birnbaum, *La Fin du politique*, Seuil, 1975. Gianfranco Poggi, *The Development of the Modern State*, Londres, Hutchinson, 1978, p. 10.

ってよいほど顧みられなかった。国家は普遍的な意図をもった合理的・中立的機構として再登場し、それゆえに、国家はあまりにも容易に官僚制概念と混同される。しかし、もっとも興味深く検討に値するのは、社会学に国家を再び組み込むその仕方である。なぜなら、国家を社会学に組み込むために、第1に、国家現象に関して徹底的に歴史的検討を行い、それについて新しい叙述を試みることが必要になったからであり、第2に、それによって真の国家の社会学の構築にとって決定的な論争が起こったからである。

第1節　新しい国家観

　機能主義と同時にウェーバー的な論理の痕跡をとどめるこの社会学モデルは、当然、私的な社会関係の領域と公的権力機関の領域とを区別する漸次的分離に関する分析を基礎にしている。この見方によれば、国家は〔私的空間から〕区別された公的空間の形成を確立する。その結果、国家は、固有の正統性の定式（formule de légitimité）をもつだけでなく、国家に自律的運営を保証する諸条件ももつようになる。こうした前提から出発して、従来国家を特徴づけてきた要素のすべてがこの社会学モデルに再び組み込まれる。国家は公的権力機関の諸関係を組織化する機能のなかに現れる。国家は、市民権（citoyenneté）の諸関係によって規定された人間の共同体として、同時に忠誠の第1の源泉である地方集団や家族集団に取って代わる非人格的・恒久的制度をもつものとして現れる。したがって、歴史的に見ると、国家の構築は近代に突入するすべての社会に影響を及ぼす合理化過程の一側面である、ということが明らかになる。その意味で、国家の構築は機能主義社会学で中心的位置を占めている4つの過程の同時進行と合致しているように見える。その4つの

過程とは，社会機構の漸次的分化，自律化，普遍化，それに，これらの変化から生まれ，国家構築実現の条件となるさまざまな手続きの制度化である。国家の生成をこのように考えるならば，「福祉国家」は社会の政治的発展の帰結であるとする進化論的観点に国家の生成が再び組み込まれるということになる。

1 国家と合理化

　国家が機能主義社会学に組み込まれる最初の徴候は，国家の出現を説明するために分化概念が用いられたことであった。よく知られているように，この学派にとって，社会の近代化，技術の発達，農業の商業化，工業化・都市化の時代の到来のどれもが，ますます専門化し自律化する組織と社会的役割の形成を決定づける要因である。スメルサー（Neil Smelser, 1930- ）は，デュルケムが浮き彫りにした観点を大いに発展させて，この分化過程は，経済的領域を超えて，家族・宗教・社会階層といったあらゆる社会的領域にも影響を及ぼす変容の真の法則にほかならない，とさえ考えた[2]。権力機構もこの原則の例外ではない。権力機構の漸次的な専門化と他の社会機構からの分離とが，まさに国家の誕生をもたらす。このようにして，国家の誕生は新しい社会的分業の1つの要素となる。

　とにかく，これはタルコット・パーソンズ（Talcott Parsons, 1902-1979）が取り上げた分析である。彼は国家現象をほとんど無視していたが，1960年代初めに，自らの社会学大系のなかの重要な位置を国家現象に与えた。ここで強調すべき重要なことは，パーソンズ社会学が国家に目を向けたのは，主として経済構造の変化について

---

[2] Neil Smelser, « Toward a Theory of Modernization », *in Essays in Sociological Explanation*, Englewood Cliffs, Prentice Hall, 1968.

考察し始めてからのことである，という点である。パーソンズは，1960年にはすでに，市場経済と政府権力との古い均衡は，政府権力を強化し，その貢献範囲と制度化を拡大し発展させる方向で見直されるに違いない，と指摘していたが[3]，その6年後には，近代社会は「より強力で，もはや縮小されることはない政府機構[4]」を必要とするということを認めている。同時に彼は，法体系・市場経済・民主的結社の発展と同じ理由で，官僚制の発展を進化の普遍的・必然的な特徴とみなしている[5]。これらの要因全体を手がかりにして，アメリカの社会学者〔パーソンズ〕は，「福祉国家」の実態を認識し，そして実際に，アルヴィン・グールドナー（Alvin Gouldner, 1920-1980）がきわめて適切に指摘しているように，ケインズ主義経済学の真の社会学版を構想したのである[6]。

ところで，パーソンズは強力で自律的な政治権力の必要性を認めることで満足しているわけではない。それだけだと国家の社会学への貢献はきわめて小さいだろう。それだけでなく同時に彼は，新進化論のいくつかの基本的前提に基づいて，近代国家の出現を確固たるものとした歴史過程の説明に打ち込んでいる。そうすることによって，彼は国家の生成について叙述し，国家の実現形態について詳細に検討し，その全過程の説明を試みた[7]。

---

3) Talcott Parsons, *Structure and Process in Modern Societies*, Glencoe, Free Press, 1960, p. 241.
4) Talcott Parsons, *Le Système des sociétés modernes*, Dunod, 1973, p. 83 (1re éd. : 1971).（井門富二夫訳『近代社会の体系』至誠堂，1977年）
5) Talcott Parsons, « Evolutionary Universals in Society », *American Journal of Sociology*, juin 1964.
6) Alvin Gouldner, *The Coming Crisis of Western Sociology*, Londres, Heinemann, 1970, p. 347.
7) Talcott Parsons, *Sociétés*, Dunod, 1973 (1re éd. : 1966).（矢沢修次郎訳『社会類型 進化と比較』至誠堂，1971年）この著書におけるフランソワ・シャゼル（François

パーソンズの考えによれば，国家の出現は，政治システムが他の社会システムから分化していく過程と密接に関連し，またその過程から生じるあらゆる帰結，とりわけ政治過程の自律化・制度化・普遍化とも相互に関連している。サイバネティックスの階層構造のモデルによれば，この過程の実現は厳密に順序立てられた決定因に対応している。社会システムの分化を直に条件づけているのは，下部構造のメカニズムであり，とくに経済資源動員の必要性である。他方，この分化を制御する——そして実際に可能ならしめる——のは，このような変化を実現し制度化する文化システムの力である[8]。それゆえ，分化し自律化した政治機構としての国家の出現は，経済的制約，とくにそれ以前の社会的均衡を破壊した市場経済と関連がある。ところが，結局西ヨーロッパで国家が出現しえたのは，この革新を促進する文化的基盤があったからにほかならない。このような分析を通して，パーソンズは，キリスト教のなかに，分化を遂行し，同時に国家の自律化と強化を促進することを可能にした文化コード（code culturel）を見るにいたった[9]。この見方に立ったより正確ないい方をすれば，社会共同体に対する政治システムの完全な自律化に決定的に貢献したのは，宗教改革とプロテスタンティズムである[10]。

　このような状況においては，国家の機能的有効性——パーソンズはこれをますます重要視するにいたっているようである——は国家の分化を保証する諸条件そのものときわめて緊密に関連している。国家の分化は，何よりもまず国家の社会共同体からの分離を目指し，

Chazel）の序文も参照のこと。
8) Talcott Parsons, *Sociétés, op. cit.*, pp. 146-147.
9) Talcott Parsons, *Le Système des sociétés modernes, op. cit.*, p. 31.
10) *Ibid.*, p. 71.

最初それは，社会成員としての個人と政治システムの成員としての市民とを分離することができる，複雑で自律的な法体系の形成という形をとる[11]。次に，国家の分化は，公法の形成をもたらし，それによって政府はその活動に固有の正統化を獲得し，また公共の利益に属する領域に介入することができるようになる。最後に，国家の分化は政治システムからの個別主義的な下位団体の排除を目指す。それは，歴史的には，王権と貴族階級との絶縁と同時に，この第二身分の議会への漸次的退却として現れた。パーソンズは，相変わらず漠然とではあるが，この段階では，イギリスでは分化のこの最後の形態がフランスほど明瞭かつ急速に制度化されなかったという点では，フランスとイギリスとは国家の発展に大きな違いがあるとみなしているように思われる[12]。国家の形成も同じく，政治システムと他のシステムとの漸次的な分離過程と関連がある。このことは，文化システムとの関係では教会と国家との分離についていえるし，他方，経済システムとの関係では市場経済の普遍化についてもいえるのである。

　したがって，パーソンズが描き出したこのような近代国家は，効率的な政治活動にもっとも有利な条件を有する，最高に完成した政治システムという形態をとる。それが完全に実現されるには，まず経済の発展と社会の世俗化の調和のとれた成熟が前提となる。この段階の国家は，パーソンズが国家に固有のものとみなすいくつかの性質をもつ。第1に，国家は機能的である。国家は歴史的に見れば，社会の全面的統合のないところではそのための解決策にほかならないのであって，それゆえ国家は絶対に自ら紛争主体になることも，

---

11) *Ibid.*, p. 72.
12) *Ibid.*, p. 62 et suiv.

個別主義的な集団の道具にもなることもありえない。次に、パーソンズのいう国家は法治国家である。それは法体系の形成によって成立し、合法性の原理に基づいて自己の正統性を確立する。最後に、それは民主的国家以外ではありえない。この国家は、政治システムと他の社会システムとの完全な分離に必要不可欠な前提条件とみなされる、議会制度と市民権原理にのみ基づいて発展可能である。

しかし、だからといって、社会的分化パラダイムの貢献は、以上のような結論に尽きるわけではない。機能主義社会学はこのパラダイムを政治発展や国家構築のその他の重要な側面と関連づけて捉えた。たとえば、伝統的連帯の解体と社会的役割の専門化は、市民社会の再組織化以外の側面にも見られる。この2つはまた、権力資源を古い社会階層制から解放し、それを自律的になった集団に分散させ、権力資源の独占的統制が起こらないようにするという点で、直接政治的関係にも及んでいる。アイゼンシュタット（Shmuel Eisenstadt, 1923-2010）が指摘しているように、このような革新は必然的に、政治的競争と紛争の全般化のすべての条件を生み出した。こうした条件は、伝統的社会では整わなかったし、帝国ではそれぞれ程度の差はあったが、厳しく抑えられていた[13]。同時に、社会集団が分化し、それにともなって権力が拡散すると、要求の表出過程が形成され、したがってあらゆる利害対立が政治化するようになる。このような政治的領域の普遍化にともなって、政治的領域の分化の諸条件が増大し、ポピュリズム型の正統性の形態が用いられるにいた

---

13) Shmuel Eisenstadt, *Modernization : Protest and Change*, Englewood Cliffs, Prentice Hall, 1966, chap. 1 et 2（内山秀夫・馬場晴信訳『近代化の挫折』慶應通信、1969年）、同著者 *The Political Systems of Empires*, New York, Free Press, 1963, chap. 1 et 2 et pp. 365-371 および « Social Change, Differenciation, and Evolution », *American Sociological Review*, 29(3), pp. 375-386 を参照。

る。これらの要因が連動して，近代国民国家の形成を規定したのである。この見方によれば，近代国民国家は，主として政治的資源のこの新しい「市場」の自律的規制装置(オートレギュラトワール)として，政治的闘争と参加との組織者として，したがって，諸政治機構の中央集権化過程の到達点としてその姿を現すのである[14]。このように，紛争概念が導入され，国家の発展過程の叙述に知的衝撃を与えた。そのうえ，機能主義モデルは，より古典的な見解と訣別することによっていっそう充実発展し，次のことを明らかにした。すなわち，諸政治機構の中央集権化は，何よりも民衆の参加を組織するために必要であり，さらに政治的なるものの全般化と諸要求の〔表出過程の〕形成とによって生じた歴史の決定的断絶に対応するためにも不可欠であるという意味では，国家の構築はエリートだけではなく大衆にも関わる事柄である。いずれにしても，社会的分化パラダイムの貢献はモデルを変革するにはいたらず，むしろその修正にとどまっていることには変わりはない。国家は，何よりも，緊張を和らげ，新しい合意形態を制度化することを目的とする，1つの自律的な機能的要素，つまり新しい分業の当事者のままである。

　しかも，このような観点はもっとも古典的な機能主義社会学の忠実な延長線上に位置するものにほかならない。この社会学によれば，いかなる分化過程も社会の均衡を乱すおそれがあるので，逆に統合反応を必要とする。新しい活動，新しい規範，新しい賞罰の創設は，伝統的な諸組織と対立する可能性がある。そのうえ，分化は必ずしも直ちに社会全体に広まるものではない。だからこそ，分化は，近代の領域と伝統の領域の間の不均衡や差異，さらには対立の原因と

---

14) Shmuel Eisenstadt, « Some New Looks at the Problem of Relations between Traditional Societies and Modernization », *EDCC*, 1968, 16(3), pp. 436-450.

もなる。そして分化は，敵対的になった連帯組織間に激しい競争をもたらす[15]。このような状況のなかで，国家は，法や種々の結合ネットワークと同様に，統合的な代理機構として登場する[16]。スメルサーの考えによれば，国家が種々の分化過程を調和させ，社会統合の強化に特化した種々の新しい役割（政治組織，組合組織，とくに社会保障機関，経済介入機関等[17]）を発展させる最大の能力をもっているとみなされる限り，国家は統合をもたらすもっとも優れた要素として登場する傾向がある。それゆえ，この均衡と合意の社会学が，経済的離陸に対応し，初期段階の社会的分化を推進するには，強力な国家を樹立する必要がある，という見解を支持するにいたっているのは何も奇妙なことではない。スメルサーは，このような政治システムを，政治的動員を行い，伝統的忠誠を消滅させるための機能的道具とみなし，他方同時に，新しい機関間の調整をはかり，激烈な紛争を軽減する主要な行為者とみなしている[18]。

　奇妙なことに，このような分析をパーソンズの分析と比較して見るならば，分化パラダイムは，われわれが先験的に考えうるよりもはるかに権威主義的・中央集権的な機能を国家に対して与えている，ということが分かる。近代国家は，経済発展の初期の段階であれ，はるかに進んだ「福祉国家」の段階であれ，社会・経済的近代化に必要な重要な権力資本であると認められている。ウィルバート・ム

---

15) Neil Smelser, « Mécanismes du changement et de l'adaptation au changement », *in* Bert Hoselitz, Wilbert Moore, *Industrialisation et Société*, Unesco, Mouton, 1963, p. 46 et suiv.

16) *Ibid.*, p. 31.

17) *Ibid.*, p. 44. 紛争の解決策としての国家については，Kalman H. Silvert, ed., *Expectant People, Nationalism and development*, New York, Random House, 1963, p. 19 も参照。

18) *Ibid.*, pp. 51-52.

第2章　現代の支配的社会学の挫折　　51

ーア (Wilbert Moore, 1914-1987) が指摘しているように，産業化と社会的分化が進むにつれて，統合のために国家干渉はますます必要となり，その結果，国家は「未解決の社会問題全体の引受人[19]」となる。

これらの要因が相互に作用して，国家は，社会的分化過程が「自然に」もたらすことのできなかった社会政治的変化を強制的・組織的に推進する重要な主体となるのである。このようにして，機能主義者たちは後になって国家を重要視することで，はじめ統合を社会システムの自然発生的な属性とみなしていたモデルに，きわめて重要な最初の訂正を加えた。それゆえ，サミュエル・ハンチントン (Samuel Huntington, 1927-2008) がこのモデルの誤りに陥らなかったのは，彼が，強力な中央集権国家は，紛争や伝統的な組織の抵抗に打ち勝つことによってはじめて近代性を獲得した社会の代償である，と考えていたからである。アメリカと，それほどでもないにしてもイギリスはこのような試練を免れた。それは，この両国がたいした衝突もなく分化過程に対応できたからにほかならない。これとは反対に，ヨーロッパ大陸の諸国は，権力の権威主義的集中化によってしか社会構造の分化を推進できなかったのである[20]。

しかしながら，このような国家観は国家に相反する2つの意味を与えているように見える。国家はまず，普遍的な社会的分化過程の合理的・必然的な産物として現れる。この場合，国家は中央集権的な政治システムという形でどこでも登場するはずであり，国家の存在が政治発展の唯一の判断基準となるはずである。ところが他方で

---

19) Wilbert Moore, « Industrialisation et changement social », *in* Bert Hoselitz, Wilbert Moore, *op. cit.*, p. 361.
20) Samuel Huntington, « Political Modernization : America Versus Europe » *in* Reinhard Bendix, ed., *State and Society*, Boston, Little, Brown, 1968, pp. 170-199.

は，国家は分化過程を完成させ，それを他の社会領域に拡大するための道具としても定義されている。この場合，国家の完全な発達は，とりわけ強制的な政治的支配機構の確立へといたるはずであり，この強制的な支配機構を必要とせざるをえないような社会の種々の困難さらには病理を逆に映し出すはずである。

　この2つの国家概念の間でしばしば生じる混同は，機能主義社会学とそれが提示するモデルに間違いなく影響を与えている。こうした曖昧さは社会的分化の属性の用い方にも顕著に見られる。しかも，それは社会システムの自律化という属性を導入してもほとんど払拭されない。この社会システムの自律化属性は機能主義モデルで補足的に用いられ，国家の形成は社会的分業の一般化と関連しているだけではなく，同時に，新しく分化した政治構造にとくに影響を及ぼしている自律化から生じたものでもある，ということを示唆している。こうした新しく分化した政治構造は，それが果たす機能とそれが有する手段のおかげで，他の社会領域に特有の運営方式とは対照的に，独立した状況のもとで行動計画を作成することができる[21]。ある研究者は，自律性の概念の用法をさらに発展させて，分化過程はその環境に働きかけ，影響を与え，さらには環境を統御する能力を政治システムに与える傾向がある，とさえ考えている[22]。自律性の概念を最終的にどのように受容しようとも，すべての機能主義社会学は，国家は自律化の論理の帰結であり，それゆえに社会のなか

---

21) 自律性の属性に関するこのような定義については，Shmuel Eisenstadt, *Social Differenciation and Stratification*, Londres, Scott, Foresman and Co, 1971, p. 13〔丹下隆一・長田攻一訳『社会分化と成層』早稲田大学出版部，1982年，16-17頁〕を参照。

22) 自律性の属性の別の意味については，Fred Riggs, « The Idea of Development Administration », *in* Edward Weidner, ed., *Development Administration in Asia*, Duke University Press, 1979, p. 34 を参照。

で特別な影響力をもち，社会を導き組織化することのできる重要な行為者である，とみなしている点で共通していることを認めなければならない。

　国家の自律化属性に関するこのような強調は何も驚くにはあたらない。パーソンズ社会学によれば，国家は目的達成機能の完遂に専門化される傾向があり，それゆえ社会における活動の指導をも使命とするようになる，ということを想起するだけで十分である。この指摘はアイゼンシュタットのモデルにも当てはまる。種々の権力資源間の交換を組織化する必要から国家が出現したとすれば，国家の活動は主として，私的な目標と集団的目標の実現とを少なくとも最小限一致させるように，そしてそれによって一定の公共利益の配分が促進されるように，権力資源を有する諸個人を導くことにあるだろう。ところが，このような機能遂行は，いくつかの点から見て，自律性の証拠であるといえる。その第1の論拠は，機能遂行によって中央政治機構がさまざまな社会的資源の「交換率」を決定する調停者の地位につくことである。第2の論拠は，機能遂行によって中央政治機構がこの社会的資源とより高度の利益（たとえばある種の文化的価値や国民的アイデンティティの擁護）との権威的な調停権をもつにいたることである。第3の論拠は，機能遂行によって政治的諸制度が社会動員の集団的目標を定式化し，明確に示す機能を果たすようになることである。ところが，深刻な変動状況では，この第3の論拠に見られる機能的側面は，政治エリートにまったく特別な自律性を与えることがある。アイゼンシュタットはこの自律性をウェーバーのいうカリスマ的指導者がもつ自律性と単純に同一視している。この自律性は，「カリスマの日常化」の定式にしたがって，

立案された諸政策を実施するための専門機関に委譲される[23]。さまざまな資源間の相互作用がこのように組織化されるならば，結局は，政治資源が高く再評価されることになる。その結果として，最初はエリートが，次いでエリートの活動範囲を拡大する諸々の機関が有利になり，他方同時に，政治システムは近代国家のいくつもの方式にしたがって自律的に機能することができるようになる。このことから，アイゼンシュタットがいかなる論拠に基づいて，国王の政治権力の自律化を，帝国と伝統的政治社会とを区別する2つの特徴のうちの1つとみなし，そしてまた，自律化の完成に国民国家の実現の基礎の1つを見ているのか，ということが理解できよう[24]。

このような観点から見れば，政治機構の自律性はいくつかの要因が連動しているか否かにかかっている。それはまず，権力資源がどの程度解放され分化しているか，したがって，その多元性にかかっている。その意味では，自律化を最大にする諸条件の連動が見られるのは，宗教的・社会的・経済的な諸資源がそれぞれ同じような影響力をもっている社会においてであろう。これに対し，1つの資源が他の資源を圧倒的に支配している社会は自律化には不利だろう。こうした区別に立てば，前者の形態に近いヨーロッパの発展モデルと，統治機構と貴族階層がもった緊密で排他的な相互依存関係を特徴とするモデル——とくにロシア——とを分ける相違点について説明がつくだろう[25]。

当然，このような条件の他にも，アイゼンシュタットがほとんど説明していない条件がある。政治機構の自律性は，論理的には，こ

---

23) Shmuel Eisenstadt, *op. cit.*, pp. 39-46〔丹下・長田訳，53-62頁〕を参照。
24) Shmuel Eisenstadt, *The Political Systems of Empires, op. cit.*, chap. 13.
25) Shmuel Eisenstadt, *Tradition, Change and Modernity*, New York, J. Wiley, 1973, chap. 13.

のような種々の資源が競合し分散している場合に，それだけ強力なものになる。この点に関しては，フランスの事例とイギリスの事例とを比較することによって，次のようなことが明らかになる。フランスの場合には，エリート間の相互対立と封建制の過去に結びついた資源の極度の分散から社会的分業が起こった。それほどフランスでは，国家を強大化し，社会・政治的抗争の当事者として国家を直接介入させる条件が多かった。イギリスの場合には逆に，政治的中心が比較的一致団結していたエリートに対抗する状況には実際のところまったくなかった。

　アイゼンシュタットによってまったく無視されているこの区別は重要だろう。なぜなら，この区別によって，自律化属性は，彼のモデルが依拠している近代化の一般原則よりも特殊な歴史的状況に起因していることが明らかになるからである。実は，これは厄介な問題である。なぜなら，それは国家概念の定義自体に及ぶからである。もっとも広義の国家概念は単純に政治システムの中心という概念と混同され，そこでは自律性属性は副次的・偶然的なものにとどまる。狭義の国家概念の場合は反対に，政治システムの働きがその完全な自律化に必要なすべての条件を結集させる，そのような政治システムにのみ関連する概念である。

　広義の場合には，国家現象の出現は主として，中心が，周辺に分散している政治的資源を無力化するに足りる政治的資源を蓄積できるか否か，という点にかかっている。ファイナー（Samuel Finer, 1915-1993）によれば，この政治的資源の蓄積過程が周辺エリートたちの戦略を変更させる，つまり，彼らの中心への抵抗という方針を放棄させ，その代わりに中心を統制することを選択させる場合に，国家は誕生するという。イギリスの場合には，こうした方針転換がまさに12世紀から13世紀にかけて起こり，「統制」戦略は明らか

に「貴族の戦い〔第1次バロン戦争〕」(1214-1216年)とともに始まった。フランスでは逆に,周辺の政治的資源の収奪過程はイギリスよりもはるかに緩やかで,フィリップ2世 (Philippe II, 1165-1223, 在位 1180-1223) の治世から〔14世紀前半の〕「貴族の同盟」の時期にまで及んだ[26]。

しかしながら他方,国家の本質についてもっと厳密な概念規定をするならば,国家は,制度的手段を獲得してはじめて,自己の完全な自律性と完全なアイデンティティを確立する,ということが分かるだろう。この制度的手段がどの程度精緻であるかは,国家が種々の社会組織からどれだけ抵抗を受けたか,ということと直接関連している。それゆえ,このことから,国家構築の程度は,文官官僚制であれ,司法機関であれ,軍隊であれ,国家活動を効果的なものとする諸手段の発達の程度によって測ることができる,といえる[27]。

明らかに,このような制度的手段が複雑化し高度に発達するにつれて,国家はますます環境に働きかけ,社会内で形成される目標とは異なる集団的目標を自律的に課すことができるようになる。この自律性は次のような明白な現実と対応している。すなわち,過度に競合し分散している諸資源の圧力は,統合の必要上,国家の種々の装置の大いなる拡張をもたらす。しかし,まさにそのことによって,この圧力は,国家に自立のためのあらゆる条件を与え,外からの干渉から国家を守るようになる,という現実である。このことは,ま

---

26) Samuel Finer, « State-Building, State Boundaries and Border Control », *Social Sciences Information*, 13, 4-5, pp. 86-87. 後で見るように,ファイナーはイギリスにおける中央集権的政治システムの誕生の時期を実際よりも遅らせざるをえなかったようである。

27) Samuel Finer 前掲論文および « State and Nation-Building in Europe : the Role of the Military », *in* Charles Tilly, ed., *The Formation of National States in Western Europe*, Princeton, Princeton University Press, 1975, pp. 84-163 を参照。

第2章　現代の支配的社会学の挫折　57

さらにベンディクス（Reinhard Bendix, 1916-1991）が，国家の構築は，官僚制化の過程，すなわち，私的利益からも政治的競争からも独立し，とくに自らの人員補充に関する完全な決定権をもった公的行政機関の確立と不可分である，という指摘でいわんとしたことである。われわれがすでに指摘した曖昧さが突然パラドクスに変わるのは，おそらくこの段階においてであろう。社会諸勢力間の調停を中立的に行うために，国家は市民社会から切り離され，高度に組織化された複雑な官僚制を有していなければならない。ところが，われわれが説明するモデルの論理にしたがえば，もっとも統合の遅れた社会に悪影響を及ぼすもっとも激動的な発展の軌跡のみが，このような結果にいたる。これに対し，一見して合意モデルにもっとも近い政治システムは，イギリスの場合のように，いまだに官僚制化の途上にあり，それゆえまた比較的に自律化の遅れた段階にある。

　社会の合理化過程に直接かかわる国家の出現は，種々の社会組織の漸次的分化と，それにともなう自律化過程を確立するだけではない。国家は，政治組織の普遍主義的傾向の採用とも対応している。ただし，機能主義社会学はそれを社会変動全般のものとみなしている。このようにしてパーソンズは，「先進中間帝国」と近代的政治システムとを区別する本質的基準として，この帝国が，社会階層であれ周辺の文化的アイデンティティであれ，国内のもっとも個別主義的な要素を統合するには不適格である点を挙げている[28]。このように考えれば，国家の主要な特徴は，一連の機能の遂行を独占し，しかも厳格な普遍性をもって遂行する，厳密な意味での平等主義的な団体を構築することである[29]。

---

28) Talcott Parsons, *Sociétés, op. cit.*, p. 148.
29) J. Peter Nettl, « The State as a Conceptual Variable », *World Politics*, juillet

このような側面は、まず何よりも、社会的役割の分化過程から間接的だが不可避的に生じた結果である。社会的役割の分化過程は、実際には、私的領域における権力関係の変化、とりわけ企業レベルでは主人－召使関係の消滅、より一般的なレベルでは社会関係の非人格化をもたらす。このような急激な転換は、諸個人を平等な私権や社会的権利の獲得競争に駆り立てることで、政治面では、普遍主義的傾向をもった政治システムへの帰属を求める、潜在的に平等主義的な公衆の形成を促す[30]。同時に、政治的下部構造が分化し、権力資源が次第に社会全体に行き渡るにつれて、政治参加の拡大は、中心にとっても避けられない統治の定式となる。政治参加は、政治的競争に最大の支持をともなって取りかかるために支配エリート層自身が拡大を奨励したものでもある。この最後の側面は、国家の構築がなぜ19世紀に普通選挙制度によって完成を見たのか、さらにはなぜ普通選挙が多くの場合保守政党によって実施されたのか、という点について明快な説明を与えてくれる。

しかしながら、この過程の主要部分は、実際にはもっと直接的な諸要因によってもたらされる。ハーバーマス（Jürgen Habermas, 1929-）が「ブルジョワ的」と形容した国家の論理を分析した際に指摘しているように、公共空間の構造化は、私的領域形成の際の諸特徴を援用しようとする。私的領域が完全に個人間の交換と市場の法則（lois）を中心に組織されているように、政治システムも、万人に等しく課せられ、いかなる特権も認めない一連の「客観的」な法（lois）にしたがって機能しようとする。ハーバーマスは、まさ

1968, p. 562 を参照。

[30] Reinhard Bendix, « Industrialization, Ideologies and Social Structure », in Amitaï Etzioni, Eva Etzioni, ed., *Social Change*, New York, Basic Books, 1973 を参照。

にこの点において，国家の法は明らかに市場の法則と一致する，と指摘し，次のように述べている。「国家の法も市場の法則も市民と私人のなかにいかなる例外も認めない。したがって，この2つの法／法則は客観的である，すなわち，個人は私益のためにこれらの法／法則を操作することはできないし，（……）この2つの法／法則はまた一部の特定個人を対象とするものでもない[31]」。この類推の仕方にしたがえば，立法システムは世論の延長と考えられ，その結果，国家の実際に普遍主義的な性格のもっとも明白な表出である議会制度がとりわけ重要視されることになる。このように描かれる国家は，支配機構としての特徴を失うことは明らかである[32]。この国家は，政治的な駆け引きを中心にインプットされる要求と中心からアウトプットされる回答との均衡に還元する，システム論者たちが考え出したモデルにきわめて近い。

　普遍化属性に依拠することは，必ずしもこれほど明確な結論をもたらさないとしても，少なくとも2つの意味を内包する。第1に，普遍化属性に依拠するということは，国家は，まさに調整機能を発揮することによって，いかなる伝統的忠誠よりも国家への忠誠を優越させ，それによって全市民との間に直接的な，政治的には排他的な関係を確立しようとする，ということを意味する[33]。それゆえ，国家は，自らの組織と臣民としての個人との間に，多くのアジア社会の村長や封建制ヨーロッパの貴族のようないかなる仲介者も認め

---

31) Jürgen Habermas, *L'Espace public*, trad. fr., Payot, 1978, p. 90 (1re éd. : 1962). (細谷貞雄・山田正行訳『公共性の構造転換〔第2版〕』未来社，1994年)

32) *Ibid.*, p. 90 et suiv.

33) この弁別特徴の重要性については，Cyril Black, *The Dynamics of Modernization*, New York, Harper and Row, p. 13 以下，および Joseph Strayer, *Medieval Statecraft and the Perspectives of History*, Princeton University Press, 1971 を参照。

ることはできない[34]。このような見方に立てば、集団は、国家が明示的に認めた法的身分以外のいかなる身分も失い、同時に自己の政治的資源をすべて国家という団体に委ねることになる。ロバート・ニスベット（Robert Nisbet, 1913-1996）は、この分析を発展させることによって、アウグストゥス帝（Augustus, B.C.63-A.D.14, 皇帝在位 B.C.27-A.D.14）の統治権（*imperium*）の強化と並行して起こったローマの家族の解体について説明している。彼によれば、皇帝権の強化自体は戦争と軍事制度の拡大とによって促進され、戦争と軍事制度はともに、家族集団からその伝統的特権を剥奪し、帝国の中心と個人との間に直接的な政治的関係を確立するのに大いに貢献した[35]。したがって、このような用語を用いるならば、国家の構築は、各社会における1つの新しい団体の漸次的構造化に帰着することになる。その結果、この団体は他のあらゆる団体を支配し、社会関係の個人化によって自己の普遍主義的性格を強化する。

　第2は、国家の普遍化属性は社会的な駆け引きの重大な変更として現れる、というもっと深い意味である。この点は、ハーシュマン（Albert Hirschman, 1915-2012）が展開したパラダイムに照らして見るならば、よりいっそう明らかになる[36]。よく知られているように、ハーシュマンによれば、いかなる公衆の行動も離脱（défection ; *exit*），抗議〔発言〕（protestation ; *voice*），忠誠（loyauté ; *loyalty*）のいずれかの形態をとる。この仮説に基づいて、われわれは、ファイ

---

34) Reinhard Bendix, *State and Society, op. cit.*, p. 71 参照。
35) Robert Nisbet, « State and Family », *in Social Change, op. cit.*, pp. 190-210.
36) Albert Hirshman, *Exit, Voice and Loyalty*, Havard University Press, 1970, trad. fr. : *Face au déclin des entreprises et des institution*, Éditions Ouvrières, 1972.（矢野修一訳『離脱・発言・忠誠――企業・組織・国家における衰退への反応』ミネルヴァ書房，2005年）

ナーと同様に，普遍主義的傾向の強い国家の出現によって，公衆に与えられたこれらの行動の可能性は極度に狭められ，その結果，離脱という一手は実際に不可能となり，あるいは少なくともそれが自発的亡命のような単独の個人的行動に限定される，と考えることができる。たとえば封建時代には，一部の個人や集団はさまざまな慣行によって特定の政治的義務を免れることができた——たとえば，貴族や聖職者に認められた特権，特定の聖域の不可侵権，あるいはもっと顕著なものとして都市に与えられた特権や自治権——が，政治システムは，実際に公的権力機構を独占しようとする以上，もはやそのような慣行をシステムのなかに組み込むことはできない。同じく，家臣が領主に反抗したり，必要な場合には領主を代えたり，次々にいろいろな連合に参加する権利は，主権国家の概念そのものと矛盾する[37]。したがって，ファイナーが示唆しているように，封建社会から領域国家への移行は，新しい中心が新しい普遍主義的秩序を周辺に強制的に課そうとする試みによってなされたが，周辺は，その秩序を受け入れる代わりに，（議会による）抗議の権利を制度化する，あるいは分離（たとえばポルトガルとカタロニアのイスパニア王からの分離）によって決定的にしかも完全に離脱する可能性をもっていた，と考えることができる[38]。しかし，領域国家がひとたび成立すれば，そのような選択肢は基礎を失う。そしてその結果として，中心−周辺関係はそれまでとはまったく異なった，もっと限定的な意味をもつようになり，これ以後，純粋な支配関係と同一視されることになる。

---

37) Samuel Finer, art. cit., pp. 80-82 et p. 98.
38) *Ibid.*, p. 98. この段階で，ロッカン（Rokkan）にヨーロッパの概念地図の作成を可能ならしめた問題提起の前提の１つが見出される。

しかしながら、この純粋な支配関係は、他のあらゆる支配関係と同様に、領域国家による領土拡大を是認する国民意識が形成され広まることによって正統化される。ナショナリズム的なイデオロギーは、たいてい古い共同体的関係から生まれた諸々の価値と信念からなり、本質的に排除と個別主義を目指しているが、この段階では、それは国家の普遍主義的性格の裏面、あるいは少なくとも共同体的伝統への譲歩とみなされる。その意味で、国民国家という定式は、進化論的に見れば、一時的なものにほかならない妥協の産物だろう。それゆえ、国民国家という定式は、最後には、中心の活動範囲の拡大──したがって、いくつかの領域国家の併合──へといたるか、もしくは、領域的正統性という定式の衰退、したがって中心‐周辺関係の見直しへといたるはずのものである[39]。機能主義社会学は、そもそも問題の立て方からして、このいずれの場合にも、国民現象（fait national）というものに何ら構造的重要性を与えていないように見える。

　機能主義社会学が国家の登場と関連づけている社会変動のさまざまな過程の連動的な進展は、最後には自ずと社会政治的な駆け引きの徹底的な制度化の動きへと行き着く。分化した社会内における統合の機構、自律的な行為者たる国家は、既存の社会勢力よりも政治制度を大いに再評価することによってはじめて、普遍化の推進力としての自己の機能を発揮しうるのである。ところで、ヨーロッパにおける国家構築の分析において「法律顧問団（レジスト）」の役割、ローマの諸制度の再発見、教会制度の影響力に重要な位置を与えている中世史

---

39) 国民現象の個別主義的な意味については、Anthony Douglas Smith, *Theories of Nationalism*, Londres, Gerald Duckworth and Co, 1971, chap. 3 を参照。

研究者も近代史研究者もこうした所見にほぼ気づいていた[40]。

たとえ制度概念が多くの理論的・経験的研究のなかで用いられているとしても、制度の概念それ自体とそこから派生する諸属性を明確に把握することは難しい。そこでわれわれは次のような仮定から始めることができる。すなわち、制度とは、「1つの社会や団体において、その基本的な問題、社会・集団・団体の要求やその目標のいくつかと密接に結びつけられた明確な組織モデルにしたがって、成員の行動のほとんどを組織化する規制原理をもった1つの実体[41]」を指す。アイゼンシュタットは、この組織化は実力または当該成員の自由意志によって課せられる規範と義務となって現れる、とつけ加えている。彼はここから、制度化は、種々の社会モデルが安定したやり方で組織化される過程である、と結論している。

機能主義社会学は、このような観点に基づいて、この制度化過程を国家構築の根本的な側面のうちの1つとみなしているが、それは次の3つの理由から当然といえよう。その第1の理由は、国家の構築は分業の拡大と結びついている、ということである。分業は新しい活動の激増をもたらし、あらゆる制度がそれらの行動を組織化し結合させる役割を負う。第2の理由は、このような変動がさまざまな緊張と分裂を生み出し、そのために組織化がいっそう緊要となり、とくに中心の構築、諸々の駆け引きのルールの確立、自律的行政組織の形成、合法性原理の拡大、つまり、紛争を公認し、それを社会

---

40) とくに Bernard Guenée, *L'Occident aux XIVe et XVe siècles : les États*, PUF, 1974 および Joseph Strayer, *On the Medieval Origins of the Modern State*, Princeton University Press, 1970, pp. 15-16 et p. 25〔鷲見誠一訳『近代国家の起源』岩波新書、1975年、21-22, 36-37頁〕を参照。同じく Carl J. Friedrich, *La Démocratie constitutionnelle*, PUF, 1958, pp. 12-14 を参照。

41) Shmuel Eisenstadt, *Social Differenciation and Stratification, op. cit.*, p. 39.〔丹下・長田訳、53頁〕

的相互作用の正常で許容可能な要因とする一連の措置が必要となる，ということである[42]。第3の理由はとくに重要であり，近代化のより広範な過程にともなって国家が登場したことによって，「社会的要求」——アイゼンシュタットは，これによって制度的装置の方向づけが決まる，という——に本質的な変化が生じ，同時にそれまでの諸制度を存立せしめていた均衡の型に根本的な変化が起こる，ということである。ところで，このような社会的要求の変化のうちでもっとも特徴的な側面の1つは，まさに変動の恒常化にともなって，社会は絶えず変化する問題や争点に対応を迫られる段階に入らざるをえない，ということに由来する。したがって，紛争の激増と同時に変動の一般化にともなって，高度の柔軟性をもった組織と手続きとを創出するために，制度化の特別の努力が必要となる[43]。この柔軟性の観念自体は，機能主義社会学が一般に国家の諸制度に特徴的であるとしたいくつかの主要な側面と関連がある。その主要なものとして，たとえば，国家の制度を君主から自立させる非人格化，国家の制度を政治的競争の影響から保護する永続性，国家の制度に政治システム内で起こる目標変更への適応を可能にする民主主義的傾向，がある。さらに，アイゼンシュタットは，この点を論拠にして，第三世界で猛威をふるっている権威主義は国家の低発展と逆制度化（désinstitutionnalisation）の表現にほかならない，とみなしている[44]。

最後に指摘すべき点は，われわれはアイゼンシュタットの分析を最後までたどることによって次のような結論に達する，ということである。すなわち，近代化の過程はすべて，必然的に，高次元の分

---

42) Shmuel Eisenstadt, *Modernization : Protest and Change, op. cit.*, chap. 3 を参照。
43) *Ibid.*, et *Tradition, Change and Modernity, op. cit.*, p. 40 et suiv. ; p. 47 et suiv.
44) *Ibid.*, p. 47 et suiv.

化を制度化するに帰着する。彼自身の指摘によれば，現存する諸制度を適応させ，政治システムに固有の諸特性を安定した手続きにしたがって組織化することに帰着する，という結論である[45]。それゆえ，ここには2つの前提がある。1つは，国家の構築は，政治的変化の他のすべての側面と同様，もっぱら内生的過程である，ということである。もう1つは，国家という解決法は，結局，既存の伝統的制度に特有の適応の反映にほかならない，ということである。

われわれはここでハンチントンの仮説に戻る。それによれば，社会の分化が進めば，いかなる社会勢力ももはや他の勢力に対して自己の権力を直接行使できないから，社会の存続の可否はますますその正しい制度運営次第となる[46]。それゆえ，彼が指摘した，政治的な組織と手続きによる十分な適応性・複雑性・自律性・一貫性の獲得という制度化過程の属性を諸種の国家機構に当てはめて見るならば，国家の構築にこの4つの属性の完成を見ることができる。

適応性と複雑性は，われわれがすでに指摘した傾向を示している。適応性概念は，実際には，アイゼンシュタットが明らかにした柔軟性概念にきわめて近い。複雑性概念は，厳密な意味での政治領域においては，モデル全体の基礎をなしている構造的分化の概念を表している。ただここで注意すべきは，ハンチントンのいう複雑性概念は，発達した政治システムについては，集権的な官僚制国家のヨーロッパ・モデルよりも権力分立のアメリカ・モデルに近い，という

---

45) Shmuel Eisenstadt, « Social Change, Differenciation and Evolution », *American Sociological Review*, 29(3), pp. 375-386 および « Institutionalization and Change », *ibid.*, 29(2) を参照。

46) Samuel Huntington, *Political Order in Changing Societies*, New Haven, Yale University Press, 1968, p. 9. （内山秀夫訳『変革期社会の政治秩序 上・下』サイマル出版会，1972年）

点である[47]。なおこの傾向は,「一貫性」属性に付与された意味,すなわち,諸制度は一致して相互均衡しているという前提によっても確認される。こうした概念構成は,複雑性属性を自律性属性とほとんど両立不可能なものにする。なぜなら,自律が効果的であるためには,最小限の官僚制化と強制的権力の集中とを要求するからである。

したがって,自律性の属性に関するハンチントンの考察が比較的簡単で曖昧であるからといって驚くには当たらない。彼は,国家は「ブルジョワジーの執行委員会」であるべきではなく,裁判所は自己の義務として国家に対して独立性を堅持すべきである,と主張することで満足しているからである。ハンチントンは,社会に対して国家が自律性を保てる要因については,社会的多元体制が強化されていけば,必然的に諸制度の独立性も増していくだろう,と考えているだけである。この段階では,国家装置の役割についてもその職員についても何ら議論されていない。ところが他方,適応力のある自律的な政治制度の飛躍的発展は,官僚機構を動かし指導するための人員を何らの干渉も受けず独自に補充することのできる官僚制の発達に負うところが大きい,と考えることもできるだろう[48]。これらの条件はそれぞれ,政治システムの完全な制度化は,国家の発達という定式を経る,ということを示唆しているように見える。この定式はほんの部分的にしかアメリカ・モデルと合致しない。

これまでの考察は,機能主義社会学が国家構築過程に本質的なものとみなした,種々の属性の間に実際に存在している両立不可能性

---

47) *Ibid.*, p. 19.
48) Robert Robins, *Political Institutionalization and the Integration of Elites*, Beverly Hills, Sage Publication Papers, 1976, chap. 1-3 を参照。

について問題を提起している。とくに、統合の必要性が、少なくとも状況によっては、自律化や普遍化の必要性と対立するのか否か、それはまた、ウェーバーが明らかにした官僚制的合理性を全面的に危うくするのか否かについて、われわれは確言できない。たとえば、第三世界の多くの官僚制度に恩顧主義(クライエンテリズム)が残っているということは、国家が統合と自律性との要求を同時に充たせないということの証拠なのではないか。同じく、フランスの絶対主義国家で盛んに行われていた売官は、貨幣経済の出現にともなう分化過程、新興エリートの統合の必要性、官僚制的合理性の要求の尊重といった諸問題に同時に対応することの困難さを反映している、と仮定することもできる[49]。

以上の考察はすべて、分化のパラダイムを用いる際に注意すべき点をすでに示唆している。とりわけ注目すべき点は、このパラダイムだけでは政治的変動のあらゆる側面を解明することはできないし、それゆえ国家の形成過程についても説明することはできない、ということである。多くの著者たちがこれまで試みてきたように、このパラダイム全体を進化論的視座のなかに置き直して見るならば、多くの限界がもっと明確になる。

2 国家の一般化

われわれがすでに分析したモデルにしたがえば、明らかに近代国民国家は、まず社会・政治的な駆け引きの合理化を進め、それによって人類の歴史に進歩をもたらした。だからこそ、近代国民国家は

---

[49] この問題のいくつかの側面については、Bert Hoselitz, «Levels of Economic Performance and Bureaucratic Structures », *in* Joseph La Palombara, ed., *Bureaucracy and Political Development*, Princeton, Princeton University Press, 1967, pp. 168-198 を参照。

進化論的観点で語られるのである。しかも，このパラダイムに賛同することは単に形だけのことではなく，われわれがすでに使っている分析と叙述の要素をさらに完成させる。つまり，進化論的観点に立つことで，近代国家は古い形態の政治システムを凌駕し改善することで，しかし同時に，近代国家が歴史的に形成された場所以外の地域に輸出可能な，唯一普遍的に有効なモデルとして徐々に力をもつことで，漸次的に実現していった，と想定するのである。〔近代国家が輸出可能な普遍的なモデルであるという〕この最後の点は，たとえその説明がきわめて微妙で時には矛盾していても，とても重要であり，もっとも重大な影響をもたらすように思われる。というのは，この点は明らかに，社会学理論の分野で発展主義思想の萌芽の1つをなしているからである。

　国家の誕生は社会システムの緩やかな進化の結果であって，一部の社会システムに特別に生じる多少なりとも偶発的な歴史の断絶の所産ではない，とみなしているという点では，機能主義社会学は，人類学者たちがすでに展開した説を確認しているにすぎない。たとえば，ロバート・ローウィ（Robert Lowie, 1883-1957）は，国家はもっとも原始的な社会を含めてすべての社会に「萌芽として」存在していたし，また，社会的結合現象が一般化し，共同体的な連帯が衰退するにつれて，国家の漸次的制度化が必要となった，と考えていた[50]。アリストテレス的な都市国家観の顕著な影響を受けたこの同じ公準は，エヴァンズ＝プリチャード（Edward E. Evans-Pritchard, 1902-1973），フォーテス（Meyer Fortes, 1906-1983），その他多くの

---

50) Robert H. Lowie, *The origin of the State*, New York, 1927.〔青山道夫訳『国家の起源』社会思想社，1974年，なお古賀英三郎訳『国家の起源』法政大学出版局，1973年もある〕

人々にも見られる[51]。

　シュムエル・アイゼンシュタットは，伝統的帝国に関する分析において，この進化論的な見解から確実に影響を受けている。彼によれば，伝統的帝国は伝統的社会と近代国家との間の中間的カテゴリーに属し，その本質的な特徴は，政治システムを近代的組織とするはずの社会・政治的変化が未完成である，という点にある。それゆえ，帝国は，種々の権力資源の解放が始まることによって可能になる，構造的分化と政治的自律化に着手したという点で伝統的社会よりも進歩しているといえる。しかし他方，伝統的帝国は，次のようないくつかの面でその政治的成果が部分的で不完全であったという点では，近代国家とは異なる。第1に，帝国の政治権力の自律性は，種々の伝統的な正統性の定式による抵抗と社会的階層制の重圧とによって制限されていた。第2に，諸制度はほとんど非人格化されていなかった。第3に，この段階では地方への伝統的忠誠と，中央に行ったこともなければ気にもとめない住人の政治的無関心とがいまだ執拗に残っていたがゆえに，公的空間はほとんど普遍性を獲得するにはいたっていなかった。それゆえ，アイゼンシュタットは，伝統的帝国は将来の完成をまたなければならない前近代的・前国家的な形態であって，独自の基準によって定義される独立したカテゴリーではない，と考えた。この変化の原動力は主として権力資源の分化にともなう紛争にある，という彼の指摘は新しいものではある。しかし他方，帝国の分析を国家の前史に関する研究に位置づけてい

---

51) Edward E. Evans-Pritchard, Meyer Fortes, *Systèmes politiques africains*, PUF, 1964. これ以外の人類学的国家論については，Lawrence Krader, *Formation of the State*, Prentice Hall, Engelwood Cliffs, 1968 および Georges Balandier, *Anthropologie politique* [3ᵉ éd.], Paris, PUF, 1978（なお，1969年刊の原著第2版について，中原喜一郎訳『政治人類学』合同出版，1971年がある）を参照。

る点では，彼も進化論の系譜にとどまっていることは明白である[52]。

　国家は古典的な政治形態を凌駕したものであるとするこのような見解は，支配的なモデルに属する社会学の著作のなかにもかなり一般的に見られる。ベンディクスの研究も同様である。彼は，世襲制と絶対主義国家とを結びつけ，自律的な官僚制が種々の社会組織の支配を徐々に免れて形成されてくる過程において，絶対主義国家は必要な段階であった，と説明している[53]。同じく，パーソンズが歴史を画したさまざまな社会について行った分析も，種々の成果と長所——近代国家がもつ成果と長所が到達点とみなされる——に基づいてなされた分類に明らかに似ている。種々の社会はそれぞれ，もっぱらその分化と普遍主義との程度に応じて単線上に並べられ，最後には，近代社会との隔たりに応じて，また，政治的な面ではそれらの社会とヨーロッパの世俗的・合法的・民主的な現代国家との相違点に基づいて，序列化される[54]。しかし，パーソンズの分析はもっとも古典的な進化論的公準とは少し違った方向を目指している。彼は，われわれがすでに指摘した文化的な決定因に依拠することで，伝統的社会の間の違いをそれぞれの固有の価値体系から生じる違いによって説明するにいたったのである。このようにして，中華帝国やイスラーム帝国やロシア帝国は，同じ発展段階で見ても，それぞれ独自の形態をとっていた。パーソンズ自身の言葉によれば，これらの形態はそれぞれ「大きな違いと大きな発展方向の分岐[55]」を示

---

52) Shmuel Eisenstadt, *The Political Systems of Empires, op. cit.*
53) Reinhard Bendix, *Nation-Building and Citizenship*, New York, J. Wiley, 1964, p. 47.〔河合秀和訳『国民国家と市民的権利Ⅰ——西欧社会の転換と公権力』岩波現代選書，1981年，72頁〕
54) Talcott Parsons, *Sociétés, op. cit.*, p. 31 et suiv.
55) *Ibid.*, p. 142.

していた。この結論は革新的ではあっても、何ら本質を揺さぶっているわけではない。なぜなら、パーソンズは、西欧社会は近代の到来とともに普遍的意義を獲得し、それだけであらゆる社会システム全体の発展を先導している、と主張しているからである[56]。それゆえ、社会の発展は、最初は多線的であったが、近代という峠を越えると単線的になった。その意味で、パーソンズはもっとも純粋な進化論と和解し、次の3つの結論を導き出している。第1に、非西欧社会は停滞を余儀なくされるか、あるいは西欧型の近代化コードを受け入れざるをえない。第2に、西欧的な発達の特徴だけがいまだに意義をもっている。第3に、近代国民国家は発達の唯一の母型として一般化し世界中に広まる運命にある[57]。

このようなアプローチは、まず、近代国家と伝統的政治社会とを截然と区別できる基準の一覧表を提示してくれる。ギデオン・ショウバーグ（Gideon Sjoberg, 1922- ）は前産業時代の都市の政治組織を研究して、その政治組織の特徴を列挙している。それは、公に類するいくつもの機能を血族集団が果たしていること、他の正統化の定式とも異なる政治的正統性が存在していないこと、住民の政治過程への参加の程度が低いこと、個別主義的な基準があらゆる形態の団体運営を支配していること、そして、政治権力の行使と君主や元首の私的財産の管理がほとんど未分化であること、である[58]。

もっと正確にいえば、これらの考察は、歴史家たちがわれわれに

---

56) Talcott Parsons, *op. cit.*, p. 149.
57) パーソンズにおけるこうした単線的発展論への回帰に関する批判的説明については、G. Swanson, « Review of Parsons », *British Journal of Sociology*, 1973(3), pp. 390-392 を参照。
58) Gideon Sjoberg, *The Preindustrial City*, New York, The Free Press, 1965, chap. 8.（倉沢進訳『前産業型都市――都市の過去と現在』鹿島出版社、1968年）

残してくれた古典古代や前近代の政治システムに関する所見にきわめて近いし，部分的にはそれを確認している。それは，政治組織に関するいくつかの研究を参照すると，われわれがいま説明した国家モデルとは多くの点で異なっていることが分かる，ギリシャの都市国家についても同じことがいえる。ここでまず想起されるべきは，都市国家では政治的なるものが宗教的なるものに対して自律化していなかった，ということである。フュステル・ド・クーランジュ（Numa-Denis Fustel de Coulanges, 1830-1889）はすでに19世紀に，すぐれた洞察力をもって，都市国家があまりにも個別主義的な性格が強く，実際には広範な住民を自国のなかに統合するのに適さなかった主要な原因の1つとして，この点を分析している[59]。次に想起されるべきは，当初から政治システムと血縁システムとが未分化であったばかりでなく，政治的関係の普遍主義的性格が弱かったために，市民権が，ほとんど政治的役割のなかに閉じ籠もっていた少数の人々に限定されていた，ということである。そして最後にとくに注目すべきは，市民社会が政治機構に対して自律性をもっていなかった，ということである。政治機構は，市民社会を細部にいたるまで組織化し，近代国家に見いだされる公的領域と私的領域というきわめて厳格な二元性に基づく運営様式とはまったく異なる様式をとるにいたっていた[60]。

こうした多くの点から見て，ローマの政治組織は，ギリシャの都市国家と比較して，明らかに「進歩」している。進化論者たちはこの事実を利用してきた。たとえば，彼らが強調しているのは，見事

---

[59] Numa-Denis Fustel de Coulanges, *La Cité antique*, Hachette, 1879, p. 151 et suiv. ; p. 237 et suiv.（田辺貞之助訳『古代都市』白水社，1995年）

[60] *Ibid.*, p. 265 et suiv. ; p. 283 et suiv. ; p. 325 et suiv.

に組み立てられた複雑な法秩序の発達である。この法秩序のおかげで，ローマの政治システムは「一貫性」と「合理性」をもって活動できたばかりでなく，この法秩序は，のちにヨーロッパの近代国家形成において基礎的な役割を果たすことになる。さらに，「公共のこと (res publica)」の出現は，市民社会と政治社会との分化の第１段階である。その出現によって，とくに市民権の拡大と市民権への接近がより容易になるという形で具体化する，種々の普遍主義的価値観の大いなる拡大へといたる。しかしながら，これらの発展はすべて，ローマの政治をいまだに規定していた多くの前国家的特徴によって抑制されている。市民の役割はわずかしか制度化されていないし，いまだに形式的なものにとどまっている。市民の役割は，納税額に基づく制限選挙制度によって妨げられていたばかりでなく，実際には世襲的で，個別主義的な傾向の強い支配階級が急速に形成されたことによって形骸化されていた[61]。同じく，政治制度の分化も依然として制限されており，そのためにとくに官僚制化過程が抑制された。ここでとくに注目に値するのは，武官・文官・司法官の職の兼務である。この兼務はそれぞれの職務に対応する機構装置の強力な水平的統合をもたらし，制度化の要求に逆行することによって，それらの機構装置の自律性を抑制した。最後に，ローマの政治システムは普遍主義を指向しながらも，それは現実にはきわめて困難であった。なぜなら，家長の権力が依然として強かったからであり，他方また，周辺に割拠している多くの共同体はそれぞれ自律性を保持し，そのため逆に，「通常なら」国家－個人間のいかなる媒介をも消滅させるはずのさまざまな過程の進行が抑制されたからで

---

61) Claude Nicolet, *Le Métier de citoyen dans la République romaine*, Gallimard, 1976, pp. 426-427 と結論を参照。

ある。

　こうした観点に忠実であるなら，進化論的視点から見て近代的な国家形態からいっそうかけ離れた政治的組織形態をとっている非西欧世界の帝国にも，同じ結論が当てはまるということに容易に気づくだろう。中華帝国の特徴は，統一された一貫性のある官僚制システムを有しているにもかかわらず，政治システムと文化システムとの分化の程度が低く，その結果，なかでも官吏補充の自律性は制限され，専門的能力よりも古典教育がはるかに重要視された，という点にある。その他に注目すべき点は，第1に，高級官吏が徴税方式について世襲貴族と時折交渉していたという事実から見て，完全に権力を奪われていない世襲貴族が存続していたこと，第2に，普遍主義的法体系が存在していなかったこと，第3に，経済的領域の自律性がきわめて弱かったこと，である。これらの点から，アイゼンシュタットは，古代中国では，実際には政治的資源と文化的資源だけが重視されていたがゆえに，権力資源の解放がようやく始まったばかりであった，と結論している。それゆえに，中心と周辺とのコミュニケーションの可能性もシステムの適応能力も制限されていた，と彼はいう[62]。

　これまで見てきた国々とは異なる文化コードを基礎とするアッバース朝イスラーム帝国は，中央集権体制をとっているにもかかわらず，それが内包する政治的特徴ゆえに国家モデルから明確に区別される。その理由は，何よりも中央官僚の世襲制であるが，とくに強調すべきことは，政治的機構と宗教的機構との分化程度が低いとい

---

62) Shmuel Eisenstadt, *Social Differenciation and Stratification, op. cit.*, p. 101 以下〔丹下・長田訳，133 頁以下〕および *Tradition, Change and Modernity, op. cit.*, p. 261 以下. 中国官僚制の批判的分析への歴史家の貢献については，Etienne Balazs, *La Bureaucratie céleste*, Gallimard, 1968 を参照。

うことである。その結果，政治的共同体と信者共同体（*Umma*）とは完全に一体化され，世俗権力と宗教権力との分離の基盤は奪われ[63]，市民社会と区別される国家という考えそのものが適用できなくなっていた。この融合がきわめて強力に見えるのは，宗教的儀式を行う役目も教義を創唱する権利も自らに禁じているイスラーム教は神と人間とを仲介する使命をまったくもたず，そのために，イスラーム教は社会のなかで組織化された階層的・専門的な機構を樹立することができなかったからである。反対に，イスラーム教は自律的な世俗主権――国家主権――を確立しようとする動きを決定的に無効なものとする。このような状況では，政治的統合の機能は，イスラーム世界ではつねに全面的な逆分化の様式に基づいて，すなわち，各個人は同じ宗教に与かっているという意識に基づいて遂行されてきた。たとえその与かり方がイスラーム的伝統のヘレニズム化の過程で[64]，調和の観念と人間的欲求の自然的相補性の観念とによって完成されたものであったにしても，である。こうした傾向はすべて，市民権の原理に反するばかりでなく，イスラーム帝国から確定した領域という基盤を奪い，それゆえ政治権力を独占しようとする帝国の動きを抑制してきた。同じく，こうした傾向は制度化された自律的法体系の構築をも妨げた。イスラーム社会の規範体系は，明確に規定された実定的な一般原則からではなく，コーランの教えから生まれたものであるがゆえに，伝統的に宗教システムと不可分

---

63) Thomas W. Arnold *The Caliphate*, Oxford, 1924, p. 189 以下，および Émile Tyan, « Notes sur la distinction du spirituel et du temporel dans le califat », *Annales de la Faculté de droit de Beyrouth*, 1951, n. 1, p. 5 以下を参照。

64) Erwin Rosenthal, *The Political Thought in Medieval Islam*, Cambridge University Press, 1958, pp. 112-117〔福島保夫訳『中世イスラムの政治思想』みすず書房，1971年，144-149頁〕および Bertrand Badie, « La philosophie politique de l'hellénisme musulman », *Revue française de science politique*, avril 1977 を参照。

である。それゆえに、この規範体系はその「調整能力」と普遍主義とを侵害する多様な解釈と多様な宗派への道を開いたのである。さらに指摘できることは、中世期のオリエントでは、地方の個別主義と共同体的忠誠とによる徹底的な抵抗のために、この〔普遍主義的〕特徴が依然として弱かったことである。そして、こうした抵抗は自律的な宗派の増加だけではなく、中央権力の統制を免れた地域集団の出現を促した。

おそらくこれ以外の帰結の方がもっと重要だろう。たとえば、公的なるものと私的なるものとの不分離性は、アッバース朝期の所有制度のなかで確立を見た。実際、よく知られているように、カリフ〔最高権威者〕が、信者共同体の名のもとで土地の唯一の所有者であった。その結果、私的領域は都市での小さな商業活動に限定された。分化原理に直接反するこうした〔カリフの土地〕裁量権は、カリフによる代官たちへの土地の移譲手続き（*eqta'*）に道を開いた。これによって、代官たちは土地の使用権だけでなく、実際にその統治権ももった[65]。カリフの権力の普遍性はここで改めて危うくなったが、とくに市民社会は政治社会に対して自律性を維持するための主要な資源を失うことになった。

こうした点から見れば、所有制度、より一般的には社会・経済的権力は重要な役割を果たしているように見えるが、そのことがすでに、近代国家を種々の資源の特殊な占有形態という観点から捉えずに、文化の合理化の唯一の帰着点とみなそうとする進化論的な説はきわめて脆弱なものであることを示している。ところが、次のこと

---

[65] 土地移譲手続き«*eqta'*»については、Claude Cahen, « Economy, Society and Institution », *in* P. M. Holt, Ann Lambton, Bernard Lewis, *The Cambridge History of Islam*, 1970, vol. 2B, および Claude Cahen, « L'évolution de l'eqta' du XI{e} au XII{e} siècle », *Annales ESC*, janvier-mars 1953 を参照。

第2章　現代の支配的社会学の挫折　　77

はおそらくもっと重大だろう。つまり、このようにアッバース朝帝国や中華帝国と同時代の西欧モデルとを分かつ相違点を包括的に理解するならば、それらの違いをただ上下の序列関係で見るのでは不十分である、ということである。近代西欧国家に「分化の遅れをとる」以前には、中華帝国もイスラーム帝国も聖なるものの概念に基づいて組織されていた。この聖なるものは社会生活のあらゆる側面に影響を及ぼしていたし、少なくとも部分的には西欧的な社会・政治的な変動コードには還元できない、近代化への革新と適応のモデルにほかならなかった[66]。分化概念は確かに実際に発見的な特性をもっているが、この分析段階では必ずしも説明や予測のための有効性をもっているとはいえないように思われる。

支配的社会学の自民族中心主義的な傾向は、それが西欧国民国家の一般化を、第三世界の社会にとって「政治的近代化」の根本的な筋立てであるのみならず、その発展過程の唯一の必然的な方向であるとしようとしている点で、現在の諸結果に直接的な影響を及ぼしている[67]。古典的発展主義理論の公準であるこのような考え方は、明らかにシルズ（Edward Shils, 1910-1995）やアーモンド（Gabriel Almond, 1911-2002）の研究にも見出される。彼らは「発展した」政治システムの諸特徴をきわめて厳密に規定する際に、その政治システムに現代の西欧諸国に共通の諸特徴をかなり忠実に当てはめているからである[68]。ルシアン・パイ（Lucian Pye, 1921-2008）は、自己

---

66) とくに Leonard Binder, *The Ideological Revolution in the Middle East*, New York, J. Wiley, 1964 を参照。
67) Bertrand Badie, *Le Développement politique*, Economica, 1978, p. 50 以下を参照。
68) Edward Shils, *Political Development in the New States*, La Haye, Mouton and Co, 1960, とくに政治的民主主義は政治発展の最終段階であるとする彼の論述、および Gabriel Almond, Bingham Powell, *Comparative Politics*, Boston, Little, Brown, 1966 を参照。

のモデルの提示に当たって次のことを指摘している点で，この2人よりももっと露骨である。その1つは，ヨーロッパ文化によって築き上げられた国民国家は，唯一可能な解決策として全世界に広まる傾向にある，ということである。もう1つは，独立後の若い社会を次々に襲っているあらゆる危機は，近代国家としてのさまざまな特徴を次々に組み込んでいく過程における不可避の結果にほかならない，ということである[69]。最後に忘れてならないのは，発展に関する最近の研究に影響を与えている「中心－周辺」モデルは，大部分が分化のパラダイムから生まれ，そのほとんどはわれわれがこれまで検討してきた社会学の系譜に直接属する論者たちが構築したものである，という点である。それゆえ，「中心－周辺」モデルから生まれたほとんどの研究における「中心」とその機能に関する叙述は，結局西欧国家モデルにきわめて近い[70]。

　もっとも明晰な機能主義社会学者たちが描いた近代国民国家観でさえ，不完全で時に曖昧で，しばしば牧歌的である。そこでは，近代国民国家は，近代社会の諸問題の合理的で普遍的な解決策とみなされ，まさにそれゆえに支配的な政治理論の一貫した統一的概念とみなされている。この点に関して重要なのは，このような西欧国家の一般化は既成事実であるという観点から，エドワード・シルズが

---

[69] Lucian Pye, *Aspects of Political Development*, Boston, Little, Brown, 1967, pp. 5-10 et p. 62 et suiv. 同じ傾向はオーガンスキーにも見られる。彼にとって，国民国家の形成はあらゆる政治発展の不可避の段階である。Abramo F. K. Organski, *The Stages of Political Development*, New York, A. Knopf, 1965〔沖野安春・高柳先男訳『政治発展の諸段階』福村出版，1968年〕を参照。上述のように，サミュエル・ハンチントンの制度化モデルは，色々な点で西欧国民国家の発展をその原型にしているように見える。

[70] Edward Shils, *Center and Periphery*, Chicago, Chicago University Press, 1975 を参照。

導き出した次の結論である。すなわち，発展にとって大きな問題は，これからは，第三世界の市民社会を新しく与えられた政治機構と両立しうるように組織化することであり，そのためには社会を合意に基づいて統合された基盤の上に構築し，しかも個人を社会の唯一の基本単位とすることである[71]。確かにここで機能主義モデルのイデオロギーを指摘することはたやすい。しかしながら，このモデルにイデオロギー性しか見ないのは危険だろう。また，このきわめて内容の濃い社会学的構築物から国家の歴史社会学の諸要素を抽出しようとしなければ，それは実際に危険なことだろう。

第2節　支配的モデル批判に向けて

　この社会学モデル〔機能主義モデル〕を全面的に拒否することも，これに別の社会学を対置させて，批判を行うような安易な解決策に頼ることも論外である。われわれの目的は，国家の生成とその機能の仕方に関する社会学的説明に実際に役立ちうる諸要素をこのモデルのなかに探求することであり，しかもできるだけ徹底的な内在的批判に基づいてこの作業を遂行することである。しかしだからといって，この批判的検討は単なる形式的作業にとどまるものではない。われわれがすでに考察したように，機能主義モデルは，厳密な国家概念を集権化された政治システムというもっと締まりのない概念と混同するといった，いくつかの矛盾と曖昧な点を有している。しかし，これ以外にも，このモデルには確かにいくつかの欠陥がある。たとえば，とくに分化という中心的な概念の弱点だけでなく，一見

---

71) Edward Shils, « On the Comparative Study of the New States », *in* Clifford Geerts, ed., *Old Societies and New States*, New York, Free Press, 1963.

して「合理的」で有効な社会的構築物はすべて，そのままあらゆる現代社会に拡大しうるとする公準の弱点も見て取れる。

1 分化社会学批判

これまで多くの社会学のなかに登場してきた分化概念は，誰も否定できない理論的射程と問題発見的な有効性をもっている。それでも，国民国家の形成を理解する際の分化概念の用いられ方は多くの点で疑問があり，しばしば妥当性を欠き，必ずしも歴史的事実に合致していないし，この概念に依拠することで実際にもたらされうる範囲を超えていた。

分化概念はもともと社会・政治的変動の一側面を叙述するためのもののように思われる。しかし他方，ここでどうしても確認しておかなければならないのは，新機能主義学派はこの概念を変動理論の基本原理に仕立て上げ，それによってもっとも古典的な有機体説的・進化論的伝統と再び結びついた，ということである[72]。国家は画一性・合目的性・連続性をもった内在的・内生的な社会発展の産物の1つとみなされる。そのうえ，国家は1つの歴史的現象ではなく，むしろ社会の進化過程の段階——おそらく最終段階——とみなされている。しかもその社会進化の傾向はいくつかの公準に基づいて説明されるが，その公準は，社会学的批判によって，誤っているし，ともかく証明不可能である，と非難されている[73]。

このようなアプローチは，いくつかの理論的弱点をもっているだ

---

[72] この点については，ケネス・ボックの批判を参照。Kenneth Bock, « Theories of Progress and Evolution », in Werner Cahnman, Alvin Boskoff, *Sociology and History*, New York, Free Press, 1964.

[73] Robert Nisbet, *Social Change and History*, New York, Oxford University Press, 1969, p. 275 以下を参照。

けでなく，多くの点で，歴史家たちの指摘していることにも反している。アイゼンシュタットのような理論家でさえ，国家を「伝統的」社会に固有な政治機構の調和的成熟の結果であるとみなしたために，伝統的帝国の驚くべき複雑性を普遍的歴史のつかの間のエピソード，次には漠然とした「逆進化論的（dévolutionniste）」エピソードのレベルに還元してしまっている[74]。こうした国家観は，国家はその社会における種々の内在的・外在的要因の結合から生まれたという事実を無視するか過小評価するにいたっている。国家に関する歴史的研究の大部分は，たとえば封建制の過去といくつもの社会の社会・経済的変容の重要性[75]を強調し，他方同時に，国際的な経済システム[76]，ローマ法の普及[77]，外からの軍事的圧力，人口移動[78]といった種々の要因の競合作用を指摘している。それゆえ，国家形成の基礎をなしている政治的分化過程は，外生的でもあれば内生的でもあり，連続的でもあれば断絶的でもある。さらに，この分化過程は，社会「成熟」の普遍的な過程の単なる政治的領域における完成ではなく，ある社会の変転を独特なものとする危機に適した解決であるとみなされている。

そのうえ，機能主義学派の分化概念の用い方は，相互依存という概念で問題提起を行う際の，あまりにも機械的な公準と危険なまで

---

74) この点については，Charles Tilly, « Clio et Minerve », trad. *in* Pierre Birnbaum, François Chazel, *Théorie sociologique*, PUF, 1975, p. 573 を参照。
75) Perry Anderson, *L'État absolutiste*, Maspero, 1978, 2 tomes.
76) Immauel Wallerstein, *The Modern World System*, New York, Academic Press, 1974.〔川北稔訳『近代世界システム——農業資本主義と「ヨーロッパ世界経済」の成立 Ⅰ・Ⅱ』岩波現代選書，1981 年〕
77) Bernard Guenée, *L'Occident aux XIVe et XVe siècles : les États, op. cit.*, p. 94 et suiv.
78) Joseph Strayer, *On the Medieval Origins of the Modern States, op. cit.*, p. 24 et suiv.〔鷲見訳，35 頁以下〕

に連動しているように思われる。パーソンズやスメルサーの主張とは反対に、社会のある部門における分業が加速度的に進展すれば、その影響は必然的に他のすべての部門にも及ぶということも、あるシステムの適応が困難であれば、必然的により複雑性を帯びたシステムの再編に向かうということも、われわれが信じる根拠は何もない。制度的な領域——すべての社会で必ずしも同じ領域である必要はないが——のなかには、実際にそのようなシステムの適応の「要請」に抵抗し、また、社会によって具体的な分化の型が異なる「近代的」政治システムの形成へといたることのできる領域もある。その証拠に、たとえば近代国家における官僚制と政治権力[79]、執行権と立法権、国家そのものと宗教組織、経済的世界と政治的世界の間のそれぞれの連接の手法は無限に多様である。イギリスはもっとも分化したもっとも近代的な社会の1つであるとみなされているにもかかわらず、エスタブリッシュメント (*establishment*)〔支配者層〕や国教会と十分に分化していない政治システムを有したままである。同じく、ドイツでも政治機構は高度に分化しているにもかかわらず、高級公務員と政治的領域との間にはかなり高度の相互浸透が見られる[80]。このことは幾人かの社会学者がもっと一般論的に指摘しているところでもある。彼らの認めるところによれば、経済的役割の分化は必ずしも相関的に社会的役割の分化を規定しているわけではなく、たとえばインドのように、伝統的家族の解体をもたらさずに産業化に成功しうる場合もある[81]。アーネスト・ゲルナー (Ernest

---

[79] この点については、Reinhard Bendix, *Nation-Building and Citizenship, op. cit.*, p. 41 以下〔河合訳 I, 65 頁以下〕を参照。

[80] *Ibid.*〔河合訳 I, 65-66 頁以下〕

[81] *Ibid.*, pp. 7-8〔河合訳 I, 10-11 頁〕および Milton Singer, ed., *Traditional India : Structure and Change*, Austin University of Texas Press, 1959.

Gellner, 1925-1995）が考えたように，仮に分化過程の一般化が西欧的発展のコードである[82]とするならば，それを他の社会に適応することはいっそう困難であるように思われる。しかし，だからといって，われわれは，その適応の困難さをもって「低発展」の原因である，と結論することはできない。

分化概念は，機能主義社会学によって妥当性の怪しい一般理論に組み込まれただけでなく，合理化という属性を付与されている。しかし，われわれはそれを無前提に承認することはできない。クリフォード・ギアーツ（Clifford Geertz, 1926-2006）が現代のインドネシア社会の例に基づいて指摘しているように，社会的・経済的役割の分化は合理的で普遍的な影響力をもっているとはいえない。そうした役割分化が社会システムのある側面の硬直性を強め，相当部分の住民の生活条件を悪化させる場合もある[83]。より一般的には，社会的分業の不断の進展は，たいていの場合，知識の専門化と細分化を推進する。それにともなって，各界のエリートの融合，市民参加の後退，官僚機構の自己目的化をもたらすおそれがある。国家機構の拡大と分化がこうした方向で進むと，国家機構によって促進されるとみなされていた社会関係の普遍化の過程と合理化の方向が妨げられることになる[84]。

---

[82] Ernest Gellner, *Thought and Change*, Londres, Weidenfeld and Nicolson, 1964.

[83] Clifford Geerts, *Agricultural Involution*, Berkeley, University of California Press, 1963, p. 90 et suiv.（池本幸生訳『インボリューション——内に向かう発展』NTT出版，2001年）

[84] Jürgen Habermas, *La Technique et la Science comme idéologie*, Gallimard, 1973〔長谷川宏・北原章子訳『イデオロギーとしての技術と学問』紀伊國屋書店，1970年〕, Giuseppe Di Palma, *Apathy and Participation*, New York, Free Press, 1970および *Tradition, Change and Modernity*, *op. cit.*, p. 238 以下におけるシュムエル・アイゼンシュタット自身の指摘を参照。

同じような留保は，分化とは社会システムに悪影響を及ぼすさまざまな緊張を調整する重要な解決策である，とする公準についても当てはまる。アルヴィン・グールドナーが指摘しているように，いかなる分化過程も，役割配分だけでなく，権力構造，場合によっては価値観全体も問い直す[85]。つまり，分化過程は，古い紛争を悪化させ，新たな紛争を引き起こすだけでなく，制度化過程だけでは必ずしもうまく解決できない新しい適応障害を生み出すことになる，ということである。たとえば，ルネッサンス期のフランス社会における国家と中央官僚機構の登場を，ただ単に封建社会を崩壊に導いていたさまざまな緊張を解決するためであったとみなすことはできない。そうではなく，より一般的な視点から，古い権力機構の犠牲とその徹底的な清算によってはじめて成功しえた定式として，検討すべきである。その証拠に，国家の構築は，14世紀から18世紀にかけて，数多くの紛争の原因であった。そしてこれらの紛争は，1789年の革命，すなわち，新しい国家秩序による，旧秩序の暴力的で全面的な清算とともに終わったのである。

　しかしとくに，機能主義社会学は分化概念の説明力をあまりにも過大評価して，そのいくつかの曖昧な点を回避することができなかった[86]。国家形成を社会の諸機構の分化の結果とみなす見解は，国家は社会的分業のある一定の達成段階でしか現れない，ということを意味しているのだろうか。あるいは，国家は，分業過程の重要性の如何にかかわらず，その過程を通してしか現れない，ということなのか。あるいは，国家は，ただ政治機構の内部での最小限の分化

---

85) Alvin Gouldner, *The Coming Crisis of Western Sociology, op. cit.*, p. 359.
86) この点については，Anthony David Smith, *The Concept of Social Change*, Londres, Routledge and Kegan Paul, 1973, p. 68 以下を参照。

を確立する，というのか。あるいはもっと単純に，ヨーロッパでは，国家の出現は分化という定式と関連している，ということなのか。さらには，分化は近代社会に固有の過程であるだけではなく，それ以外の社会にも見出されるものであるから，あらゆる時代が近代化の運動を経験し，それゆえに国家の「欲動」に駆り立てられた，と示唆したいのか。それとも，国家の誕生は特別な属性を有する分化の現代的な定式を通してのみ可能である，といいたいのか。ここでもまた次の2つの考え方の間に混乱があるように思われる。その1つは，とくに産業化と関係のある社会的分業が，調整を行う権威機構，したがって政治的中心の出現を必要としたとする見方である。もう1つは，これとは逆に，ある社会ではこの政治的中心の出現の方が分化過程を強化し，それを政治的領域に拡大するという形をとったとする見方である。この後者の場合にのみ，厳密な意味での国家という呼び方にふさわしい。ここで最優先に分析すべき課題は，なぜある社会では役割の専門化過程がこのような結果をもたらすのか，という問題を解明することである。

　以上の考察から明らかなように，分化を独立変数とすることはできないし，分化が操作的な有効性をもつのは，それが分析的に解明されるべき現実の社会過程の道具とみなされる場合のみである。われわれの関心において，国家の誕生を説明するのは，分化そのものではなくて，分化を引き起こすメカニズムである。このような包括的な視座に立ち戻るならば，分化は社会変動の唯一の道具ではなく，社会変動はしばしば分離とその逆との連動作用の結果として起こりさえする，ということに気づく。たとえばフレッド・リッグス（Fred Riggs, 1917-2008）は，近代社会は工業的役割の激増と同時に農業社会の「逆分化」――したがって単純化――を基礎にして形成

された，と指摘している[87]。ティリー（Charles Tilly, 1929-2009）も同じく，歴史家たちのさまざまな研究に基づいて，産業社会は農村の「田園化」と「逆進化」と引き換えに発達してきた，と指摘している[88]。クリフォード・ギアーツは，彼らよりもさらに進んで，インドネシアの場合には，分化した近代工業部門を確立するためには，永続的な機能を果たす共同体的・伝統的な農業部門の強化が必要であった，ということをきわめて説得的に証明している[89]。こうした見解が共通に示唆している点は，分化だけではなく，変動の形態を規定する「進化」と「逆進化」のメカニズム全体を考慮することが社会学的説明を深化させる，ということである。だからこそ，このメカニズム全体を構成し，その適用範囲と機能を規定している要因を解明しなければならない。

このような観点から研究された事例が示しているように思われるのは，これらの要因が伝統の性質，社会変動にともなって起こった組織間の紛争，そして，とくに当該社会を支配している権力関係に同時に起因している，ということである。権力関係というこの最後の側面は，機能主義の観点にはまったく欠けているが，インドネシアに関してギアーツが提示した逆進化の例にきわめて顕著に見られる。実は，権力を考察してはじめて，インドネシア社会ではどうして外国支配の近代工業部門と伝統的な逆分化した農業部門とが共存し，結局のところ後者が前者の働きを可能にしているのか，という

---

87) Fred Riggs, *Administration in Developing Countries*, Houghton Miflin Co, Boston, 1964, p. 24 et suiv.
88) Charles Tilly, « Clio et Minerve », art. cit., p. 580. 逆進化とは，社会の全体または一部に及び，とくに当該決定機関の適応能力・普遍化・分化に悪影響を与える退行過程と定義される。
89) Clifford Geerts, *Agricultural Involution*, *op. cit.*, p. 89 et suiv.

点が最終的に説明できる[90]。国家の社会学が分化概念に依拠するとすれば，国家の社会学は，国家現象の発生がどのような型の「逆分化」と逆進化を同時にもたらすかを究明すべきであり，そして，伝統の諸条件，紛争の性格，権力関係を考察するなかで，この2つの過程全体を説明すべきである。

しかし，国家構築という視点から見れば，われわれはいかなる場合もアイゼンシュタットに与して，分化を妨げる現象が単なる断絶，失敗，停滞といった事実だけに限定されるとか，その結果，こうした現象が，権威主義的・独裁的・復古的な権力機構が「一時的」に樹立される起源である，などとみなすことはできない[91]。このような現象の増加は，この型の要因への反応であるとは限らないばかりではなく，同時に国家の生成はそれ自体いくつかの逆進化的メカニズムの作用と不可分に結びついている。事実，ティリーは西欧の歴史に限定して，国家的な中心の形成は，伝統的とくに共同体的・地域的な参加制度の後退と同時に達成され，その結果，氏族の長や城主といった社会的役割の多くを消滅させた，と指摘している[92]。ティリーの指摘は，一方で理論的には国家を単線的な分化過程だけの産物とみなすことはできない，ということを確認し，他方同時に，国家構築の達成段階を解明しうるいくつかの説明要因を示唆している。国家が実際にいっそう介入的性格を強めるのは，伝統的な社会・政治的組織の近代的組織への転換が困難であり，既存の権力関係によって妨げられ，それゆえ種々の逆進化的現象をともなう場合である。その意味で重要なことは，イギリスでは，この逆進化的現

---

90) *Ibid.*, p. 95.

91) Shmuel Eisenstadt, « Breakdowns of Modernization », *Economic Development and Cultural Change*, 12(4), pp. 345-367.

92) Charles Tilly, art. cit., pp. 574-575.

象がフランスよりもはるかに少ないこと,伝統的な政治組織が形成途上にある中心の仲介者的機能[93]を果たし続けることができたこと,要するに国家がヨーロッパ大陸よりも未発達であること,である。それゆえ,もっとも厳密な意味での国家現象の出現を説明するには,まず少なくとも古い権力機構,その硬直性,そして権力機構に悪影響を与える危機について明確な分析を行い,他方同時に社会的分業,場合によっては産業化から生まれた新しい諸条件を考察することが必要である。このような説明を通して,国家が登場したのは,社会の分化を是認するためではなく,むしろ適応能力を失った種々の決定機関の逆進化に対処するためである,ということが分かる。

さらに,国家の構築は,分化 - 逆分化の対概念だけに還元されうるものではなく,アミタイ・エツィオーニ(Amitaï Etzioni, 1929-)が「後成(épigenèse)[94]」という概念で分析した別の社会変動過程の産物である,ということも忘れることはできない。社会の諸機構は,徐々に詳細化する諸機能の遂行に特化するために細分化を繰り返すことで変化するだけでなく,逆に統合したり,それ以前の歴史的状況には「萌芽」としても存在していなかった新しい機能を遂行するための新しい機構を追加したりすることによって進歩することもできる,ということをわれわれは実際に認めなければならない。ところで,多くの点から見て,国家の発達はこのようなモデルと一致しているように思える。国家の発達が以前よりも分化した政治システムの誕生を確固たるものとするとしても,国家の発達は同時に,それまで割拠状態にあった領域単位と権力の場の再編を前提とし,

---

[93] Charles Petit-Dutaillis, *La Monarchie féodale en France et en Angleterre*, Albin Michel, 1971 (1re éd. : 1933), p. 126 et suiv.

[94] Amitaï Etzioni, « The Epigenesis of Political Communities at the International Level », *American Journal of Sociology*, janv. 1963, pp. 407-421.

さらに、まったく新しい機能（たとえば外交や徴税）に対応する政治制度や行政制度の形成を前提とする。しかもこのような考え方はいくつかの歴史社会学の研究が到達した次の2つの結論に合致する。第1は、統一的な国民国家は、割拠的な封建システムの自然な出口として現れるというものである。つまり、割拠的な封建システムのもとで領主は互いに対立しているが、必ずそのうちの1人が敵対者を排除して、徐々に政治的支配の独占を強引に確立するにいたる、というものである。第2は、ルネッサンス期の国家は何よりも封建領主間の同盟とそれによる個別主義的利害の同盟とから生まれた、というものである[95]。

このような新しい理論的次元は、少なくとも次の2つの実際上の帰結をもたらす。国家がさまざまな社会勢力の統合や同盟の産物であって、もはや政治機構の単なる合理化過程の産物ではないとすれば、われわれは、国家を完全に自律的な中立的調停者であると無前提にみなすことはできない。そうではなく、個別主義的な勢力に多少なりとも依存する、紛争をはらむ社会構造と有機的に連接された決定機関である、と理解すべきである。さらに、エツィオーニが示唆しているように、新しい機構や機能の集積と方向づけとを制御する権力メカニズムが力を発揮しなければ、国家の後成過程は起こりえない[96]。もしそうだとすれば、国家権力は国家運営の専門家が保持している権力とも結びついており、それゆえに国家権力は近代国家の普遍主義的野望とその運営の現実的条件との間で補足的な遮蔽

---

95) Norbert Elias, *La Dynamique de l'Occident*, Calmann-Lévy, 1975 (1ʳᵉ éd. : 1939)（波田節夫他訳『文明化の過程 下』法政大学出版局、2010年）および Charles Tilly, « Reflections on the History of European State-Making », *in* Charles Tilly, *The Formation of NationalStates in Western Europe, op. cit.*, p. 25 以下を参照。

96) Amitaï Etzioni, art. cit., p. 409 et suiv.

幕として働く政治的階級を再生産する，と仮定することができる。

　このように，国家の誕生と関連のある社会変動のさまざまなメカニズムを分析することによって，われわれの求めている社会学的説明が依拠している諸過程のいくつかにアプローチすることができる。これまでわれわれが明らかにしてきた諸々の要素は，実際，全体として次のことを示している。すなわち，この変動のメカニズムは，国家構築を通して，社会的分業にともなう諸々の弊害を償うための，また同時に国家の基底にある社会的結合に固有の諸目的を達成するための動員組織の形成を確実なものとする。こうした解釈は必然的に次のような事実の確認へといたる。まず何よりも，国家は権力の創出によって誕生するのであって，前国家的社会で個々ばらばらに存在していた政治機構がそれまで保持していた権力をただ単に継承しただけでは国家は誕生しない。この権力の創出がどの程度重要な影響をもたらすかは，政治的組織の中央集権化をもたらした歴史的状況によって，さらには果たすべき新しい機能のもつ重要性に応じて異なる。したがって，この新しい権力の強さは，種々の現代政治システムを区別し，とくに，厳密な意味での国家と政治的中心というもっと漠然とした概念とを区別する相違点の説明変数の１つとみなされうるのである。理論的な面では，この新しい要素は，パーソンズの権力概念のいくつかの側面にきわめて近く，権力はゼロ・サムゲームであるとする主張とは食い違う。その意味では，この要素は，国家は社会的分業の急激な進展に対処するための，支配諸機構の再編成と再配分との産物にほかならないとする機能主義的な見解を覆すものである。

　したがって，自律的な権力源としての国家は，同時に政治闘争の争点であって，利害対立の調停の場ではない。新機能主義社会学の

誤りは，共同体的連帯と伝統的な自発的同意形態の消滅に対して，国民国家が完全な機能的代替物として活動し，新しい分業のなかで新しい合意形成に貢献する，と信じていることである[97]。ところが，われわれはこの有機体論的な公準を次の2つの理由から受け入れることはできない。第1に，国家の構築が後成という形で，それゆえ個別主義的な団体の統合という過程を経てなされるならば，政治的支配機構による社会的合意の再生産は不可能になるからである。第2に，国家が自律的中心となり，同時に自由な権力資源の保持者・創出者となるならば，国家は，社会闘争においては，自己の目的を社会全体に強制しようとする組織化された勢力が一斉に狙う切り札となるからである。それゆえ，国家的な中心は，紛争を除去するどころか，紛争を掻き立てる傾向があり，対決の新たな火種となる。単なる自律的な政治的中心の形成では，伝統的な社会組織の衰退を促進するだけで，それまで支配されていた社会勢力が政治闘争に参加し，権利要求運動のために組織し立ち上がることになる。このような現象は19世紀のヨーロッパにおける労働党の結成の場合に顕著に見られた。この場合，国家は，亀裂と「政治的取引」とのまとめ役という点では「機能的」であるけれども，新しい紛争の火種と争点であるという点では，有機体論的用語によれば「機能不全的」である。

　この最後の指摘によって，国家は政治的分野と社会的分野，あるいは「公的領域」と「私的領域」との完全な区別を確立する，という仮説は根拠が薄弱となる。ユルゲン・ハーバーマスが指摘しているように，この2つの領域を完全に分離しようとする試みは必ずいくつかの障害にぶつかる。彼のいう障害がはっきり現れるのは，市

---

[97] Ioan Davies, *Social Mobility and Political Change*, Macmillan, 1969, p. 97 を参照。

民社会は自然的・自発的な合意に基づくとする根拠の乏しい説を放棄して，利害対立を社会的相互作用の1つの定数とする，より現実主義的な説を支持する場合である。この場合には，次の3つの「シナリオ」のいずれも機能主義者たちが前提とする分離原理そのものと相容れない。第1は，市民社会はその分裂をもたらす利害対立を自ら解決するというものである。このことは，社会的権力は私的領域内では国家に取って代わる，ということを意味している。第2は，公的領域は社会的権力を守るために，積極的に介入し，経済活動を組織するというものである。このことは，社会的権力が国家的な中心を掌握するという仮説を立証している。第3は，国家が，時に応じて支持する社会勢力を変えながらあくまでも市民社会内で活動するのは，政治的階級に最大の支持者を保証し，同時にシステムの存続を確保するためである，というものである。この場合，国家はとりわけ社会法の制定，すなわち，私的領域の基本的部門の1つを公共空間の統制下に置くにいたる[98]。とにかく，どの方式をとろうとも，分化概念自体はきわめて曖昧にされている[99]。ところで，このシナリオの3つの形態は，西欧の歴史が自由主義国家，介入主義国家，福祉国家といった順に発展してきたということを年代学的に意味しているのではないのか，という点も問題にしうる。

それゆえ，自由主義国家の曖昧な点を無視し，介入主義国家のあまりにも明白ないくつもの特徴を無視してきた機能主義社会学が，いまでは福祉国家に格別な地位を見いだそうと躍起になっているからといって何も驚くにはあたらない。それによって，機能主義社

---

98) Jürgen Habermas, *L'Espace public, op. cit.*, p. 149 et suiv.
99) Jürgen Habermas, *La Technique et la Science comme idéologie, op. cit.*, p. 38.〔長谷川・北原訳，67-68頁〕

第2章　現代の支配的社会学の挫折　93

学は，政治システムの中立性，つまり政治システムの調停者・再配分者としての役割をあらためて証明しようとしている。機能主義社会学は，仮にかつて「階級国家」が存在したとしても，ポスト産業社会の時代には西欧的規範で「人民全体の国家」と呼びうるものが支配的になり，そこでの「決定」は社会的権力のもたらすもっとも耐えがたい効果でさえ軽減したり無力化したりするから，政治システムは中立であると証明したいのである。

このような機能主義社会学の最近の動向は，とくに「非決定」や「回避[100]」という概念に基づいて提起された諸問題をめぐって反対の議論を引き起こし，それによって社会学の論争を一変させるのに役立った。国家は，「現存の社会システムの存続」を確固たるものにするには，種々の不平等を軽減するための諸決定を行わなければならないのに，社会秩序の存続を保障するいくつかの中心的領域への介入を差し控えたり止めたりするという選別的な行動をとることによって，自らの階級的性格，あるいは少なくとも個別主義的な社会勢力との関係を保持することもありえる。クラウス・オッフェ（Claus Offe, 1940- ）は，こうした見解をとっていたからこそ，このような権力現象は新機能主義社会学がとっていた行動主義的観点からは解明されない，と強調しえたのである[101]。ところで，われわれは次の仮説を否定できないのもまた事実である。すなわち，さまざまな国家制度はそれぞれ特定の利益を実現するのにふさわしい選

---

100) Peter Bachrach, Morton Baratz, « Les deux faces du pouvoir », trad. fr. *in* Pierre Birnbaum, *Le Pouvoir politique*, Dalloz, 1975, pp. 61-72 ; Steven Lukes, « La troisième dimension du pouvoir », trad. fr. *ibid.*, p. 73 以下，とくに Claus Offe, « Structural Problems of the Capitaliste State », *German Political Studies*, vol. 1, Sage Publications, 1974, p. 31 以下を参照。

101) Claus Offe, *op. cit.*, p. 41.

別的活動をし，しかも国家制度の介入の権限は，オッフェが指摘しているように，既存秩序の本質的な部分やとくに私有財産の観念を危うくしない特定の領域に限って認められる，という仮説である[102]。さらに，社会的統制は特定の価値観を実質的に論争の埒外に置き，そして，いくつかの政治過程は現代社会の基本原則のいくつかに打撃を与えうる決定のほとんどを半永久的に阻止しているということを忘れてはならない。

確かに，そろそろ以上のような仮説が経験的に証明されることを望む。このような現象は，当然目に見えないものであるなどという言い訳は止めてほしい。さらに残念なことに，オッフェは自ら論証によって，国家は自律的であるとする考え方を再検討しているけれども，その彼も結局はこの考え方を，国家の自律性は「相対的」あるいは「機能的」なものであるとする，曖昧で漠然とした，おあつらえ向きに操作性のない，まったく論証不可能な考え方に置き換えたにすぎない。しかしながら，われわれは彼の研究のおかげで，国家の社会学は社会構造の社会学と不可分であるという考えを，そして分化概念を特定の歴史的背景に置き直して，機能主義社会学が無視し続けている他の諸問題と関連づけなければ，分化概念は何も説明できないという考えを確信することができた。

そのうえ，この仮説をさらに確固たるものにしたのは，分化過程は過小評価できないいくつかの潜在的属性を有しており，それ自体既存の社会秩序を強化し維持する働きをしているように見える，という事実である。第1に，公的領域と私的領域とが分離され，同時に私的領域が契約型の諸関係と同一視されたことによって，社会関係は不可避的に個人化され，それにともなって市場システムが一般

---

[102] *Ibid.*, p. 38 et suiv.

化されるにいたった。ところで，市場システムは最大の資源と最大の人的資本をもつ集団を有利にし，その結果，国家の中立性と普遍性は問い直されることになった[103]。第2に，分化が進んだ結果として，私的領域はほとんど非政治化され，もっぱら「技術」や「テクノクラシー」によって正当化されている。ハーバーマスが指摘しているように，このような正当化の仕方は，国家の介入主義的側面を偽装し中和し，それによって国家の介入主義的方向性を槍玉に上げるおそれのある公的な議論を制限する傾向がある[104]。

以上の考察全体から，機能主義者たちが明らかにした，社会的分業と国家の出現との単純な因果関係は，いくつかの点で修正されなければならないということになる。まず，説明変数は分化一般ではなく，特定の歴史的背景によって規定される特殊な分化様式であるということである。この様式は，経済的変化（中世の農村社会の危機と商業経済の始まり），社会・政治的変化（伝統的な権威関係の危機），国際的変化（世界的な社会・経済システムの形成）の同時的衝撃と結びつくものである。次に，この過程が必然的・普遍的にもたらしたものは，国家の構築ではなく，多少なりとも自律的で分化した中心の形成であるということである。特定の中央集権化様式のみが現実に国家の形成へといたったのである。そして，それは逆分化と後成の過程の競合的な作用の結果である。逆分化過程も後成過程も，それ自体，とくに社会的分業，権力の組織化，伝統的組織による抵抗の特定の様式によって規定され，独自の文化的傾向によって特徴

---

103) Jürgen Habermas, *L'Espace public, op. cit.*, p. 94 以下，および *La Technique et la Science comme idéologie, op.cit.*, p. 30.〔長谷川・北原訳，64-65 頁〕

104) Jürgen Habermas, *La Technique et la Science comme idéologie, op. cit.*, p. 42.〔長谷川・北原訳，4-75 頁〕

づけられるまったく特殊な歴史的状況のもたらす衝撃に呼応しているのである。

　したがって，われわれは以上の考察から，ひとまず次の3つの結論に達する。第1に，国家の登場は，きわめて多くの変数の作用と結びついている。そして，こうした諸変数と，とりわけ特定の文化コード（われわれはのちにそれを明らかにしなければならない）が呼応する，特殊な場合に国家の登場へといたる。第2に，社会学によって，われわれが国家と社会の多様な連関形態を明確に示し，国家構築を説明する重要な要因のカテゴリーを突き止めることができるとしても，その要因自体と要因間の相互関係とを区別するには歴史的分析を待たなければならない。第3に，機能主義社会学は，国家の生成に関する説明はできないが（この試みは失敗したように思える），たとえ修正され批判されても，国家の諸特徴についてはかなり的確な叙述を与えることはできる。たとえば，国家——厳密な意味での国家であって，単なる政治的中心としての国家ではない——は政治システムの分化・自律化・普遍化・制度化を確固たるものとする。たとえ政治的実践と理論的批判を通して，この4つの要素の限界，これらの要素と他の過程（逆分化と後成）との共存，とくに必ずしも純粋に合理的とはみなされないきわめて多様な目的に利用されていることなどが明らかになったとしても，である。

2　単線的発展説批判

　支配的な機能主義社会学は，国家の生成についてあまりにも単純な説明を行ってきただけでなく，何のためらいもなく国家をあらゆる社会に妥当する政治形態として登場することを運命づけられた普遍的なカテゴリーとみなし，まさにそのことによって，種々の文化から多様な政治的組織化モデルが生ずるということを否定したので

ある。このような見解にいたる道筋は，実際にはさまざまである。たとえば，古典的人類学にとって，とりわけローウィにとっては，国家はあらゆる文化に共通する基本的な社会現象と結びついており，それゆえ，あらゆる社会で萌芽として存在する。近代性の社会学の信奉者たちにとっては，産業社会の上部構造としての国家は，その実現の場にかかわらず社会・経済的発達と不可分である。機能主義者たちとくにパーソンズにとっては，われわれがすでに見たように，国家はいわば「選ばれた」特異な文化の産物であり，その文化が繁栄すれば国家も，とくに産業革命という間接的な手段で地球全体に広まっていくことになる。現代のマルクス主義社会学も例外ではない。なぜなら，進化論者マルクスだけに依拠して，国家と普遍的意味をもった社会構成体の1つの型とを関連づけ，そのため必然的に，国家機構の強化を，たとえ一時的であっても政治社会全体を特徴づける与件とみなすにいたったからである。これら従来の理論のすべてにおいて，国家はいかなる社会においても社会システムの合理化の到達点または契機として登場する。

　この見解はいくつかの弱点を含んでいる。純粋に理論的な面では，この見解は明らかに合理性の意味を過度に単純に捉えるところから出発している。ここでは，合理性は，文化圏が違うからといって根本的に異なることなどない政治形態として現れる，ということが前提とされている。ところがこれに対して，合理化が社会の変転を本当に説明するとするなら，合理化とはせいぜい，特殊具体的な伝統的条件から出発しながら，その条件をいっそう抽象化し一貫性のある形にし，知識やテクノロジーの発達と結びつけようとする行程にほかならない，と考えるべきだとする提言もありうる。それゆえ，この伝統の合理化は，西欧的様式によらない限り起こりえないとか，また，政治の領域においては，国家現象の影響のもとで必ず文化と

政治的伝統の再統一にいたる，などと考えるのは単純で恣意的である。逆に，社会学的分析は，いくつもの要因の順序を入れ替えて，国家の構築はルネッサンス期ヨーロッパのある特定の社会カテゴリーに限定された1つの合理化の形式にほかならないとする立場をとれば，袋小路を脱するかもしれない。

このような〔要因の〕順序の入れ替えによって，古典的社会学の重要な欠落部分を埋めることができるだろう。それは，国家形成の説明のなかで本来果たす役割を文化的変数に再び与えることにもなる。要因順序の入れ替えは，国家の形成を，ただ単に社会的分業の1つの型，特定の権力構造，または社会システムの1つの状態と関連づけるだけでなく，特定の文化コードと関連づけて説明することも可能にするだろう。この文化コードのなかでは，キリスト教，ローマ法，ギリシャ哲学がヨーロッパの特殊な政治的発展の重要な基礎となるということである。

このように誤りを正せば，社会学的分析は，それが現在まできわめて部分的にしか取り上げてこなかった次のような問題を考察することができるようになるだろう。政治的近代化の方法として，国家以外に一体何が可能なのか。国家という組織化様式の多様性についてどのように説明するのか。第三世界の社会における国家構築の失敗をどのように説明するのか，などである。この最後の点について，現段階でも次のように示唆することができる。すなわち，アフリカ，アジア，南米の政治システムが経験した危機は，国家機構が不十分だったことにそれほど由来せず，むしろ不可能な移植，つまり独自の伝統と文化の上に，他の文化から生まれた政治的合理化の定式を移植したことに由来する，と。これらの社会では，国家の形成は，自然な発展過程をたどったのではなく，従属関係の重圧，世界国家（État universel）という神話による国際秩序の支配，または単純な

デモンストレーション効果の結果もたらされたものにほかならないように思える。ジノ・ジェルマニ（Gino Germani, 1911-1979）によれば，このデモンストレーション効果は，最貧国に自国問題を解決するために他国で証明ずみの処方箋に頼らせる働きをする[105]。

われわれは，西欧国家の出現と国家の個別主義的な性格とを説明する文化的諸要因を注意深く分析することによってはじめて，これらの仮説の確証をえることができる。文化を祭式と慣習の集合体としてではなく，「人間が自己の経験に形を与える意味構造」の全体として定義するならば，またギアーツと同じようにおそらく政治の領域こそが，この意味構造がもっとも明確に現れる「闘争の場」である[106]と考えるならば，政治変動の本質は，伝統的諸条件と革新的な経済・社会・政治的事象の登場にともなう諸条件との衝突が独自の特別な形のなかで表現されることにある，とみなすことができるだろう。この政治変動は，数世紀前のヨーロッパの場合であれ，今日の第三世界の場合であれ，いくつかの連続性が確かに存在しているということを前提としている。この連続性は当然文化圏によって異なり，したがって政治機構の中央集権化のメカニズムにも異なる形を与えるのである[107]。それゆえ，機能主義社会学が明らかにしたような近代国民国家の諸特徴は，少なくとも部分的には特定の文化的諸特徴と結びついているとみなすことができる。

同じことはまず分化の問題についていえる。シュムエル・アイゼ

---

105) Gino Germani, *Politique, Société et Modernisation*, Duculot, 1972, pp. 119-122 et 127-130 を参照。
106) Clifford Geertz, *The Interpretation of Cultures*, New York, Basic Books, 1973, p. 312.〔吉田禎吾・柳川啓一・中牧弘允・板橋作美訳『文化の解剖学II』岩波現代選書，1987年，209頁〕
107) 同じくこの点については，アイゼンシュタット自身も，*Tradition, Change and Modernity, op. cit.*, p. 15 において認めている。

ンシュタット自身最近の研究で，社会のいくつものシステムが分離し，それにともなって決定を行う中心が増大することは，西欧世界に固有の歴史的条件と，とくに封建制の後遺症とによってもたらされたものである，と認めている。その代わりに彼は，東ヨーロッパで同じように政治機構の中央集権化が行われるとしても，それは何らかの分化過程の正しさに由来するのではなく，むしろほとんど封建化されていない，代表メカニズムにもほとんど慣れていない，階級の多元的体制よりもピラミッド型の社会構造と結びついた社会諸システムのなかで，国王が政治的統治権を独占しようとする伝統的な野望に由来する，と認めている[108]。このような考え方はおもに，オットー・ヒンツェ（Otto Hintze, 1861-1940）のように，分化した西欧国家と，政治的なるものと宗教的なるものとの分離と同様に地方分権的な貴族権力の一般化を特徴とする文化との結びつきを強調する歴史家たちに見られる[109]。それゆえ，これらの要因はすべて，インドネシアの近代化に関するギアーツの詳細な分析にいっそう重要な意味を与えることになる。彼はその分析を通して，公共生活のさまざまな側面における調整機能によってジャカルタの「国家」を正当化するという考えは，それ自体，国民の政治文化においては何の意味ももたない，と結論するにいたっている[110]。このことは，近代の産業社会では中心を必要としない社会もあるということを確かに意味しない。しかし，西欧国家の誕生をもたらした社会的分化

---

108) Shmuel Eisenstadt, « Varieties of Political Development : The Theoretical Challenge », in Shmuel Eisenstadt, Stein Rokkan, *Building States and Nations*, Beverly Hills, Sage Publications, 1973, vol. 1, p. 42 et suiv.

109) Otto Hintze, « The State in Historical Perspective », in Reinhard Bendix, *State and Society*, op. cit., p. 155 et suiv.

110) Cliffort Geertz, op. cit., p. 318. 〔吉田・柳川・中牧・板橋訳 II, 220 頁〕

のモデルも，西欧国家を特徴づけているような調整機能も，現代世界の非西欧的政治文化と無前提に両立可能であるわけではない，ということをいずれにしても示唆しているのである。

次に同じことがいえるのは自律性の概念についてである。機能主義社会学は一貫して，自律性はあらゆる近代社会構造の普遍的定数であるとみなしてきた。われわれがすでに見たように，この仮説はそれ自体古典的モデルとも矛盾している。なぜなら，ヨーロッパのある特定の政治システムだけが官僚機構をもち，この官僚機構によって政治システムが市民社会に対して実質的に自律的でありえたからである。その意味では，この「実際に国家的な」政治システムは，イギリスのように中央集権化されていてもほとんど国家化されていない政治システムとは違っていた。ところが，厳密な意味での国家システムにおいてさえ，官僚制の自律性は，様相と程度の違いによって，それがもたらす結果も多様であった，と考えざるをえない。たとえば，ドイツの場合には官僚と政治家との相互浸透が確認されるのに対し，アメリカの場合にはこのような相互交流は現実にはありえない。このような違いは，この2つの社会の次のような歴史的経験の違いによって文化的な面から説明されうる。ドイツ人は早くから公行政を憲法上の保障の拡大を擁護する力と考えていたのに対し，アメリカでは官僚制が植民地時代に権威主義的であったために，そのイメージは低いままである[111]。このようにして，社会機構の自律化は，説明変数から特定の文化モデルと結びついた従属変数となる。その意味では，社会機構の自律化はもはや近代化の普遍的特徴ではなく，いまや特定の近代化の道具とみなされる。

---

111) この問題については，Reinhard Bendix, *Nation-Building and Citizenship, op. cit.*, p. 141 以下〔河合訳 I, 224 頁以下〕を参照。

ピーター・ネットル（J. Peter Nettl, 1926-1968）が実に見事に解明してみせたように，制度化の概念も特定の文化圏と関連がある。彼の指摘によれば，近代の政治システムは次のような2つの異なる政治文化を基礎にして組織された。1つは立憲型であり，政治システムを自律的な決定機関とし，規範的な機構を危機や緊張の解決策として重視しようとするものである。もう1つはエリート主義型であり，制度的機構よりも社会的相互作用を優先させ，政治的権威の主要部分を社会・政治的エリート——彼らは，その実績と伝統によってエリートと認められる——に委ねようとするものである[112]。立憲型政治文化は，フランス・モデルとドイツ・モデルに相当するだろう。ネットルはこの両モデルにアメリカ・モデルを加えているが，この点は大いに異論の余地がある。この立憲型は明らかに厳密な意味での近代国家と同一視される。これに対し，エリート主義型政治文化の典型とされているのは，イギリスの場合である。ネットルは軽率にもこれにロシアの例を加えている。エリート主義型は，制度的装置の力が弱いか，まったく形式的であり，それゆえエスタブリッシュメントに完全な行動の自由が実質的に与えられている政治システムと関連している。ネットルが指摘しているように，この分類は，行動性向モデルの多様性を反映し，社会過程に関する多様な評価様式に基づいているがゆえに，少なくとも部分的には文化現象に依拠している[113]。

　以上の考察をふまえて，われわれは次の2つの方向を目指す。1つは，西ヨーロッパの歴史において，国民国家の出現だけでなく，

---

112) J. Peter Nettl, *Political Modernization*, Londres, Faber and Faber, 1967, p. 76 et suiv. ; p. 383 et suiv.
113) *Ibid.*, p. 80.

さまざまな社会における国民国家の発展の程度についても説明してくれる経済・社会・政治的変数を探求することである。もう1つは，そのすべての変数と関連している文化コードを厳密に究明することである。要するに，文化コードは，この国民国家という政治システムの形が現代の第三世界の社会にどの程度移植可能か，という点について判断する際にもっとも決定的な影響力をもつかもしれない。

第Ⅱ部

国家・社会・歴史

社会学的分析と歴史はともに，近代化——または，少なくとも産業時代の幕開け——は各社会に政治的中心が構築されようとする過程と同時進行することを示している[1]。確かに，このような特徴は何も現代だけが独占しているわけではなく，古典・古代の多くの政治システムはすでに「中央集権化」されていた。しかしながら，近代の新しさは，第1に，今日この〔中央集権化の〕法則は，もはやいかなる例外も認めないという点，第2に，近代社会において，分業は，いかなる社会も政治的な調整機関の設置を免れない状態にあるという点，にある。しかし，近代政治システムの画一性もここまでである。政治社会学は，ひとたび歴史と向き合うならば，あるいはただ単に経験的資料を前にしただけでも，中央集権化様式はきわめて多様で，しかも文化や種々の状況と密接に関連している，と認めるはずである。つまり，国家の構築は，数ある政治的決定機関の中央集権化形態のなかの1つにすぎない。しかも国家構築は社会によって非常に異なるモデルにしたがって実現される。国家[2]は何よりも特定の歴史すなわち西ヨーロッパの歴史の産物であり，しかも特定の時期すなわちルネッサンス期の産物である，といえる。この明白な歴史的事実からして，国家現象は何よりも特定の時期に特定の場所で起こった危機の解決策であり，その意味では，国家現象を場所と時期にかかわらない危機すべての解決策である，と無前提に

---

1) とくに Edward Shils, *Center and Periphery, op. cit.* および Rajni Kothari, « The Confrontations of Theories with National Realities », *in* Shmuel Eisenstadt, Stein Rokkan, *Building States and Nations, op. cit.*, 1er vol. 参照。

2) われわれはチャールズ・ティリーによる次のような国家の定義を採用することができる。「確定された領域に住む人々を統制し，同時にその領域内で活動する他の組織から分化した，自律的・中央集権的で，しかも下位組織の相互連携が保たれている組織」。Charles Tilly, *The Formation of National States in Western Europe, op. cit.*, p. 70.

106　第Ⅱ部　国家・社会・歴史

みなすわけにはいかない。

　このように考えるならば，ヨーロッパにおける国家の出現を理解するには，旧大陸の諸社会における中心の構築過程を際立たせた状況，したがって，分業化の過程にともなって生じた特殊な条件を注意深く分析する以外にない。それゆえ，国家現象を理念型として，つまり社会組織内部の分化過程で生じたいくつもの困難に直面したヨーロッパ社会が目指さなければならなかった究極の解決方法として理解することができる。このような見方に立てば，この解決方法は単に統合と調整の必要からだけではなく，こうした〔中心構築と分業化の〕過程と同じ時代の歴史状況，それに先立つ社会・政治的な構造，そして，当該社会に固有の文化的条件に依拠して案出されたものである，と考えることができる。

第1章 国家・分業・資本主義

〔国家を特定の歴史と結びつける〕多くの歴史学者の最初の反応は，ヨーロッパの国家の登場を，中世末期に始まり，その後数世紀の間に徐々に影響力を増し，それが現実化されるにつれて，社会的な駆け引きの全面的修正と，そしてとくに分業の絶えざる精緻化を決定づけた，社会・経済的な変容と関連させて考察することである。ミクロ歴史分析はこの面で顕著な成果をあげており，少なくとも最初の例として参照するに値する。その例として，大革命前のヴァンデ地方とその遠い起源に関するチャールズ・ティリーの緻密な個別研究がある。彼はその研究で，ロワール渓谷地域におけるゆったりとした商業経済の形成が，どのように都市と農村の漸次的相互浸透をもたらし，また，経済活動の専門化が進むにつれて共同体の社会組織はどのようにして次々に消滅していったのか，という点について明らかにしている[1]。しかし，同時に彼が指摘しているのは，このような社会・経済的変化は，調整機構の出現，専門職の政治エリートの形成，農村（＝周辺）の新興都市（＝中心）への従属化の拡大，そして最後に，分化した政治領域の漸次的自律化を促したという点で，政治的変化にも直接波及した，ということである。彼によれば，この政治領域の自律化は，早くも18世紀末には，共和主義思想の普及と，ロワール渓谷地域の住民の中心（＝パリ）への忠誠網の形成とを促進する働きをした[2]。

---

1) Charles Tilly, *La Vendée : Révolution et Contre-Révolution*, Fayard, 1970.
2) *Ibid.*, chap. 9.

ティリーがこのロワール渓谷地域とは対照的なモージュ高原地域の発展過程を見事に解明しているだけに、彼の分析はいっそう注目に値する。彼によれば、モージュ高原地域では逆に、遅れて始まった経済発展は急激で無秩序であり、そのために共同体的社会組織は麻痺し抵抗を示し、それに交易の発展も社会的分業も遅れていたという特徴をもつ[3]。ところで、王党派と反革命ふくろう党の忠誠的行為をもっとも熱烈に支持し、共和主義思想にもっとも強く反対し、またこのように断固たる態度をとることによって、中央集権化の絶えざる進行とこの地の漸次的な周辺化にもっとも素早く抵抗したのはまさにこのモージュ高原地域のヴァンデである[4]。この〔ヴァンデ地方内の〕両地域の対照的な違いは、フランスの近代化の幕開けにおけるさまざまな困難と矛盾を如実に反映しており、国家と単なる中央集権的政治システムとの対照的な違いをきわめて興味深く歴史的に明らかにしている。この違いについては、社会学的分析によってすでに明らかにされている。おそらくロワール渓谷地域に属するヴァンデの歴史は変革過程にある社会構造のほとんど直接的・自発的な——とにかく何の問題もともなわない——中央集権化の典型だろう。これとは反対に、王党派のヴァンデ地方の歴史は、このような変動にともなう抵抗と困難の典型であり、そして、この歴史はなぜ中央の政治制度が急進化し権威主義化し官僚制化し、そしてついに革命の高揚に乗じて国家的な政治システムを生み出したのか、という点について説明してくれるように思われる。中心の形成が社会的分業の必然的産物であると分析されうるならば、国家の場合は、共同体的組織の抵抗、周辺の強硬化、周辺が示した新しい交易網へ

---

3) *Ibid.*, chap. 4.
4) *Ibid.*, chap. 13.

の統合に対する抵抗といったことがらに特徴づけられた，伝統的社会の特殊な解体過程の産物であるように思われる。したがって，国家現象の発生は，近代的社会組織が伝統的社会組織に取って代わる諸条件に従属するといえよう[5]。

このような仮説によって，西ヨーロッパと東ヨーロッパとがたどった軌跡の対照的な違いを理解できるだろう。西ヨーロッパとくに南部の地域では，農民を結集する連帯の力が強いのに対し，東ヨーロッパでは，ロバート・ブレンナー（Robert Brenner, 1943- ）が指摘しているように，そのような連帯の絆は弱く，自律を望む村落共同体もほとんど存在していない[6]。このような状況で明らかな点が2つある。1つは，東ヨーロッパ社会では社会・経済的危機に直面した場合，貴族階級が農民に対する支配権を強制的に直接奪回することによって対応することができたのに対して，西ヨーロッパではこのような試みは失敗を余儀なくされた，という点である。もう1つは，社会上級階層と農村世界との紛争が先鋭化した場合，集権的・権威主義的な政治解決が避けられなかった，という点である。最初に国家が出現したのは西欧社会においてであり，エルベ川以東では，多くの点から見て農奴的関係の制度化が国家の機能的代替を果たした，ということは事実である。

このような解釈は，国家の構築と社会構造の変容との間に関連性があることをかなり説得的に明らかにしている。だからといって，われわれはティリーよりもさらに一歩進んで，経済的要因の重要性

---

[5] 崩壊と再統合という観点からのこうした分析は，一定の研究とくに Gabriel Almond, Scott Flanagan, Robert Mundt, *Crisis, Choice and Change*, Boston, Little, Brown, 1973 の方向性と一致している。

[6] Robert Brenner, « Agrarian Class Structure and Economic Development in Pre-Industrial Europe », *Past and Present*, fév. 1976, p. 52 et suiv.

がこのような政治変動の説明の源泉である,と結論できるだろうか。また,国家化過程の起源であった社会諸関係の変容それ自体が,とくに中世の終わりを画した商業資本主義の誕生にともなう特定の経済的激変の結果である,といえるだろうか。イマニュエル・ウォーラーステイン (Immanuel Wallerstein, 1930-) は何のためらいもなくこの経済革命を国家発展の第1原因とした。彼はまた,大航海時代の始まりとそれに引き続いて起こった商業資本主義の台頭とが,どのようにしてヨーロッパという1つの岬をはるかに越えた国際経済システムを形成するにいたったのか,という点について明らかにしている。この国際経済システムの中心はいちはやくヨーロッパの北西部に定まり,旧大陸の東部と南部に及ぶ周辺を支配し従属させた,と彼はいう[7]。主としてイギリスとヨーロッパ大陸北西部の4分の1からなるこの中心は,経済構造の高度の分化と商業資本主義の急速な発展を特徴とするが,その経済的繁栄は周辺社会からの搾取なしにはありえなかった。このようにして,周辺社会は穀物倉庫の役割を果たし,農業経営だけを強いられ,その結果,西ヨーロッパに利益をもたらした種々の経済的変化の外に置かれることを強いられた。ところで,ウォーラーステインの分析によれば,このような支配システムの永続化のために,中心では国家機構の大いなる発展が,逆に周辺では国家機構の生成の阻止がもたらされた[8]。それゆえ,初期資本主義の最初の政治形態である絶対主義国家は,最先進社会に恩恵を与える社会的分業の組織者として登場した。テューダー王朝期であれブルボン王朝期であれ,国家が誕生し発達したのは,国家が機能的であり,新しい経済活動や経済エリートを保護し,農業

---

7) Immanuel Wallerstein, *The Modern World-System, op. cit.* 〔川北訳Ⅰ,Ⅱ〕
8) *Ibid.*, pp. 236-237.〔川北訳Ⅱ,105-106頁〕

の転換を速め,市場の開拓を促進し,制海権を確保していたからである[9]。逆に,中心による支配を再生産し,単作システムを維持するための条件として,周辺に国家機構が存在しないことが絶対に必要であった,というのがウォーラーステインの見解である。彼はポーランドの例に基づいて,農奴制の普及と土地貴族による政治的機能の遂行とが,どうして王権を中心とするポーランドの政治システムの確立を遅らせ,同時にイギリスや他の中心諸国との穀物の直接取引を促進するにいたったのか,という点について明らかにしている[10]。

しかしながら,国家の誕生はただ単にヨーロッパでの商業資本主義の導入の結果ではない,ということは確認しておかなければならない。ウォーラーステイン自身,論証のなかでこのことを認めざるをえない。実際,14世紀に封建経済を揺るがした大危機の時代に,つまり大航海時代へといたる一連の変容が起こる以前に,すでに種々の国家機構が設置されていたということは明らかである[11]。ウォーラーステインは国家の起源を13世紀まで遡らせている点では,エドゥアール・ペロワ(Edouard Perroy, 1901-1974)と同じ見解である[12]。この点については,ウォーラーステインは,国王行政は早くも1250年には農村経済の成長と人口の激増を巧みに利用して,増税と多くの権力資源の蓄積とを図る術を心得ていた,ということを認めている[13]。国家は14世紀に起こった大危機からも同じように

---

9) *Ibid.*, pp. 51, 93 et suiv. 〔川北訳I,55, 131頁以下〕

10) *Ibid.*, p. 205 et suiv. 〔川北訳II,38頁以下〕

11) とくに Guy Fourquin, « Anciennes et nouvelles structures de sociabilité vers 1300-1500 », *in* Pierre Léon, *Histoire économique et sociale du monde*, A. Colin, 1977, t. I, pp. 260 et 261 を参照。

12) Édouard Perroy *et al.*, *Le Moyen Âge*, PUF, 1955, pp. 369-370.

13) Immanuel Wallerstein, *The Modern World-System, op. cit.*, pp. 23-25.〔川北訳I,

大きな利益を引き出した。たとえば，国家は領主の収入低下に対しては最初の貨幣大操作を行い，消費の低下に対しては自らの活動範囲を拡大し，紛れもない介入主義的政策に乗り出す，といった具合にである[14]。その意味では，すでに組織化された国家が存在し，この国家はきわめて多様な経済構造と経済情勢に対峙しながらも，そこから一定の自律性を引き出していた――こうした国家の存在を前提としたなかでルネッサンス期の大変容は起こった，ということは疑いの余地はない[15]。

こうした重要な留保が明らかになっても，われわれは，このような国家機構が形成途上の商業資本主義の強化に貢献した種々のやり方を明らかにするウォーラーステインには反論できないだろう。国家機構が商業資本主義を守り，社会の諸要求に応じて社会を組織化することさえできたことも明らかである。国家官僚制の発達と軍隊の整備には生産力の向上と莫大な借金が必要であり，それゆえ銀行制度の発達をもたらしたことも確かである[16]。ペリー・アンダーソン（Perry Anderson, 1938- ）もこのような主張を立証する過程で，画一的法体系の形成と，封建的組織と結びついた種々の障壁の撤廃，そして植民地企業の発達とはどうして同じ方向をたどったのか，という点を明らかにしている[17]。とくに，新しい国際経済システムの

27-28頁〕

14) Guy Fourquin, art. cit., p. 260 et suiv.

15) この国家の編年史はベルナール・グネのものでもある。Bernard Guenée, « Y a-t-il un État en France dès les XIVe et XVe siècles? », *Annales ESC*, mars-avril 1971, pp. 399-406, および Bernard Guenée, « État et nation en France au Moyen Âge », *Revue Historique*, janv.-mars 1967, pp. 17-30.

16) Immanuel Wallerstein, *The Modern World-System*, op. cit., p. 96 et suiv.〔川北訳Ⅰ，133頁以下〕

17) Perry Anderson, *L'État absolutiste*, op. cit., p. 42.

政治的な組織化様式としての国家現象の存在自体が商業の発達を大いに促進したのである。ヨーロッパの領土の再編成は，1つの帝国の再建ではなく複数の国民国家の創設へと向かうことによって，経済活動がその自律性を強化し，国境を越え，いかなる政治的統制を超えるまでに発展することを可能ならしめた[18]。ウォーラーステインも同じ見解に立って，無敵艦隊の敗北とそれによる旧大陸での帝国へのあらゆる野望の挫折とは，他のいかなる物質的要因よりも西欧資本主義の発展に寄与した，と指摘している[19]。この議論は，結局，ヴィクター・キアナン（Victor Kiernan, 1913-2009）の仮説に近い。キアナンの指摘によれば，国民国家は，少なくとも規模の面では，大体新しい社会・経済的状況から生まれた諸要求に応えられる寸法に合わせて裁断された。国家システムは，一方で存続を可能ならしめるだけの大きな規模を有しているが，他方では，新しい中央集権体制が実質的な有効性をもち，一連の実質的な調整機能を発揮できる程度の小さな規模にとどまらなければならなかったのである[20]。

　ウォーラーステイン自身，議論をさらに発展させている。最終的にきわめてシステム論的な視点から彼が明らかにしているのは，国家は新しい経済世界の中心にとって有益であったということだけではなく，周辺における国家の未発達自体がヨーロッパの諸社会を相互に結びつける支配関係を永続化させる働きをした，ということで

---

18) この問題については，Jean Beachler, « Essai sur les origines du capitalisme », *Archives européennes de sociologie*, IX, 1968, pp. 205-263 を参照。
19) Immanuel Wallerstein, *The Modern World-System, op. cit.*, chap. 4 et p. 229 et suiv.〔川北訳Ⅱ，100 頁以下〕
20) Victor G. Kiernan, « State and Nation in Western Europe », *Past and Present*, n° 31, juillet 1965, pp. 35-36.

ある。そうだとすれば、なぜポーランドで国家の発達が遅れたのかという問題は、逆にヨーロッパの西の端で国家の発達がなぜ早かったのか、という問題を説明するのと同じ原因によって説明されるだろう[21]。なおロシアも例外ではない。たとえば、16世紀にイヴァン雷帝（Ivan IV, 1530-1584, 在位 1533-1584）の提唱で広まった国家建設の試みは、西欧の経済の台頭に対抗してロシアの自律性を確立しようとする束の間の努力にほかならなかった。のちにロマノフ王朝が権力の座につくと、その試みは中断された。この王朝の初期の歴代皇帝は、ツァーリ帝国を周辺の農業大国としてヨーロッパの経済システムに組み込もうとしたからである。その結果、貴族階級の優位が強まり、ついには、確かに中央集権化してはいるけれども、国家モデルに通じる自律的官僚制をもたない政治システムの構築へといたるのである[22]。

しかし、こうした変容の全体から、経済的変化と国家構築との間にはきわめて緊密な機能的な関連があるだろうということは引き出せるとしても、現実は、この関連性が自ずと放つイメージと一致しているわけではない。第1に、国家の機能と国家発生の原因とを同一視することはできないからである。ウォーラーステインが明らかにしているように、国家が貢献しているからといって、それをもって国家の生成を説明することはできないからである。第2に、機能的な観点から見ても、国家の構築が初期資本主義にとりわけ貢献していたとみなすことはできないからである。国家が前資本主義的経済で起こった最初の激動に対処する手段をもっていたにしても、そ

---

21) Immanuel Wallerstein, *The Modern World-System, op. cit.*, p. 129 et suiv. 〔川北訳Ⅰ, 165頁以下〕
22) *Ibid.*, p. 208 et suiv. 〔川北訳Ⅱ, 41頁以下〕

れは多くの場合，国家固有の政治的利益を充たすためのものであった，ということを無視することはできないからである。たとえば，フィリップ端麗王（Philippe le Bel, 1268-1314, 在位 1285-1314）の通貨政策は軍事的要請によって優先的に決定されたのに対し，その後の国王たちの通貨政策はその規模を拡大しつつあった官僚制を賄うのがおもな狙いであった[23]。さらに，フランスの国家は強大化するにつれて，黎明期の工業部門に対して介入政策をとることができたが，その介入政策は，新しい経済エリートの利益の実現に資するものではなく，何よりも生産装置を国家に従属させ，あるいは少なくともそれを国家の統制下に置こうとするものであった[24]。このようなやり方がコルベール主義という形で制度化される以前でさえ，絶対王政は軍事的目的のために火薬・硝石の開発を厳しく統制した。これに対し，それ以前すでにヴァロワ王朝が鉱山を接収していたのは，新しい財源を確保し，同時に国家の支配権の独占的行使を脅かす経済権力の形成を阻止するためであった。フランスで早くも 15 世紀に，鉱山経営のために公的機関が創設され，それを監督する総監が中央権力によって任命されたことは，まさにこの観点から考えなければならないように思われる[25]。

　国家を市民社会との関係で分析してみても，結局，国家は新しい資本主義エリートの擁護者というよりは，むしろ危機に陥っている封建的な農村社会を適応させ，保護する中心的な行為者であったよ

---

23) Guy Fourquin, art. cit., p. 260 および Edward W. Fox, *L'Autre France*, Flammarion, 1973, p. 62 を参照。

24) John U. Nef, *Industry and Government in France and England 1540-1640*, Cornell University Press, 1967, p. 58 以下を参照。

25) Prosper Boissonade, *Le Socialisme d'État*, 1927, p. 65 et p. 216 以下を参照。

うに思われる[26]。テューダー王朝期とステュアート王朝期のイギリスの政治システムは十分に組織化され，有効に機能するようになるにつれて，貴族階級と産業ブルジョワジーとの同盟関係を確固たるものとすることよりも，むしろ囲い込み (enclosures) 運動を阻止することに専念した。同じく，フランスにおいて，あまりにも激烈な社会紛争の突発を避け，飢饉のリスクを食い止め，主として土地と地代優位を基本とする経済を守るために，多くの場合，形成途上の官僚機構が動員された，ということも看過してはならないだろう。したがって，市民社会に特有のさまざまな緊張に直面して，国家は，革命化の方向——ウォーラーステインは革命化の方向を国家固有のものとみなしていた——で行動するのではなく，むしろ経済変動が既存の社会構造にもたらすおそれのある，あまりにも急激で混乱した変化を食い止める役目を担う主体として行動した。数世紀後に，絶対主義国家が旧封建階級の永続化を促進し，この階級を経済変動の主要な受益者たらしめようとしたのも，まさにこの論理からであった[27]。

したがって，われわれはひとまず，ウォーラーステインの少し荒っぽい説よりも，細かな点を考慮に入れたペリー・アンダーソンの説をとりたい。アンダーソンは，国家を，少なくともその初期の段階においては，固有の危機に引き続いて商業経済の飛躍的発展に直面した封建的組織を再編する道具であるとみなしている[28]。まさにこの段階で，機能主義的観点から発生論的観点に移行し，次のよう

---

26) この傾向は絶対主義の初期にすでに顕著であった。Guy Fourquin の前掲論文を参照。こうした政治的傾向の連続性については，Robert Mandrou, *La France aux XVIIe et XVIIIe siècles*, PUF, p. 132 以下を参照。

27) Guy Richard, *Noblesse d'affaires au XVIIIe siècle*, A. Colin, 1974 を参照。

28) Perry Anderson, *L'État absolutiste, op. cit.*, p. 20.

な仮説を立てることができるだろう。すなわちそれは，国家が登場しなければならなかったのは，伝統的組織による異例の抵抗のせいで，あるいは技術的または政治的な特殊状況のために，まず社会形成の危機から，次に商業経済システムの到来によってもたらされる新しい役割配分の実行がきわめて困難であった社会においてである，という仮説である。

この視点に立つならば，世界経済の新しい条件を何の抵抗もなく十分に利用することのできた社会よりも，むしろすぐ隣に周辺をもった社会において，国家機構の発達が顕著であった，ということは注目に値する。ルネッサンス期に新しい経済システムのまさに中心にあったオランダでは，ウォーラーステインが暗に指摘したような権威主義的・調整的政治機構は決して発達しなかった。その代わり，それほど自律性をもたない少数の経済的な支配集団による自由な立憲的支配が行われていた。ここでわれわれは，このような弱い国家化が，オランダ社会における農業経済から先進商業経済への移行の容易さに，実際のところどこまで起因しないのかという点を問うことさえできる[29]。イギリスの政治システムでも絶対主義段階は短く，例外的であった。「テューダー王朝国家」——ウォーラーステインは自らのモデルの正しさを証明するためにこの概念を用いている[30]——は，確かに執行権を強化し，中央政府の役人をかなり採用した。とはいっても，当時設置されていた政治機構はフランスほど発達してはいなかったし，ヘンリー8世（Henry VIII, 1491-1547, 在位 1509-1547）治下の絶頂期でも財務行政機関も軍事機構も真の国家を打ち

---

29) Peter Gourevitch, « The International System and Regime Formation », *Comparative Politics*, 1978, p. 425 を参照。
30) Immanuel Wallerstein, *op. cit.*, p. 151 et suiv.〔川北訳 I , 221 頁以下〕

立てるほどには発達してはいなかった。しかし逆に,イギリスでは資本主義が大した混乱もなくいちはやく誕生したことによって,ほとんど非介入主義的な弱い国家機構の永続化が促進され,その結果,市民社会は国王の介入を受けずに自己組織化することになった。このことは,当時の哲学とくにロック（John Locke, 1632-1704）によって展開された諸理論と相通じるところである。それゆえ,16世紀と17世紀に見られた中央集権化の傾向は,真の構造的現象というよりは状況的例外であるということである[31]。

さらに,ウォーラーステインは,フランスの場合を検討して,絶対主義が急速に台頭してきたのは,フランドル地方やイル＝ド＝フランス地方における商品流通網の飛躍的発展に由来するというよりも,むしろこの地域の流通網とロワール川以南に広がる全地域の農業経済の存続とを両立させる必要があったからである,と指摘せざるをえなかった時,自説を若干修正するにいたっている[32]。それゆえ,こうした論拠は,何ら問題のない経済発展は国家機構を必要としないが,他方,国家機構は,歴史的に見て,初期資本主義の政治的反映としてではなく,社会機構にも悪影響を与えた種々の危機の解決策として登場した,ということを鮮やかに証明している。国家の際だった発達は資本主義にとっては多大の犠牲をともなう治療薬になることもありうるし,また,多くの歴史家の見解が一致してい

---

31) とくに Wolfram Fischer, Peter Lundgreen, « The Recruitment and Training of Administrative and Technical Personnel », in Charles Tilly, ed., *The Formation of National States in Western Europe*, *op. cit.*, p. 475 以下, David L. Keir, *Constitutional History of Modern Britain since 1485*, Londres, Adam and Charles Black, 1969, p. 7 以下, Gerald E. Aylmer, *The Kings Servants : The Civil Service of Charles I. 1625-1642*, New York, Columbia University Press, 1974 および John U. Nef, *op. cit.*, pp. 1-7 を参照。

32) Immanuel Wallerstein, *op. cit.*, p. 172.〔川北訳Ⅱ,8頁〕

第1章 国家・分業・資本主義 119

るように，イギリスの新興経済エリートは，逆に国家機構が弱体で，同時に公共支出も少なく，課税圧力も小さいことによって大いに得をした。その意味で，彼のこのような微妙な修正は，それだけいっそう重要な意味をもつ[33]。

したがって，われわれは，ウォーラーステインの研究よりも，彼とは正反対の見解をとっているいくつかの研究に近いのである。それらの研究が明らかにしようとしたのは，何らかの下部構造的な決定要因が国家構築に働いたとすれば，国家の形成を説得的に説明する要因は，経済や産業の発達の立ち遅れという特徴以外にはありえない——たとえこの立ち遅れの社会的効果，とりわけそれが引き起こした伝統的社会組織の硬化が原因であったとしても——，ということである。とにかく，これはアレクサンダー・ガーシェンクロン（Alexander Gerschenkron, 1904-1978）がもたらした結論である。ガーシェンクロンは，ウォーラーステインの研究した時期よりもはるかに後の時期を分析した結果，産業化の立ち遅れという性質によって，フランス，とくにドイツやロシアが独特な形で政治発展を遂げたことを説明できる，とみなしている[34]。ガーシェンクロンはこの段階で，古典的マルクス主義の公準——ウォーラーステインはこれをほとんど無批判に受け入れている——をきっぱり放棄して，次の

---

33) Theda Skocpol, « Wallerstein's World Capitalist System : A Theoretical and Historical Critique », *American Journal of Sociology*, vol. 82, n° 5, mars 1977, p. 1086. また John U. Nef, *op. cit.*, p. 136 および Edward W. Fox, p. 80 も参照。よく知られているように，フランスの国庫収入は 17 世紀前半には 1 年間で 8,000 万トゥール・リーヴルに達していたのに対し，同じ時期のイギリスでは 900 万トゥール・リーヴルであった（John U. Nef, *op. cit.*, p. 126）。

34) Alexander Gerschenkron, *Economic Backwardness in Historical Perspective*, Harvard University Press, 1962, chap. 1.（このガーシェンクロンの本のなかの論文 10 編を集めた絵所秀紀他訳『後発工業国の経済史——キャッチアップ型工業化論』ミネルヴァ書房，2005 年がある）

2つの点を説得的に解明している。1つは、資本の原始的蓄積は実際にはイギリスの産業化のシナリオにしか当てはまらない、という点である。もう1つは、経済発展が遅れている場合は、その発展はそれだけ急激で多大な社会的犠牲をともない、しかも資本の蓄積と経済活動の調整・計画化に特化した諸制度によらなければ経済発展は望めない、という点である。だからこそ、フランス、ドイツ、オーストリアでは、信用銀行が産業化にとって重要な役割を果たし、それがイギリスの産業化とは根本的に異なる様相をもたらすことになった。他方、イギリスの産業化は地方分散、漸進性、農業経済との交流という形態をとることによって成功した。こうした産業化過程の違いの政治的帰結は明白である。なぜなら、周知のように、イギリスでは原始的蓄積のモデルは経済的機能の大部分を既存の社会機構に委ね、それによって政治的中心の特権を制限しているのに対し、フランスやドイツとりわけロシアでは、緊急の大規模資金調達が必要であったために、統治機構が経済発展の紛れもない代理人となり、その結果、国家はまったく格別の権力をもつことになったからである。ガーシェンクロンはこの点に関しロシアを例に挙げて、ツァーリ帝国における産業的離陸がどれだけ、下部構造の構築や銀行制度の設立だけでなく、税制面での奨励政策の立案においても主導権を握っていた国家機関のなせる技だったのか、という点を明らかにしている[35]。

　産業化に関する歴史研究の大部分は、産業経済の構築を実際に推進する役割を国家に与えているほとんどの大陸モデルと、完全に個人主義的なイギリス・モデルとをさらに徹底的に区別することによ

---

35) Alexander Gerschenkron, « Russia : Patterns and Problems of Economic Development, 1861-1985 », in Alexander Gerschenkron, op. cit.

って，ガーシェンクロンの結論を実証し，敷衍しさえしているように見える。このような観点から見て注目すべき点は，コルベール（Jean Baptiste Colbert, 1619-1683）の重商主義，国家管理の王立工場の設立[36]，ナポレオン 1 世が推進した「全国産業奨励」政策の策定[37]，ナポレオン 3 世のサン＝シモン主義的な諸施策といった事柄の間には連続性がある，ということである。フリードリヒ大王（Friedrich der Grosse, 1712-1786, 在位 1740-1786）が繊維工場や化学工場を優遇するために積極的に進めた援助政策や公共投資政策[38]を，「税務官（*Steuerräte*）」や「工場監督官（*Fabrik-Inspektoren*）」の経済的役割，さらにはビスマルク体制下で進められた経済・産業の海外進出政策と関連づけてみるならば，プロシアにおいても連続性が顕著に見られる。同じことはベルギー，さらにのちにはイタリアについてもいえるだろう。

こうした考察全体を解明する証拠が必要であれば，産業経済の神経網ともいえる鉄道が建設された各国の事情を見ればよい。鉄道網の敷設は，イギリスでは産業革命後も依然として完全に民間の事業であったのに対し，フランスでは国家と民間会社との共同主導のもとに進められた。ドイツでは鉄道網のいくつかの区間は，完全に国家主導のもとに敷設され，ベルギーでは鉄道建設は完全に政府の単独主導のもとに行われた[39]。

ところが，このようなそれぞれ異なる産業化の方式は特定の社会

---

36) C. Woosley Cole, *Colbert and a Century of French Mercantilism*, Londres, F. Cass, 1939.

37) Barry Supple, « The State and the Industrial Revolution 1700-1914 », *in* Carlo Cipolla, *The Fontana Economic History of Europe*, Londres, Penguin, 1973, p. 317.

38) William Otto Henderson, *The State and the Industrial Revolution in Prussia 1740-1870*, Liverpool University Press, 1958.

39) B. Supple, *op. cit.*, p. 328 et suiv.

に顕著な経済の立ち遅れの産物にほかならない,とするガーシェンクロンの見解は誤りである。実は,いろいろな面から見て,国家介入主義は,彼が考察したそれぞれの社会でいちはやく確立された伝統とも対応している。したがって,産業化以前の段階における一定の社会団体に固有の性質,とくに変化に対する抵抗,調整能力の低さ,法律・政治制度の多様な細分化といった性質と関連づけて,国家の発展を考察する方がより正しいように思われる。これらの条件はすべて,国家の経済生活への介入の傾向,介入の保守的・選別的性格,産業化過程が被る遅れを同時に説明してくれるに違いない,と思われる。そうすることによって,産業化と国家化との相互増幅効果が明らかになる。すなわち,国際競争に対する長年にわたる遅れを取り戻すために,そして,その遅れを部分的に取り戻した場合には,市場ルールの回復とその運用に適切な条件を人為的に創出するために,公権力の経済活動は絶えず必要となっていくのである。

　要するに,政治的中心の形成と社会的分業の漸進との間には示唆に富む緊密な関係がある,という点については,誰も異議を唱えようとはすまい。経済的要因がこの点で帯びる重要性についても,誰も異論はないだろう。農業経済が後退し,その後商業経済が徐々に導入されたことによって,社会機構が分化し,政治的な調整機構が出現したのである。ウォーラーステインや極端に「経済主体論的な」理論のすべてが犯した誤りは,おそらくこの明白な事実からよりいっそう脆弱な仮説を性急に導き出したことにある。その仮説とは,資本主義の登場は,経済的変容と社会的分業との完成を通して,政治的中央集権化過程の「完全な」実現すなわち国家の構築にしか到達しえなかった,とするものである。つまり次の2つの軽信に陥っているのである。まず,経済的なるものだけが社会のなかの分業の諸形態を規定すると信じていることであり,次に,社会は国家機

構の助力なしには「機能し」えないと考えていることである。このような態度はいずれの場合にも，結局はさまざまな社会機構の重要性を完全に無視することになる。実は，社会機構は，それぞれの社会において，抵抗と緊張がどれだけ強いか弱いかという点で分業過程に独自の様相を与え，そしてそれに応じて，どれだけ権威主義的でどれだけ国家的な中央集権化の方式に依拠するかを決めるのである。

ウォーラーステインはきわめて異なる社会的文脈——従属関係や発展の不均衡という点ではなく，社会における新しい役割配分の政治的な解としての国家構築にどの程度適していたかという点できわめて異なる——のなかで，どのようにして「新しい世界経済システム」が定着に近づいていったのか，という点について論証していない。この経済システムが創設されるはるか以前の東ヨーロッパにおける農奴制の発達は，私的な権威関係を可能にし，それによって少なくともごくわずかな期間国家の形成を遅らせ，それがのちに国家にまったく独自の様相を与えることになる，1つの社会形成の産物であった[40]。逆に，ウォーラーステインが「半周辺的」と呼んだ社会に顕著な特徴は，1つは共同体的——たいてい封建的な——社会関係が存続していることであり，もう1つは農村で起こった種々の社会機構の強い抵抗がとくに強力な組織をもった国家の出現を誘発したことである。そしてこれは，たとえばいちはやく社会関係の個別化がよりいっそう強力に進んだイギリスとも異なる。

他方，この同じ論理が，数世紀のちに，被支配階級の政治戦略を

---

40) この問題については，Jerome Blum, « The Rise of Serfdom in Eastern Europe », *American Historical Review*, juillet 1957, pp. 820-821 および Robert Brenner の前掲論文，p. 53 以下を参照。

方向づけるのに大きな影響を与えることになった。イギリスとフランスとの政治的発展の違いが両国にそれぞれ固有の労働運動を生み出す諸条件にも影響を及ぼしていることは疑いの余地はない。その意味では，フランスの社会主義は絶えず，一方で強力な国家との関連で，他方ではプロレタリアの勝利は何よりも公権力の獲得によってえられるという確信との関連で自らを定義し，自らを組織化しなければならなかった，ということは重要な点である。この公準は——別々の仕方で解釈されて——，権利要求的な活動を批判し，党の全能を重視するためのゲード主義的戦略の基礎となったと同時に，国家に対する解放の道具として政治的ゼネストを主張した革命的サンディカリストの思想の基礎にもなっている[41]。このようにして2つの源流をもつ現代フランス社会主義は，同業組合的なるものよりも政治的なるものを優先させ，労働者の闘争の場を市民社会ではなく政治社会に置くという点で互いに一致したのである[42]。両者はまず資本主義国家打倒のために立ち上がるという方針では一致しながらも，主として政治革命突入への最短コースをめぐる戦略上の違いから対立していた[43]。したがって，ゼネスト戦略が失敗したために，フランスの労働運動が，主として政治的・政党的な基盤，前衛活動の重要視，そして組合の政党への従属——確かに微妙に変化し一貫性を欠いていたが——に基づいて再編された，ということは何も驚くにあたらない。このフランス・モデルを，同じく国家権力が支配している他の社会のモデルと比較して見るならば，類似性はよりい

---

[41] Bertrand Badie, *Stratégie de la grève. Pour une approche fonctionnaliste du PCF*, Presses de la Fondation nationale des Sciences Politiques, 1976, pp. 18-20 を参照。

[42] Claude Willard, *Les Guesdistes*, Éd. Sociales, 1965, p. 350 を参照。

[43] Robert Brecy, *La Grève générale*, EDI, 1966.

っそう雄弁である。たとえば，イタリアやスペインでもフランスと同じ議論が実際に行われた[44]のに対し，ドイツは，強力な組織をもち，当初から労働組合組織をその政党の議会戦略にしたがわせてきた大衆政党を中心に労働者階級を政治的に組織化した社会の最初の例であった[45]。たとえ政党の議会戦略の成功がドイツを修正資本主義的潮流に少しさらしたとしても，「ブルジョワ国家」の問題を巡って結晶化するこうした政治的・党派的傾向がドイツの労働運動全体をレーニン主義の強い影響のもとに置き，共産主義モデルの影響を受けやすくしたのである。

これとは対照的に，イギリス社会では国家化があまり進んでいないために，イギリスの労働運動は，政治的であるよりは組合的な，革命的であるよりは協調組合主義的に組織されやすかった。その意味では，イギリスの労働組合主義モデルは強力な自己組織力をもった市民社会の論理に完全に適っているように思われる。このような状況で，イギリスの組合運動は主として権利要求のストライキを打つたびに鍛え上げられて，のちに労働党を生み出し支配するにいたり，今日でも労働党は少なくとも構造上は議会における労働組合会議（*Trades Union Congress*）の単なる延長部分であることは何も驚くべきことではない[46]。フランスの労働運動史で観察されることとは反対に，イギリスでは20世紀初頭に，公権力抜きの労働協約制度が整備されたばかりでなく，計画作成への労働組合会議の積極的

---

[44] Wolfgang Abendroth, *Histoire du mouvement ouvrier en Europe*, trad. Maspero, 1967, pp. 48-49.

[45] Michelle Perrot, Annie Kriegel, *Le Socialisme français et le pouvoir*, EDI, 1966, p. 47.

[46] Henry Pelling, *A History of British Trade Unionism*, Londres, Penguin Books, 1963.

な直接参加が認められたことからも明らかなように，イギリスの労働組合はいちはやく，認知され制度化された市民社会の機関となったのである[47]。同様に，政党−労働組合関係は大陸モデルとは逆であるばかりでなく，フランスやイタリアの場合とは違って，論争や争点の中心になったこともない。これらの要因はすべて，国家が階級戦略の組織化と変容に重要な影響を及ぼしていることを確証し，国家の自律性の本質的な側面を明らかにしている。

---

[47] Norman Robertson, John Leslie Thomas, *Trade Union and Industrial Relations*, Londres, Business Books, 1968 を参照。労働者階級−組合−政党−国家型の間の関係を比較研究するためには，Colin Crouch, « The Changing Role of the State in Industrial Relation in Western Europe », *in* Colin Crouch, Alessandro Pizzorno, *The Resurgence of Class Conflict in Europe*, Londres, Macmillan, 1978 および Gérard Adam, Jean-Daniel Reynaud, *Conflits du travail et Changement social*, PUF, 1978, chap. 1 を参照。

第2章　国家と社会構造

　国家は、共同体型の社会諸団体による抵抗がとりわけ強かったいくつかのヨーロッパ社会に適した統合策として登場したということが明らかになったいま、国家の生成に関する説明は近代社会がもつ封建制の過去に遡らなければならない、と考えるのは当然である。したがって、われわれはここに、ペリー・アンダーソンの研究全体の基礎となる仮説を再発見するのである[1]。

　経済分野において、はじめは小さな生産単位間の競争であったものが、そのうちの1つが他を圧倒して独占へといたるのとまさに同じように、封建システムの場合もその固有の論理によって、最初はまったくの幸運から最終的にはきわめて厳格な政治権力の独占へといたる1つの力学を内包していた、というのは確かなことである。ノルベルト・エリアス（Norbert Elias, 1897-1990）はこの比較を発展させて的確にも3つの点を指摘している。その第1点は、封建社会の特徴は役割関係がきわめて不明瞭であったということ、第2点は、領主は政治的権力と同時に経済的権力をも自由に行使していたこと、第3点は、このような状況では領主は必然的に新しい富の獲得のために武力を行使するようになり、その結果、封建システムは領域単位間の競争による対立が恒常化するにいたった、ということである[2]。いってみれば、自分の新しい領域が圧倒的な勢力をもってい

---

1) Perry Anderson, *Les Passages de l'Antiquité au féodalisme*, trad. Maspero, 1977（青山吉信・尚樹啓太郎・高橋秀訳『古代から封建へ』刀水書房、1984年）et *l'État absolutiste, op. cit.*

2) Nobert Elias, *La Dynamique de l'Occident, op. cit.*, p. 87. 封建社会の政治・社会

る隣の領主に奪われないために，新しい領域に対する支配権を絶えず拡大しなければならないという，抗し難い必要性によって，武力紛争は拡大し続けた[3]。ところで，このようなメカニズムから，幾人かの領主は，中世末にどうして次々に敵対者を打倒して，小さいながらも紛れもない国家――歴史的には，小国家が防御可能な安全な国境をもった国民的領域単位に統合される直前の段階――といえるだけの十分に広い中央集権化された領域を支配することができたのか，ということが実によく分かる[4]。経済がきわめて閉鎖的な場合には，封建制はおそらく安定的な定式であったろう。ところが別の状況では，封建制は，高度に中央集権化された権威主義的な政治システムを自ら生み出し，しかも，この政治システムが独占する政治権力を徹底的に制度化するにいたるだけの，きわめて強力な自己破壊エネルギーをもっていた。

しかしながら，国家は単に封建制的な駆け引きの単純な産物というわけではない。封建制的な駆け引きは中世の終末を画する技術的・経済的な状況のなかにそれぞれ個別の方式で組み込まれていったが，国家はまさにその組み込まれ方にも関係している。たとえば，当時軍事面で起こったいくつもの変化は砲兵隊と歩兵隊の飛躍的発展をもたらし，その結果，城の重要性は著しく低下し，他方では同時に，軍隊で新しい任務を遂行する種々の非貴族的社会階層が重要性を増した[5]。ところが，このように貴族のきわめて重要な資源の

構造については，François Louis Ganshof, *Qu'est-ce que la féodalité?*, Bruxelles, Éditions de la Bacconnière, 1947 および Marc Bloch, *La Société féodale*, Albin Michel（堀米庸三監訳『封建社会』岩波書店，1995 年）を参照。

3) Norbert Elias, *La Dynamique de l'Occident, op. cit.*, p. 102.

4) *Ibid.*

5) Gerhard Ritter, « Origins of the Modern State », *in* Heinz Lubasz, *The Development of the Modern State*, New York, Macmillan, 1964, p. 19 を参照。

1つ〔軍事的な役割〕が徐々に失われていったという事実の他に，封建システムに非常に強い衝撃を与えた貨幣経済の発達の影響を無視することはできない。貨幣経済の発達は，とくに領主と農民を結びつけていた絆をゆるめることによって，また，貴族の支配に新興ブルジョワジーの影響力を対抗させることによって，封建システムの統合原理そのものを揺るがすにいたったのである。こうしたさまざまな原因は，封建的な市民社会を解体し，その再生産メカニズムを奪い，それまで領主がほとんど独占的に果たしていた政治的機能を無効にする働きをした。イギリスのようにあまり封建化が進んでいない社会は，その社会組織の再適応を図ることによって，また，それまで中心が担っていた機能を強化するだけで，このような近代化の最初の挑戦に対応することができた。これとは反対に，封建制の過去の強い影響を受けた社会は，近代という歴史の新しい時代に対処するために，市民社会の助けを借りることがまったくできなかった。それゆえ，この社会は自己の統合の回復を図るために，種々の社会組織から分化した，高度に制度化された自律的な政治システムを創設する以外に方法はなかった。まさにこの政治システムによって種々の社会組織の欠陥を取り繕い，それら社会組織の古い政治的特権の剝奪への抵抗を和らげることができた。もっとも封建化の進んだ社会の軌跡に見られるこれらの特徴が，国家現象はどのようにして発生し，それがどのような改革をもたらしたか，という点をまず間違いなく説明するのである。

　貨幣経済の発達は農奴制を実際に脅かし，それによって，封建的生産様式と，とりわけ各領主に剰余価値の搾取を可能にしていた政治・経済的強制権とを決定的に弱めた[6]。自己の権利を取り戻そう

---

6) Perry Anderson, *L'État absolutiste*, op. cit., p. 20.

とする領主のいかなる試みも、農民を団結させ反乱に立ち上がらせる強い共同体的連帯にぶつかり、さらには人々が農村を逃れて都市に流入するおそれがあっただけに、このような既存体制の大きな変化はいっそう西欧封建社会に重大な結果をもたらした[7]。伝統的な社会機構は、農村ですでに実効性を失っていた政治・法的強制権をもはや引き受けることはできなかった。したがって、その強制権は国家の諸制度による実行へと移行した。このことは、王直属の法務官と官吏が農業の組織化や農村労働者の統制といった領域に急速に進出したばかりでなく、農民の都市への流入を制限するためにさまざまな介入をしたことからも明らかである[8]。

このような変化が都市ブルジョワジーの働きによって促進されたことは明らかである。ブルジョワジーはどこでも貨幣経済の発達の恩恵を受けたが、封建社会のなかでは一種独特な地位に恵まれていた。このブルジョワジーの地位が国家発達の他のいくつかの特徴的側面を説明する手がかりとなる。まず、都市は、封建制の特徴としての主権の分散化を前にして、領主所領を相互に隔てている隙間で、したがって多くは貴族の支配の外で、次第に自律的な発展を遂げてきた[9]。それゆえ、このような都市は、土地貴族の居住地であり同時に農村を支配する拠点でもあったイタリアの都市とも異なり、ま

---

7) Robert Brenner の前掲論文および Theda Skocpol の前掲論文, p. 1083 を参照。
8) Gustave Dupont-Ferrier, *Les Officiers royaux des bailliages et sénéchaussées et les Institutions monarchiques locales en France, à la fin du Moyen Âge*, E. Bouillon, 1902, pp. 274-278 および、農村の人口移動を阻止する権限を法務官に認めたカボシュのオルドナンスに関する当該書参考文献を参照。地方長官（intendants）によるこの職務の奪取については、Henri Regnault, *Histoire du Droit français*, Sirey, 1947, p. 265 を参照。
9) *Ibid.*, p. 20以下、またLewis Mumford, *The City in History*, New York, Harcourt, Brace and World, 1961およびCharles Petit-Dutaillis, *Les Communes françaises, caractères et évolutions des origines au XVIIIe siècle*, Albin Michel, 1947.

た，中央集権化が比較的進んでいるという状況のなかで王権との結びつきがいっそう強かったイギリスの都市とも異なっていた[10]。そのうえ中世都市は，ローマ帝国の直接の遺産であるがゆえに，所有関係を制度化し，交換経済の発達を促し，そして公法原理に基づいて機能する中央集権的な政治システムの形成を促進することのできる法的伝統をもっている場であるとみなされていた[11]。

それゆえ，封建社会を揺るがした社会・政治的危機の際に，都市ブルジョワジーは国家構築過程を直接・間接に強化する働きをした。なぜならまず，都市ブルジョワジーが存在しているというだけで，土地貴族が東欧的なやり方，すなわち農奴制への単純な復活によって農民との紛争を解決しようとすることを妨げたし，その後も妨げ続けたからである[12]。次に，都市ブルジョワジーは，貴族の潜在的な対抗勢力としての立場を明確にすることで，封建的な市民社会に特有の政治・社会的な諸制度を無力化し，その代替物として，とりわけ都市とその警察・裁判所・財政を統轄すると同時に，通商・産業を組織化するための国家機構の創設を促したからである。まさにこの流れのなかで，早くも15世紀に国王直属の官吏の活動範囲は拡大してきたし[13]，また，それを基礎にして，形成期の君主制国家と都市とを長い間結びつける緊密な関係が樹立された。君主制国家はいっそう都市ブルジョワジーの気を引くために官吏と裁判体系を使ったのである。

---

10) Charles Petit-Dutaillis, *La Monarchie féodale en France et en Angleterre, op. cit.*, p. 152.
11) Perry Anderson, *op. cit.*, t. II, pp. 246-248.
12) *Ibid.*, t. I, p. 21.
13) Gustave Dupont-Ferrier, *Les Officiers royaux…, op. cit.*, p. 280 et suiv. ; p. 854 et suiv.

しかしながら，機能という観点から見て注目すべき重要な点は，このような形成期の国家は，一方で貴族階級から政治権力を奪いながら，他方では次の3つのやり方で第二身分〔貴族〕の社会・経済的特権の大部分を保護しようとした，ということである[14]。まず，私的所有を保障することによって。事実，私的所有は絶対主義国家の発展と同時に形式が整えられ合法化された。次に，農民大衆の抗議や革命の動きを完全に抑え込むことのできる強制装置を整備することによって。最後に，それに劣らず重要なのは，中央において課税様式を改めることによって。この課税様式は貴族をほとんど完全に対象外とし，封建的な利益抽出様式を全国規模で再現することを可能にした。だからといって，絶対主義国家を貴族階級の単なる道具にすぎないとするアンダーソンの定式にとどまることは難しいように思われる。より慎重に観察するならば，次のようにいえるだろう。すなわち絶対主義国家は，政治の領域から領主を締め出し，政府の機能と機構の自律化を推進し，しばしば国家それ自体のために経済機構に介入することによって形成された。それゆえ，当然，この国家は市民社会と妥協しなければならなかった。なぜなら，当時の市民社会は，富と威信の面では貴族階級による支配がまだ強く，仮説の域を出ないブルジョワと貴族との経済的対立による悪影響も一般にいわれているほど強くはなかったからである。アンシャン・レジーム下のブルジョワジーは貴族の模範が強くしみ込んでいたので，資本主義的動機よりもむしろ社会的動機に刺激を受けていた。

---

[14] ペリー・アンダーソンが擁護したこの主張は，イギリスの急進派，とくにクリストファー・ヒル（Christopher Hill）とモーリス・ドッブ（Maurice Dobb）の主張でもある。この主張はアメリカのマルクス主義派とくにポール・スウィジー（Paul Sweezy）から反論されている。この論争については，Rodney Hilton, ed., *The Transition from Feudalism to Capitalism*, Londres, NLB, 1976 を参照。

第2章　国家と社会構造　133

さらに，ブルジョワジーの経済的野望は，遠距離貿易よりも近距離の商取引を目指していたので，農村基調の経済と借金癖のついた国家機関とによく順応していた。生成期の国家は新しい政治秩序を承認し，社会的慣行を覆し，種々の階級戦略に影響を与えはしたが，社会・経済的支配関係を根本的に変革しようとはしなかった。この支配関係は，一方で主として農村貴族に恩恵をもたらし，他方では，自由主義的な商工業経済の発達を抑制する働きをすることによって，むしろ国家権力を強化する傾向があったからである[15]。ここにわれわれは，別の角度から，国家の発達と産業化過程の立ち遅れとの間には相関関係があることを確認できる。

　以上のことから，結局，国家を中心の構築様式として性格づける諸特徴の起源は封建制を揺るがした政治的危機にこそ求めるべきである，ということになる。国家現象は，唯一ヨーロッパで次のような二重の機能不全の影響を被った社会秩序に対する反応として本当に不可欠であったように思われる。1つは，主権の極端な分散化と，細分化された領主所領における政治的・経済的・法的秩序の極度な融合状態とを特徴とする政治構造から生じた機能不全である。もう1つは，硬直性に起因するもので，とくに権威主義的な調整力なくしては新しい分業に適応できず，しかも環境の種々の変化に直面してそのままでは存続できない封建的社会団体の硬化から生じた機能

---

15) アンシャン・レジームにおけるブルジョワジーと貴族階級との関係については，Charles Lucas, « Nobles, Bourgeois and the origins of French Revolution », *Past and Present*, août 1973, pp. 84-125 を参照。フランスの農村貴族の社会・経済的支配とそれとの関連における国家の強化については，Edward Fox, *L'Autre France, op. cit.*, pp. 102-108 および「結論」を参照。なお Barrington Moore, *Les Origines Sociales de la dictature et de la démocratie*, Maspero, 1969, p. 108 以下〔宮崎隆次・森山茂徳・高橋直樹訳『独裁と民主政治の社会的起源——近代世界形成過程における領主と農民 I』岩波現代選書，1986 年，94 頁以下〕も参照。

不全である[16]。その意味では、国家は何よりも政治構造の普遍的な中央集権化過程のポスト封建制版なのである。それゆえ、中世に主権の分散化を経験しなかったゲルマンの伝統をもつ北方の社会でも、都市国家モデルを中心にいちはやく安定した、もっぱらローマの遺産をもつ地中海社会でも、国家はこれほどはっきりした形では登場しなかった[17]。

　以上のことから、イギリスの王政はいちはやく政治的中心として確立できたけれども、だからといって、権威主義的・官僚制的な形態をとる必要もなかったし、国家を介して貴族階級の自律の意思を抑制する必要もなかった、という事情が理解できるだろう。イギリスの貴族階級はほとんど封建化されておらず、しかも王政の諸制度の存在そのものを問い直すよりも国王を統制しようとしていたからである。その意味で、イギリスは、政治的中心が大した混乱もなく、早い時期に（実際9世紀と10世紀の間に）形成された社会のまさに典型であるといえよう。なぜこれが可能であったかといえば、「自治 (self-government)」と国王の自発的承認との間の均衡や代表制といったきわめて古い伝統があったからである。実は、早くも11世紀には自由臣民はすべて、家士階層制とはまったく別に、国王に直接忠誠の宣誓をしていた[18]。イギリス市民社会には、封建的な硬直

---

16) この点に関しては、われわれは、社会的革新の要求との関連で国家の発展を説明しようとするジャン＝ウィリアム・ラピエールの鋭い分析の一定の結論と同じ見解である (Jean-William Lapierre, *Vivre sans État?*, Seuil, 1977, p. 182 et suiv.)。

17) この点については、Stein Rokkan, « Cities, States and Nations : a Dimensional Model for the Study of Contrasts in Development », *in* Shmuel Eisenstadt, Stein Rokkan, *Building States and Nations*, Beverly Hills, Sage Publications, 1973, t. I, pp. 73-96 を参照。

18) こうしたイギリスにおける中心形成の編年史については、Charles Petit-Dutaillis, *La Monarchie féodale en France et en Angleterre, op. cit.*, p. 47 以下と p. 65 以下を参照。

性も割拠性もなかったがゆえに産業化の挑戦に適応できたので，連続性という様式に基づいて，ルネッサンス期の社会・経済的な変容にともなって起こった中央集権という新しい要請に応えることもできたのである。だからこそ，イギリスがたどった近代化の軌跡は，フランスとは対照的に，社会的役割と政治的役割との分化があまり進んでおらず，それゆえに国家化もあまり進んでいない，という特徴をもつのである。このようにして，貴族階級はいちはやく国王の行政・裁判の地方役人をもって自ら任じ，また，国王直属の官吏は実に長い間経済エリートに属する無給の役人であった。さらに，イギリスの議会（パーラメント）——多くの点でパリの高等法院（パルルマン）とは大いに異なる——は，ブルジョワジーと同盟し，新しい商品流通回路に組み込まれた貴族階級の経済的利益全体を，政治のレベルで直接代表し管理していたのである[19]。これらのことを通じて，イギリスでは，なぜ産業が急速な発展をとげたのか，王政の経済介入主義はなぜ失敗したのか，王政が大陸型の官僚制化と国家化を推進しようとした時，それはなぜ議会と経済エリートの抵抗の前に挫折したのか，ということが分かる。このような近代化の軌跡の違いは非常に重要である。だからこそ，アンダーソンが自己の論理にしたがってこの違いを徹底的に究明しようとはせず，ヨーロッパの政治システム全体を「絶対主義国家」という一般的な呼び名のもとに一括するのがよいと信じていたのは実に残念である。

そのうえ，次のような仮説は，とくにフランスにおいて特徴的な国家拡大の方式を解明するのに有益である。ジョセフ・ストレイヤー（Joseph Strayer, 1904-1987）が指摘しているように，国家の拡大は，最初は領域全体での治安の確立や回復の必要から始まり，次に

---

[19] John Gyford, *Local Politics in Britain*, Londres, Croom Helm, 1976, pp. 9-24.

は裁判・警察・財政の諸機関の設置，これにはるかに遅れて外交・軍隊の組織化という過程をたどる[20]。もともと中央権力に最初の財政収入をもたらしたのは，こうした調停機能の実行であったろう。このことは，なぜ裁判官と税務官の役割がある時期緊密に融合していたのかを説明してくれる。のちに，国家の諸制度が分化し，近代国民国家の特徴としての対内的・対外的な政治的機能の一式をもつようになるにつれて，財務官の役割は裁判官のそれから少しずつではあるが自律していった[21]。

　最後に明らかな点は，この過程の方式それ自体が国家構築を「多元主義的」で議会的な方向に向かわせた，ということである。実際，西欧の国家は主権の分散化への対応として現れたが，それはすでに軌道に乗り制度化されていた代表メカニズムに基づいて構想された[22]。さらに，封建領主を統一的な政治機構に組み込もうとするあらゆる試みは，実際には，まさに議会貴族の形成という代償をともなわざるをえなかった。貴族は，領主所領の支配に際して行使していた政治権力を，代表という形で実質的に維持しようと腐心していたからである。このような初期の議会制度は長い間反抗の機関，時

---

20) ジョセフ・ストレイヤーは，奇妙にもイギリスを急激な国家発展のモデルとしつつも（Joseph Strayer, *On the Medieval Origins..., op. cit.*, p. 35〔鷲見訳，46-48頁〕），イギリスの政治システムは中央集権化されていたが，公務員はほとんど存在せず，官僚制は弱小で，諸制度は市民社会からほとんど分化していなかった，と認めざるをえなかった（pp. 47-48）。したがって，国家化の程度が低い政治システムとして論じる方がより論理的である。

21) Joseph Strayer, *On the Medieval Origins..., op. cit.*, pp. 18, 26, 27 et 29〔鷲見訳，26，38，39，41-42頁〕を参照。

22) この点については，Denis Richet, *La France modern : l'Esprit des institutions*, Flammarion, 1973 および Louis Althusser, *Montesquieu, la Politique et l'Histoire*, PUF, 1959〔西川長夫・阪上孝訳『政治と歴史——モンテスキュー・ルソー・ヘーゲルとマルクス』紀伊國屋書店，1974年〕を参照。

には調停の機関であり，代表機関まして統治機関となるにいたるのはずっと後になってからにすぎない。なぜなら，この代議制度は抵抗さらには異議申し立ての機関として登場したのであり，また，政治的機能を直接果たすことのできない，階層化され分断された市民社会を反映していたからである。したがって，少なくともこの点では，国家化が高度に進んだ社会の議会は，いちはやく中央の政治機構として重要性をもつようになったイギリスの議会とは対照的である。いずれにせよ，ヨーロッパの政治的発展が何らかの形で議会現象（fait parlementaire）と関連していたのは明らかである。このことから，国家は権威主義的な性格や一時的に絶対主義的な側面を示したことはあっても，持続的な暴君として構想されたのではなく，実際には封建社会の多元的体制のほとんど直接的な継承者として構想された，ということが説明できるだろう。しかし，たとえ以上のような歴史的関連性が論理的であるとしても，われわれがこうした関連性によって西ヨーロッパの伝統のなかで封建制の危機をこのように解決に導いたものは何かということを説明するにいたらないとすれば，説得力に欠けたままである。

第3章 国家・文化・分離

　国民国家はある特定の社会形成過程の産物であるがゆえに、当然、特定の文化の痕跡をとどめた政治の定式として登場する。われわれは、この文化の重要性を過小評価することはできない。多くの社会学者や歴史家が指摘しているように、さまざまな条件を抜きにすれば、中世末には封建社会を襲った危機を解決できる政治的な組織化様式はいくつも考えられるからである。当時の経済的・社会的条件がいかに強い拘束力をもっていたにせよ、下部構造的要因だけでは、ヨーロッパのルネッサンス期に「考案された」ような国家現象の諸相のすべてを説明することはできないだろう。国家現象が、われわれが明らかにした社会過程によって引き起こされたものだとしても、緊張と紛争の最適な解決様式は政治的なるものの分離と自律化であると考えるようにさせる西ヨーロッパに固有の文化モデルによって、それは規定され具象化されるのである。

　誰が見ても明らかなように、この分離がもっとも顕著に現れる場は、政治システムと宗教システムとの関係においてである。キリスト教が国家の構築と「考案」において重要な役割を果たしたことも、明らかである。キリスト教が俗権に対して教権の自律性を要求し、それゆえ、固有の正統性の定式と独自の新しい運営様式を徐々につくり上げるにいたった政治的領域特有の輪郭を、キリスト教が自らのネガとして描くにつれて、キリスト教の役割は拡大し続けた。

　確かに、この政治的なるものの分離は一挙になされたものではない。11世紀初頭までは、聖職者が統治の責任を負った高い地位につき、王が司教の任命権をもち、さらには教皇の選出に影響力を行

使する権利を有するといったように，宗教的なるものと政治的なるものとは比較的混合状態にあった[1]。しかし，ウェーバーが指摘したように，この時期に早くも，キリスト教は将来の国家的な組織化モデルの輪郭を描き出すのに寄与していた。それは，第1に，新しい独自の統治技術の整備を実質的に進め，第2に，位階制と官僚制化の模範を示し，そしてとくに第3に，ストレイヤーが明らかにしているように，主権理論の構築を大いに推進することによって，であった。キリスト教の場合，主権理論は教皇権を独占的傾向の強い中央集権的権威をもつものとして確立し正統化する働きをした[2]。

しかし，国家構築過程をもっとも直接的にもたらしたのは，何よりもグレゴリウス教会改革と叙任権闘争である。世俗的なるものと霊的なるものとの分離過程の実質的な出発点を画す，キリスト教史におけるこの2つの出来事は，完全な自律性を享有し，国王や皇帝の教会への介入を一切拒否しようとする教会の野望を確固たるものとしたのである。このようにして，11世紀には教皇庁は教権の独占的行使を要求し，それに成功することで国王からあらゆる宗教的特権を奪うことができた。文明史上前例のない教皇のこうした主導権は，一方で，教会は社会の他の部分から分離し自己組織化したものであるとする教会観を流布させる直接の契機となり，他方それにともなって，国家は政治システムが文化的・宗教的システムから完全に分離した必然的結果であるとする国家観を生み出す原因となっ

---

1) この問題については，Ernst Hartwig Kantorowicz, *The King's Two Bodies*, Princeton University Press, 1957, chap. 3 （小林公訳『王の二つの身体（上・下）』ちくま学芸文庫，2005 年）および Reinhard Bendix, *Kings or People*, California University Press, 1978, pp. 27-35 を参照。

2) Joseph Strayer, *On the Medieval Origins of the Modern State*, op. cit., p. 16. 〔鷲見訳，22-23 頁〕

た[3]。同時に，政治機構のこうした再編成がおそらく帝国という企図に終止符を打つことになるのだろう。なぜなら，ヨーロッパは，当時，唯一かつ同一の宗教のもとにあることを示すいくつもの象徴と王権とを緊密に結びつけることによって一定の統一性を維持しえたけれども，その統一性がもっぱら政治的な権威に依拠するようになるや否や，その基盤を完全に失ったからである。おそらく，ドイツ神聖ローマ帝国が挫折し，国民現象の漸次的増加が見られるようになった所以はここにある。

宗教的なるものと政治的なるものとのこうした分離は，ただ単に支配集団間の状況や対立から生じた問題ではない。それは，初期キリスト教の時代にすでに，「カエサル」の領域と神の領域とを，また，地上に建設すべき「人間の国」と超自然的な来世に属する「神の国」とを分離すべきであるとする思想を内在させていた，キリスト教の神学と哲学という与件そのものにも起因している。しかし，ここで注意すべきは，こうした考え方はキリスト教のあらゆる宗派に見られるとは限らない，ということである。ビザンティンの伝統を継承した東方正教会は，このような分離思想を実質的に拒否した。なぜなら，東方正教会は皇帝を地上における神の代理人とし，聖職者と教会制度を俗権の保護——事実上は支配——のもとに置いたからである。こうした観点に立てば，政治的なるものは社会文化的諸制度からもはや分離できないものである。したがって，このようなモデルのもとでは国家の基礎となる種々の特徴的要因を再生産できなかったことが理解できるだろう[4]。

---

3) *Ibid.*, p. 22. 〔鷲見訳，31-32頁〕また Gerd Tellenbach, *Church, State and Christian Society*, New York, Harper and Row, 1970 を参照。

4) John S. Curtiss, *Church and State in Russia*, Columbia University Press, 1940 および Reinhard Bendix, *Kings or People, op. cit.*, p. 95 以下を参照。

これとは反対に，西方のローマ教会は，現に崩壊しかかっているそれほど強力でない俗権と対決していた。それゆえ，ローマ教会は，教皇ゲラシウス1世（Gelasius I, ?-496, 在位 492-496）が早くも5世紀に唱えた命題を発展させ広めるのに何の障害もなかった。その命題とは，直接キリストに由来する，「権威（*auctoritas*）」をもつ教権と，俗事の管理のみを行う，「権力（*potestas*）」をもつ王権とを分離すべきである，とするものである[5]。2つの領域，2つの力（pouvoirs）を分離すべきであるとする，きわめて明確なこの主張が，国家は市民社会とは区別された，特化した自律的存在であるという国家観の基礎となっていることは間違いない。しかし，その後，この分離思想は宗教的官僚制の発達と強化によって絶えず養われ拡大されていった。宗教的官僚制が国家の独自の活動領域における組織化と，市民社会に対する国家機関の影響力の強化とを促したのである。こうした見方によれば，はるかのちの非宗教化（laïcisation）の運動と公立学校の設立は，このような傾向の論理的帰結であるし，またそれは，西欧国家の発展，その独自の官僚制の発達，国家介入の拡大といった事柄がどれだけローマ教会の影響と活動に直接結びついていたか，を如実に語っている。

　しかしながら，このような現象は，宗教改革にさらされた社会においては，それほど顕著な形で現れなかった。改革派教会は，宗教的官僚制を後退させ，信仰の実践を個人化し，さらにはローマとの

---

5) Walter Ullmann, *A History of Political Thought : the Middle Ages*, Baltimore, Penguin, 1965, p. 35 et suiv. 〔朝倉文一訳『中世ヨーロッパの政治思想』御茶の水書房，1983年，37頁以下〕および Reinhard Bendix, *op. cit.*, chap. 2 を参照。世俗的なるものと霊的なるものとの二元性は，多くの方法で表現されている。とくにキリストが使徒たちに授けた「両刃の剣」という表現が有名である。フィリップ2世（尊厳王）治下では「世俗の剣」が王の政治的権力の特殊性を正当化した。この点については，Henri Regnault, *Histoire du Droit français, op. cit.*, p. 15 を参照。

繋がりを完全に断ち切った。その結果，改革派教会は実際にいちはやく国王の側に立って国民感情の形成に貢献したけれども，だからといって国王を対抗関係にある官僚制と対決させることはしなかった。このことはおそらく，ヨーロッパ北部のプロテスタント社会が一般的に，確かに中央集権化され，「合理・合法」型の正統性の痕跡を強くとどめているけれども，ヨーロッパ南部の社会よりも複雑でなく肥大化していない政治システムの形成を特徴とする，特定の政治的発展の定式を経験したことを説明する[6]。ロッカン (Stein Rokkan, 1921-1979) は改革派教会が果たした国民統合の機能に関していくつかの適切な指摘をしているけれども，それを超えて，プロテスタンティズムは国家の発展を制限する働きをしたということも認めなければならない。つまり，最高度に発達した国家形態は何よりもまずカトリック文化と結びついているように思われるのである。

分化社会学の曖昧さがもっとも端的に現れるのは，おそらく歴史的考察がこのレベルに達する時だろう。カトリック文化が打ち立てた世俗的なるものと霊的なるものとの徹底的な分離の結果生まれた，ヨーロッパ南西部の社会に発達したライック〔非宗教的〕で官僚制化された法治国家は，独立した最高の主権の保持者として構築されることができた。そしてこの国家は，その後しばしば経済生活の主要な行為者として，重商主義的・介入主義的政策をとることによって経済的なるものと政治的なるものとの融合状態あるいは少なくと

---

[6] ルター派の政治的機能については，Hajo Holborn, *A History of Modern Germany. The Reformation*, New York, A. Knopf, 1959 を参照。プロテスタンティズムと国家構築については，Stein Rokkan, « Dimensions of State Formation and Nation-Building : A Possible Paradigm for Research on Variations within Europe », *in* Charles Tilly, ed., *op. cit.* を参照。

第3章　国家・文化・分離　143

もその相互依存関係を制度化するにいたる。これに対し，プロテスタント社会の政治システムは，宗教的なるものと有機的に結合し，市民社会の秩序自体に直接依存している。その結果，この政治システムはあまり国家化されてはいないが，市場の世界と権力の世界とを分かつ境界を非常に重要視している。このようにカトリック社会では，国家は普遍的な分化論理の到達点としてではなく，ある特殊な分化様式，すなわち世俗的なるものから霊的なるものを，政治的なるものから市民的なるもの（le civil）を徹底的に引きはがそうとすることによって，政治的なるものを過大に評価し，それに自律的で至高の正統性を与えたような分化の様式として成立したのである。

これとは反対に，政治的なるものと宗教的なるものとの分離思想そのものを微妙に修正する，さらには拒否する，宗教改革から生まれたさまざまな伝統は，個人の自由や分業を——それゆえ製造企業をも——社会の統合様式として高く評価する水平型の分化を促進した。なおここで，宗教改革にはいくつかの改革派があるが，それを区別する必要があるだろう。英国国教の基礎となった改革派にはきわめて曖昧なところがある。この改革派は宗教的なるものの領域と政治的なるものの領域とは分離できないと主張しているが，それは地上の秩序の統一性をよりいっそう強調するためであり，また，教会と王権とは機能においては異なっているが実体においては分離することはできない，しかも両者とも同一の法から生じたものである，ということをよりいっそう強調するためである。キリストの法はもっぱら超越性に属しており，ここにいう同一の法とはまったく異なるものである[7]。もし，イギリスの発展モデルの系譜のなかで，この地上の秩序が市民社会の伝統の産物であるとみなされなかったな

---

7) Maurice Powicke, *The Reformation in England*, New York, 1961 を参照。

らば，君主はおそらく最初望んでいたように，このような教理を利用して多くの権力資源を獲得することができただろう。ところで，英国国教の説く政治的秩序とは，何よりも議会の秩序であり，ライシテの完全な欠如，したがって市民社会の全能によって基礎づけられた秩序である，ということを理解するにはリチャード・フーカー（Richard Hooker, 1553-1600）を参照するだけで十分である[8]。

これに対し，ピューリタニズムの場合には，世俗的なるものと霊的なるものとの融合は人間の国と神の国との融合である。つまり，強制に由来する秩序に属する政治的なるものは純粋に人間の問題であり，独立した決定機関としては，宗教改革とともに姿を消すべきものである。その結果，事物の管理は，人間の管理と同じく，直接神法にしたがうことになる。カートライト（Thomas Cartwright, 1535-1603）がコモン・ロー（*common law*）や王国の諸制度を問題視していなくても，彼自身が，法治国家は主権をもつ最高の決定機関として存在しうるものではなく，また，政治システムは，個人の努力・反省・自由選択を説く宗教的戒律を実施するための道具としての存在理由しかもたない，と考えていたことは明らかである[9]。

いま紹介したこの最後の考え方は，実際に多様な立憲体制となって具体化されうる。宗教改革が圧倒的勝利を収めれば，ジュネーヴのように既存の秩序は急激にほとんど独裁的な神政政治に変わる。宗教改革が議会の対立のなかで開花すれば，テューダー王朝期とステュアート王朝期のイギリスのように，それは自由主義と個人主義の勢力として現れる。宗教改革が全住民の共通の教理となれば，マ

---

8) David Little, *Religion, Order and Law*, Torchbook Library Editions, New York, 1969, p. 147 以下を参照。
9) *Ibid.*, pp. 86-88, 97-98 et 104.

サチューセッツ州のように，それは移住者たちの政治生活だけでなく経済・社会生活をも支配するようになる[10]。とにかく状況がどうであれ，宗教改革が市民社会とは区別された主権国家という観念そのものを問い直していることには変わりない。そして，それによって宗教改革は，カトリック文化固有の政治の定式に対抗するもう1つの政治様式を明確に示し，国家の制度化ではなく市場経済の確立を目指すという別の分化コード（code de la différenciation）を活用する道を切り開くのである。

政治システムと家族構造との関係にも同じ分離の論理が見出される。西ヨーロッパの家族構造は，早くも中世には核家族が支配的であったという特徴をもち，農民と領主とを結びつけうる強固な血族構造がまったく存在しなかった。このような家族構造は，当時すでに社会関係の個人化の前兆を示しており，親族体系に付随する一切の政治的機能を取り去っていた。国家構築以前でさえ，ヨーロッパ社会は家族の領域と政治の領域との間に截然たる区別があったという点で他の社会とは異なっていた。ヨーロッパ社会は，部族制化や緊密な血族関係のために，国家構造をもつことがもっとも困難であった（いまなおそうである）社会よりもはるかに有利な条件のもとで，政治的機能の集中化と独占化の準備が整っていたのである[11]。

---

10) R・H・トーニーが論証したジュネーヴのカルヴィニズムとイギリスのピューリタニズムとの区別については，Richard H. Tawney, *Religion and the Rise of Capitalism*, New York, Mentor, 1948〔出口勇蔵・越智武臣訳『宗教と資本主義の興隆 上・下』岩波文庫，1956年〕を参照。ピューリタンの議会制度については，J. D. Eusden, *Puritans, Lawyers and Politics*, New Haven, Yale University Press, 1958 を参照。ピューリタンの移民については，Peter H. Odegard, *Religion and Politics*, Oceana Publications, 1960 を参照。全体的な研究については，T. Sanders, *Protestant Concepts of Church and State*, New York, 1964 を参照。

11) この点については，Charles Tilly, *op. cit.*, pp. 20-21 et 29 を参照。

これ以外に，高度に確立した法文化の影響がある。ローマ法を継承するこの法文化の特徴は，いまも昔も私的制度と公的制度との分離であり，したがって契約に基づいて組織される市民社会と公共利益の諸要求にしたがって機能する政治社会との分離である。それゆえに，いくつかのヨーロッパ社会で繰り返し用いられてきたローマ法体系は，独自の正統性の定式をもった自律的国家の存在を構想し正当化することができた，という点で注目に値する。その意味で，フランスのようにローマの影響を強く受けたヨーロッパ社会で国家構築がとりわけ強力に推進され，反対に，イギリスのように法律が主として市民社会の築き上げた慣習から生まれ，その結果，法律が公的領域の存在自体を無視する社会において国家形成がもっと穏やかに進められた，ということは何も驚くべきことではない。また，国家の出現がユスティニアヌス法典の再発見（11世紀末）の後，しかも最初の注釈の編纂（13世紀）とほとんど同時であった，ということも驚くには及ばない。最後に，このような政治の変化過程は法律の習得によって特殊な能力を身につけた専門家の形成を促進したことも容易に理解できよう。グネ（Bernard Guenée, 1927-2010）が指摘しているように，フィリップ端麗王の側近をなしていた「法律顧問団(レジースト)」は，すでに13世紀中頃，つまりドイツやフランドルよりもはるかに早く，フランスで確立された長い伝統の継承者たちであった。このようにして，国家の出現と時を同じくして，現代の高級官僚の遠い祖先である専門家集団が登場した。彼らは特定の知識の獲得とその運用によって，市民社会での地位に由来する権力資源とは異なる権力資源を駆使し，まさにそのことによって，政治システムと社会システムの分離を押し進めたのである[12]。

---

12) ローマ法の再発見については，Myron P. Gilmore, *Argument from Roman Law*

このような分離は政治システムと市民社会双方の主導によってなされてきただけに大きな意味をもつ。政治システムは，この点では主権に関する公法の制定に依拠することができていたし，市民社会は契約法と財産法を再発見することで，王権に対して次第に自己の自立を主張できるようになっていた。この観点から，アンダーソンは，西欧の国民国家はどのようにして財産権の制度化と平行して発達したのか，という問題を適切に解明している。彼はまた，ヨーロッパがどれだけ特殊な法的状況のなかで封建制から離脱したのかについても解明している。この特殊な法的状況が，日本のように，封建制型の社会形成をたどりながらも同じような国家的な政治発展定式へとはいたらなかった社会が経験した結末とヨーロッパのそれとの違いを説明するのである[13]。

　最後に，こうした分離への傾向は，ヨーロッパの経済思想の形成や次第に自律化していく経済活動の発展にも見られる。確かに，経済活動の自律化過程は徐々にヨーロッパ世界に広まった下部構造の変容の結果であるとみなすことができる。しかしながら，ルイ・デュモン（Louis Dumont, 1911-1998）やカール・ポランニー（Karl Polanyi, 1886-1964）の研究によって，このような見解にはいくつかの不十分な点があると指摘されている。つまり，自律的な経済部門の誕生は特定の文化の現象でもあり，それにともなって起こった社会構造自体の再編成は，西欧の国民国家の形成にとって決定的な要素

---

in Political Thought 1200-1600, Cambridge University Press, 1941 ; E. H. Kantorowicz, *The King's Two Bodies, op. cit.* ; Bernard Guenée, *L'Occident aux XIVe et XVe siècles, op. cit.*, pp. 94-95 et p. 276 以下，および Joseph Strayer, *Les Gens de justice du Languedoc sous Philippe le Bel*, Toulouse, 1970 を参照。

13) Perry Anderson, *op. cit.*, t. II, p. 261 et suiv.

のなかの1つであった，と考えることもできるのである[14]。

　実際にヨーロッパ文化を条件づけているのは，人間を責任ある道徳的存在とみなし，また，社会関係の個人化にいたる相互行為論的モデルにきわめて近いものとして社会を描き出すキリスト教固有の人間観や社会観である[15]。確かに，こうした人間観・社会観に立って，西欧文化が経済的なるもの——そして人間と物との関係——を一貫性と自律性をもった，種々の活動のなかでもっとも優れた活動とみなされるカテゴリーにしたのは疑いようがない。西欧文化が，経済的領域を社会システム全体に「はめ込まれ」一体化したものとみなす他の諸文化とは区別されるようになったのも，この人間観・社会観による[16]。まさにこの分離の原理——アダム・スミス（Adam Smith, 1723-1790）にもマルクスにも見出される——は，ヨーロッパの社会変動の文化的母型として現れる。したがって，旧大陸を幾度か襲った歴史上の大危機は，宗教であろうと，政治であろうと，経済であろうと，何らかの自律的な領域の形成によって解決された——あるいは少なくとも救済策が講ぜられた——ということを，この原理は説明する。このように，いくつかのヨーロッパ社会を特徴づけている強力な国家化は，伝統的な社会団体の異例の抵抗から生じた危機を解決したような定式にほとんど全面的に依拠せざ

---

14) Louis Dumont, *Homo aequalis*, Gallimard, 1977, pp. 19, 44 et 169. Karl Polanyi, *The Great Transformation*, Beacon Press, 1944.（吉沢英成・野口健彦・長尾史郎・杉村芳美訳『大転換——市場社会の形成と崩壊』東洋経済新報社，1975年。なお，1957年に出された原著改訂版については，野口健彦・栖原学訳により新訳版が2009年に出版されている）

15) Louis Dumont, *Homo aequalis*, Gallimard, 1977, *op. cit.*, p. 25. Colin Morris, *The Discovery of the Individual 1050-1200*, New York, Harper and Row, 1973.

16) Karl Polanyi, « The Economy as an Instituted Process », *in* Karl Polanyi, Conrad Arensberg, Harry W. Pearson, *Trade and Markets in the Early Empires*, Glencoe, 1975, p. 243 et suiv.

るをえない，という状況から起こった。

　以上の議論からして，国家の機能主義的説明は次の2つの論拠に基づいて覆されることが分かる。1つは，政治システムは分化し，国家に発展するという点で，社会変動の普遍的特性を示すものではなく，特定の社会に固有な文化コードを反映するものである，という論拠である。もう1つは，このような変化は，進化過程や何らかの調和の原理にしたがって起こったのではなく，経済構造とはほとんど無関係に，歴史によって特徴づけられた社会諸団体の再生と適応に悪影響を及ぼす特定の危機を解決するために起こったものである，という論拠である。

第4章　国家の伝播：ヨーロッパから従属社会へ

　政治的組織化のモデルあるいは思考の産物としての国家は、それを考え出した社会の境域を越えて広がっていった。現代の機能主義者たちは、あらゆる政治社会的変動を内生的メカニズムの影響であるとする古典的進化論の頑迷な公準と訣別して、最近の研究で必ず強調しているのは、国家形成の背景には、「超封建化された」社会の形成に固有の難題と闘っていたフランスのような社会を越えて、ヨーロッパ全体で多少なりとも見られた「知の動員」があった、ということである[1]。ローマ法の復興、大学と法律学修者の増加、官僚制の発達もまた、権力の中心の創設が実際の争点とならなかったイギリス社会でも、ある程度の重要性を帯びた。こうしたデモンストレーション効果はイギリスでは厳密な意味での国家を誕生させるにはいたらなかったが、テューダー王朝期、それにもましてステュアート王朝期が証明するように、その若干の痕跡を残している。他方、イギリス的な国民形成の様式は、最初は領主の議会と「マグナ・カルタ」に具現され、次に、統治者を自由に選択する同意権を各人がもつというピューリタン的観念に具現された代表制の観念がきわめて漸進的に発展したことと密接に関連しているが、この様式は、今度は逆に、確実に英仏海峡を越えて大陸に伝播し、最初は国民の観念を、ついで議会体制の観念を伝えたのである。今日われわれは、とくにアングロ・サクソン系の社会学では、どうしてこれほ

---

1) これは、R・ベンディクスが *Kings or People, op. cit.*, chap. 8 で展開した主要な説の1つである。

ど容易に「国民国家」を語るのか。つまり,国民と国家というこの2つの用語がそれぞれ固有の起源をもっている,ということをどうして忘れるのだろうか。この問題を解明してくれるのは,おそらくいま説明したばかりのこの緊密な関係という現実そのものだろう。実際には,国家(エタ)はローマ文化の影響のもとにフランスで起こった反封建運動のなかから生まれたのに対し,国民(ナシオン)はイギリスで起こった契約主義運動のなかから生まれた。この契約主義運動は,統合の問題に直面する必要のない社会の下部構造によって促進され,しかもプロテスタンティズムの影響を受けた文化によってもたらされたのである。

　これほど重要な交流はなかったにしても,やはり同じく東への国家伝播の力学があったことを指摘できるだろう。プロシアとロシアは,社会の下部構造と文化システムの違いのため,その受け入れ体制は足並がそろわず,また,歴史的状況も国家形成期の西欧の状況とははっきり異なっていたにもかかわらず,国家モデルのいくつかの側面をそれぞれのやり方で徐々に取り込まなければならなかった。この2つの社会は,フランスのような封建制の過去を経験していなかったが,主として外生的な歴史的諸要因に対応する中心をもっていた。ただし,これらの要因は土地貴族の政治的後退と結びついた社会的な諸過程とはほとんど関連性はない。仮にプロシアもロシアも国家モデルによって特徴づけられるとしても,国家モデルの移植は実際にはまちまちの運命をたどり,非常に異なった移植形態を経験する。

　プロシアの場合の特殊性はロシアの場合の特殊性ほど顕著ではないが,それは地理的にヨーロッパに近いからにすぎない。それでも,ゲルマンの直系に位置し,ローマの影響から遠くはなれていたプロシアが,西部ヨーロッパよりも封建化が遅く,しかもそこで支配的

であった封建化とはかなり違った過程をたどったことには変わりはない。ドイツ神聖ローマ帝国では条件つき保有地制は存在せず、長い間、自由農民と貴族との間で配分される自由地制が優勢であった。貴族は、一方で帝国の中央権力との主従関係を多少とも保持しながら、他方で家士制（vassalité）の掟にはほとんど通じていなかった[2]。12世紀以降、皇帝権の衰退に乗じて、ようやく地方貴族は、自由農民を追い出し、自領地内で政治的・法的強制力の行使を要求することによって、次第に封建的貴族のように振る舞うようになった。それゆえ、フランス・モデルとは正反対に、この遅れた不完全な封建化は、中央の政治機構の緩やかな崩壊と引き換えになされ、そして数世紀後には土地貴族の反動、農民の農奴化、土地所有者の絶対的権力の保持へといたる[3]。国家への方向とは逆のこの軌跡がエルベ川以東で起こりえたのは、それが、西欧の封建制を特徴づけていた家士制的関係の多様性や複雑性から生じる領主間の緊張によっても、ブルジョワ貨幣経済の発達によっても、当時崩壊過程にあった国王の中央権力の諸要求によっても、妨げられなかったからである。

そのうえ、18世紀初頭に中央集権的なプロシア王国が誕生したのは、国内的諸問題への対応からではなく、むしろおもに西欧の新しい諸国家の軍事的脅威と結びついた対外的諸要因への対応からであった[4]。この伝播過程は、とくにフリードリヒ・ヴィルヘルム1

---

2) Geoffrey Barraclough, *The Origins of Modern Germany*, New York, Capricorn Books, 1963, chap. 1 および Francis-Ludwig Carsten, *The Origins of Prussia*, Oxford, Clarendon Press, 1954 を参照。

3) Perry Anderson, *Les Passages de l'Antiquité au féodalisme, op. cit.*, p. 137 et suiv. ; p. 178 et suiv.

4) Francis-Ludwig Carsten, *Princes and Parliaments in Germany*, Oxford, Clarendon Press, 1963, p. 438 を参照。

世 (Friedrich Wilhelm I, 1688-1740, 在位 1713-1740) とフリードリヒ大王の治下において，どうしてプロシア社会に国家化が起こったのか，という問題だけでなく，プロシア社会はなぜその後すばやく軍国主義的性格を帯びるにいたったのか，という問題をも説明する。しかし結局，ロシアの事例で起こりえたこととは逆に，種々の国家機構の「移植」が，本来の西欧モデルにきわめて近い政治システムを生み出したのだろう。貴族階級と農奴制の擁護者として急速に登場したプロシア国家は，実際，市民社会と，西欧封建制の危機から生まれた国家に自己のアイデンティティを託した政治社会との二元性によって徐々に規定されていった。早くも18世紀初頭には，プロシアの地方官僚は自治権を有していた領主との間に均衡のとれた関係を保つシステムを確立しなければならなかった。他方中央では，国王直属の官僚は，古い強力な代議制度を通してすでに高度に組織化され，同時に独自性を保っていた市民社会との妥協のシステムを確立する必要性に絶えず迫られていた[5]。したがって，プロシア国家の機能のあり様のなかに，われわれが他のところで明らかにした次のような特徴や段階が容易に見出されうる。すなわち，公的領域と私的領域の分化，自らの自律を求め，私的利益からも国王からも自由になろうとする官僚機構の形成，さらには経済への国家介入主義と市場ルールの尊重との巧みな配分——ロシア皇帝の場合にはまったく無視されていた——である。

これに対して，ロシアでは中心の形成は国家の論理をもっと徹底的に排除する形でなされた。その意味では，ロシアの場合は多くの面で古い帝国誕生の過程に似ている。14世紀にモスクワがロシア世界の結集の拠点として台頭し，広がりつつあった周辺地域にその

---

5) *Ibid.*, p. 441 et suiv.

支配権を徐々に強めていったのは，何よりも国王がモンゴル支配からの解放闘争で勝利を収めたからである。15世紀と16世紀に中央権力が強化されたのは，歴代皇帝の同意のもとに，東側のタタール人と西側の新しい国家勢力とに対する防衛体制を整備するためであった。しかし他方，それはまた，東方諸国の征服に乗り出し，西欧との競争に耐えうる経済を確立することによって，自律的な，さらには自給自足的な政治システムを創設するためでもあった[6]。

この政治的中央集権化過程は，内生的というよりも外生的であり，社会諸団体が被った大変動よりも外交・軍事上の配慮との結びつきが強く，新興経済エリートの働きかけよりも大公の意向によって推進された。しかしながら，その結果生まれた種々の制度は，西欧の国家モデルの影響を強く受けていた。たとえば，大公イヴァン3世（Ivan III, 1440-1505, 在位 1462-1505）の最初の対応は，新しく征服した地方のトップに，地方官僚制の設立をすばやく統率できる代官（*namesnik*）を置くことであった。同時に，モスクワでは中央官僚制（*prikazes*）が発達し，独自の職員（*diaki*）を擁し，すでに行政法典（*Soudebnik*）らしきものを有していた。イヴァン4世〔雷帝〕は，かつて貴族が行使していた警察権と物理的強制力との実質的独占を親衛隊（*Oprichnina*）という形で制度化することによって，この過程を完成したにすぎない[7]。

しかしながら，ロシアと西欧の類似点もここまでである。ロシアの中央集権化は西欧とは異なる基盤に基づき，異なる種類の要請に応えるという形でなされたがゆえに，国家モデルとはまったく異なる政治システムを形成するにいたった。それは，まず何よりも，こ

---

6) この問題に関するウォーラーステインの前述の分析を参照。
7) Roger Portal, *Les Slaves, peuples et nations*, A. Colin, 1965, p. 65 et suiv.

れまでわれわれが説明してきた論理とは正反対に，中央集権化が，ロシアの市民社会を形成期の政治機構にほとんど完全に吸収することによってなされたからである。ツァーリ体制は，それが機能していくために，シベリアで征服した土地を直接領有し，さらに軍人に対して，自由に使えるけれども所有権を行使できない土地を一時的に与えることを可能にする土地制度（*pomestia*）を整備した。そのうえ，旧貴族であろうと新貴族であろうと，ロシアの貴族の社会的威信と地位は，大公の意向次第であり，しかも大公が政界入りの機会を与えるか否かにかかっていた。このようにして，ツァーリ体制の成立とともに，社会的なるものと政治的なるものとの完全な融合モデルが再生された。この融合モデルの構築がいっそう容易であったのは，東方正教が一貫していかなる権力分離の観念も拒否し，また，イヴァン3世が自分はツァーリであると宣言することによって，宗教的な正統化を直接受けていたからであった。

さらに注目すべき特徴としては，ツァーリ体制は独自のやり方で西欧国家に固有のいくつかの制度を取り入れようとしたが，その試みすべてが，融合モデルの強化につながってしまった，ということが挙げられる。ピョートル1世（Pyotr I, 1672-1725, 在位 1682-1725）は民事役務と軍事役務とを区別し，「公務員」候補者に事前実習を受けることを義務づけ，真の意味での職階制を設けるといったやり方で，直属の官吏の専門職化を図ろうとした[8]。ピョートル3世（Pyotr III, 1728-1762, 在位 1762）は貴族の奉仕義務に終止符を打ち，公官吏の定員制を設けることによって，ピョートル1世のこの政策を完成した。しかしながら，このような措置はことごとく，貴族のツァーリへの服従を強化し，その結果，社会構造の政治構造への従

---

8) Vassili O. Klutchevsky, *Pierre le Grand et son œuvre*, Payot, 1953 を参照。

属化をいっそう強化する働きをしただけであった。さらにロシアの19世紀全体を通して特徴的な点は，市民社会のいかなる自律化の動き，すなわち，結社や利益集団を組織し，さらには政治的統制をのがれて製造企業を設立しようとする動きも，地方レベルでも全国レベルでも自治政府や代議制の諸機構を創設しようとするいかなる試みも，未然に徹底的に阻止する措置が講じられたことである。こうした事実から，いうまでもなくロシアは西欧の国家モデルの影響を受けたけれども，ロシアがそこから引き出したものは，国家の構成要素からかけ離れた政治的組織化形態にほかならなかった，ということは明らかである。この西欧の国家モデルの伝播が，ロシアの場合以上に西欧の文化や下部構造との違いが大きい社会に同じように及ぶと，たいていの場合その社会の特性とは正反対で，しかも暴力や全体主義によってしか存続しえない雑種な政治形態の出現をもたらす，ということも理解できるだろう。

　実はこれは，第三世界のほとんどの社会について当てはまる。第三世界の社会を同質的であるとする見方は，あまりにも有名な発展主義という陥穽に落ち込みかねない。しかし，1つの点ではこの同質性は根拠があるように見える。つまり，ヨーロッパ文化にも国家の起源となった定式にも無縁であり，もっぱら外国の支配する経済システムに組み込まれ，ほとんどつねに軍事的制圧と植民地支配を受けた，第三世界社会の国家構築は模倣によって，すなわち，外生的モデルが多少なりとも強制的に援用されることによって始まったという点である。つまり，東と西の産業社会から生まれたモデルが，おそらく異質の組織形態をとろうとしていた第三世界の経済・社会・政治の諸機構の上に作為的に張りつけられたのである。

　ところが，このような国家の伝播の状況は一様ではない。ヨーロッパ大陸に隣接する周辺の社会が最初西欧国家を発見したのは，経

済的・軍事的偉業によって支えられていただけにいっそう強力であった西欧文化の威光作用を通してであった。早くも18世紀初頭に，オスマン＝トルコ帝国の皇帝アフメット3世（Ahmed III, 1673-1736, 在位 1703-1730）と大宰相イブラーヒーム・パシャ（Ibrāhīm Pasha, 就任期 1718-1730）は，トルコ世界を通商と軍事の両面で初めて守勢に立たせていたヨーロッパ社会の当時の法制や統治モデルを正確に研究し，それが「チューリップ時代」の端緒となった。さらに1世紀後に始まった「タンジマート（*tanzimat*）」と呼ばれる改革は，オスマン＝トルコ帝国へのこうした国家モデルの浸透をまさに徹底し，公認した。この改革は，とくにいくつかの専門的な省を中心に分業の原則に基づいて組織化され，ある程度世俗化された，しかもシェイヒュル＝イスラーム（Sheikh-al-Islam）〔イスラームの長老〕の宗教的権威の支配を受けない官僚制を誕生させた。他方同時に，この改革は，通商や刑罰制度といった社会生活のいくつかの分野を対象とする世俗の法の登場と，1834年にヨーロッパをモデルにして創設された士官学校を初めとする専門技術学校の発達とをもたらした[9]。同じような伝播過程は，サファヴィー朝期以降のペルシアの歴史にも見られ，その後19世紀中頃にナースィルッ＝ディーン・シャー（Nāsiru'd-dīn Shāh, 1831-1896, 在位 1848-1896）とアミール・カビール（Amīr Kabīr, 1807-1851）の指導のもとに制度化された。注目すべき特徴は，ここでもまた西欧の国家モデルの影響は，最初は統治分野の組織化，次には軍事組織の近代化，さらには技術学校の創設へと及んでいった，ということである[10]。

---

[9] Niyazi Berkes, *The Development of Secularism in Turkey*, Montréal, McGuill University Press, 1964, p. 23 以下と p. 97 以下を参照。

[10] Ann K. S. Lambton, « Persia : the Breakdown of Society », *in* P. M. Holt et coll., *The Cambridge History of Islam*, 1 A, Cambridge University Press, 1970, pp. 452-

植民地支配は，その支配を受けた社会では，これまで見てきた国々の場合とはまったく異なる役割を果たした。西欧の「政治工学」の植民地への導入は，より急激で組織的であったが，同時により不完全でもあった。植民地の行政機構の確立は，確かに独立後の国家構築への道を用意した。植民地における文化の影響力の拡大もまた，今日なお確認できるアフリカとヨーロッパとの政治システムの類似性を説明してくれる。それでも，植民地建設者が主として本国の支配を容易にするために考え出した官僚機構は，もっとも伝統的な統治形態をとり，いくつにも分割された周辺に影響力を及ぼすことのできる実質的な政治的中心を構築することを許さなかった[11]。植民地保有大国は，真の社会的分業を発達させれば，植民地社会のアイデンティティと輸入された政治機構とを少なくとも実質的に両立させることが可能であったにもかかわらず，その発達をほとんど阻止した。だからこそ，このような移植の作為的な面が目立って見えるのである。同様に，そうした大国は，アルジェリアの場合のように，現地の行政エリートや経済エリートの育成をできるだけ制限しようとした。結局，それはこのようにして蒔かれた外国産の国家の種の発芽に悪い影響を与えるだけであった[12]。

　こうした国家モデルの伝播の諸要因は，現在では世界の政治秩序の作用に引き継がれている。世界の政治秩序は，国際法や支配的な価値体系を通して，国家は各社会が隣の社会に評価され，発展した社会と証明するために見習うべき唯一のモデルである，という考え

---

　454 を参照。

11) Lois Thomas, « Dualisme et domination en Afrique noire », *in* Anouar Abdel-Malek, dir., *Sociologie de l'impérialisme*, Anthropos, 1971, pp. 140-180 を参照。

12) Jean Leca et Jean-Claude Vatin, *L'Algérie politique, Institutions et Régime*, Presses de la FNSP, 1975, p. 483 以下を参照。

を広めている[13]。

ところが実は,現地エリートがどれだけ国家モデルを自分のものにしても,第三世界の社会では,そのモデルは形式的にしか機能しないし,再生産されない。国家は,ある時は強制的手段を用い,ある時は経済的・軍事的挫折の原因であるとして不当に非難されている伝統を自発的・組織的に放棄することで作為的に導入された。それゆえ,アフリカでもアジアでも,国家はいまなお純粋に輸入品であり,正反対のヨーロッパの政治・社会システムのさえない模写であり,そのうえ重苦しい,役に立たない,暴力の原因でもある異物のようなものである。

こうした移植の失敗の最初のしるしは機構面で現れる。旧大陸の場合とはまったく逆に,国家は,組織化された政治共同体にも組み込まれていないし,明確な構造をもった自律的な市民社会とも均衡を保っておらず,いわば行政機構の付録にすぎない。第三世界のほとんどの社会に特徴的な制度化の遅れによって,統治者たちは,実際に,独自の権力資源も,人民から明確に表明された正統性を獲得するために必要な手段ももつことができない。だからこそ彼らは,官僚機構に反対することも,それを一貫した政策遂行のための合理的な道具とすることもできない[14]。他方同時に,経済的発達の遅れと社会的動員の低さのために,ヨーロッパとは反対に,官僚機構の調整的介入を実際に利用し,その特権の拡大を制御できるだけの強

---

13) この問題については,J・P・ネットルとローランド・ロバートソンの分析,John P. Nettl et Roland Robertson, *International Systems and the Modernization of Societies*, Londres, Faber and Faber, 1968 を参照。

14) Fred Riggs, « Bureaucrats and Political Development : A Paradoxical View », *in* Joseph La Palombara, *Bureaucracy and Political Development*, Princeton University Press, 1963, pp. 120-167 を参照。

力な組織をもった市民社会も形成されなかった。事実,第三世界の大部分の社会では,ほとんど外国依存の経済生活に対して,官僚は何らの影響力ももっていないし,それゆえ政治・行政機能の遂行のみに活動範囲を限定されていることが確認できる。

これから述べるような官僚の職権乱用は,国家の移植失敗のもう1つの原因でもある。第三世界の官僚は閉鎖的で,彼らが実際にもっぱらやっていることは,たいていの場合,政治階級を養い再生産することである。この政治階級は,きわめて周辺的な経済部門において真の支配階級を自認しており,実に多様な権力的特権をもち[15],とくに贈収賄によっていまある富の大部分をわがものとすることができる[16]。こうした特徴的な側面は恩顧主義関係の存続によってもたらされたものであるが,まさにそれが,もはや全能的な官僚エリートのための手段にすぎない「個人世襲」型の官僚制を永続させているのである[17]。

さらに,このような状況は悪循環によって悪化の一途をたどった。第三世界では,官僚制も国家モデルも,伝統の全面的否定の名のもとに課されたものであるから,その結果としての政治発展は社会を次のように二分する原因となった。1つは近代化に向かう意志を示

---

15) Vitor Le Vine, « Le recrutement de l'élite politique et la structure politique en Afrique d'expression française », trad. *in* Pierre Birnbaum, *Le Pouvoir politique, op. cit.*, p. 196 以下 を 参 照。 な お Jean-François Bayart, *L'État au Cameroun*, Presses de la FNSP, 1975, p. 216 以下と p. 230 も参照。

16) Samuel Huntington, *Political Order in Changing Societies, op. cit.*, p. 59 以下, および James C. Scott, *Comparative Political Corruption*, Prentice Hall, Englewood Cliffs, 1972 を参照。

17) Gunther Roth, « Personal Rulership, Patrimonialism and Empire-Building in the New States », *in* Reinhard Bendix, ed., *State and Society, op. cit.*, pp. 581-591. なお Jean-François Médard, « Le Rapport de clientèle », *Revue Française de Science Politique,* fév. 1976, pp. 103-130 も参照。

すことで正統性を獲得しようとする陣営であり，もう1つは逆に何らの修正も改革もせず，国民的伝統を頑なに守ろうとする陣営である。この二元性がきわめて顕著に見られた例としては，農民大衆を近代化過程から疎外することによってのみ機能しえたケマル体制下のトルコの政治システムだけでなく，19世紀オスマン帝国におけるイスマーイール副王[18]（Khadive Isma'il, 1830-1895, 在位 1863-1879）治下のエジプトとがある[19]。「国家」が発達しようとするにつれて，国家は社会から切り離されていく。そのうえ，国家は社会統制の試みに失敗するにつれて，圧力と動員力を強化せざるをえなくなる。それにともなって，国家は自己のアイデンティティを基礎づけている分化と自律化の原理とは反対の全体主義の論理を取り入れるにいたる[20]。

しかしながら，第三世界の経済発展の遅れのみが，早すぎたに違いない移植の失敗を説明する，と考えるのは誤りだろう。その真の原因は他にある。まず何よりも，逆説的ではあるが，西欧社会の経済的支配はかえってその文化的ヘゲモニーの効果を弱める〔という点が考えられる〕。第三世界の社会が余儀なくされている技術・財政・経済面での従属関係は，果てしなき独占状態を再生産するだけであり，事実現在，アフリカ，アジア，南アメリカの諸国はこのよ

---

18) D. Crecelius, « Secularism in Modern Egypt », *in* Donald E. Smith, *Religion and Political Modernization*, Yale University Press, 1974.
19) Ergun Ozbudun, « Established Revolution versus Unified Revolution : Contrasting Patterns of Democratization in Mexico and Turley », *in* Samuel Huntington, Clement Moore, ed., *Authoritarian Politics in Modern Society*, Basic Books, New York, 1970, pp. 380-405 を参照。
20) Immanuel Wallerstein, « Elites in French Speaking West-Africa : the Social Basis of Ideas », *The Journal of Modern African Studies*, 3, 1, 1965, p. 16.

うな独占状態に置かれている[21]。そのうえ、国際社会の基本単位としての国民国家の存在を危うくしている多国籍企業が絶えず発達していることを考えると、このような傾向は悪化の一途をたどっていくおそれがある[22]。

だがとくに、第三世界における社会の「国家化」は、支配関係を覆しても解けない二重の誤解に基づいている〔という点もある〕。まず、第三世界の社会は、国家誕生期のヨーロッパ社会が経験したのとはまったく無関係の政治・社会・経済の諸問題に直面している。ヨーロッパはかつて領主による土地の私有化と結びついた封建制の危機に直面していたが、他方、第三世界とくにアフリカでは、社会のほとんどは今日、逆に部族構造の永続化、血縁関係の優先、土地私有権化の未発達といった要因から生じた危機を解決しようとしている[23]。旧大陸の社会はかつて既存の経済エリートを組み込まなければならなかったのに対し、近代化の途上にある社会は今日、工業経済あるいは商業経済でさえいまだ存在しないので、それをゼロから築き上げなければならないという必要に迫られている。最後に、ルネッサンス期のヨーロッパが民衆参加の漸次的な台頭——組織化された市民社会によって多少なりとも抑制されていた——に対応しさえすればよかったのに対し、新しい従属社会は伝統的な忠誠関係

---

21) これは従属論社会学派が展開した説である。とくに André Gunder Frank, *Le Développement du sous-développement*, Maspero, 1970 を参照。イマニュエル・ウォーラーステインもルネッサンス期のヨーロッパ経済システムについて同じ見解を展開している（*The Modern World-System, op. cit.* 〔川北訳Ⅰ・Ⅱ〕参照）。
22) この点については、「トランスナショナル・リレーションズ」学派、とくに Robert Keohane et Joseph Nye, ed., *Power and Interdependence*, Boston, Little, Brown, 1977（滝田賢治監訳・訳『パワーと相互依存』ミネルヴァ書房、2012年）を参照。
23) Jack Goody, *Technology, Tradition and the State in Africa*, Londres, Oxford University Press, 1971 を参照。

第4章 国家の伝播 163

だけでは阻止できない参加意欲の急激な爆発に対応しなければならない。

〔ヨーロッパと第三世界において〕問題がこれほど異なっていれば，それに対する解決も同じではありえない。だから，ローマの法治国家が，かつてイギリス海峡さえ実質的に越えられなかったのに，第三世界に移植され永続しうると考えられるわけはないのである。

おそらくそこに第2の誤解があるだろう。すなわち，主として分離の原理に依拠した文化の所産としての国家は，イスラーム教やヒンズー教のように，世俗的なるものと宗教的なるものとの間のいかなる分離も拒否し，ライシテの思想そのものを否定する「有機的宗教」の優位を特徴としている社会では制度化されえない[24]。宗教についていえることは，あらゆる文化の他の構成要素についてもいえる。ヨーロッパのルネッサンス期に生まれ，現代世界で確固たる地位を築いている国家のように，明確な1つの世界観，1つの権利観念，1つの集団的記憶と結びついている国家は，現在の第三世界を築き上げている多様な文化には絶対に適合できない。

経済的近代化が進めば，細かな次元におけるこうしたずれはなくなるだろう，と信じるのは素朴すぎる。しかしまた，多様な文化的伝統が存続している限り，いかなる革新も拒否されると考えるのも幻想である。たとえば，多くの東洋学者が指摘しているところによれば，イスラーム社会では，その独自の社会変革のモデルが，ヨーロッパで世俗化過程の果たしてきた機能と同じ役割を果たしうる。このことがとりわけ妥当するのは，聖なるものと伝統的権威とを結びつけている紐帯が断ち切られる場合，そして，近代的な世俗的価

---

24)「有機的関係」の定義とその政治的帰結については，Donald E. Smith, *Religion and Political Modernization, op. cit.*, p. 3 以下を参照。

値が既存の宗教的価値を新しい方向に導く働きをし,しかしだからといってそれを信仰生活にのみ限定しない場合である。したがって,ここでわれわれが見逃してならないのは,次の点である。すなわち,変化への抵抗が起こったのは,東洋で宗教が特殊な地位を占めていたからではなく,むしろウマイヤ朝のカリフ体制以降,権力と社会構造の保持のために宗教が利用されたからである,という点である[25]。まさにこうした傾向に反発する形で,19世紀末のエジプトにおいてアル゠アフガーニー(Al-Afghānī, 1836-1897)のイスラーム改革主義やムハンマド・アブドゥフ(Muhammad 'Abduh, 1849-1905)の唱えた改革主義が起こったのである[26]。そのうえ,イスラーム文化の多くの本質的な側面から直接革新がもたらされることもある。とりわけ古典派法律学が法源として認めた合意を中心命題に据えれば,その合意が民衆参加の組織化と新しい正統性の定式の確立にとって基礎的な役割を果たすこともありうる[27]。

---

[25] Niyazi Berkes, *The Development of Secularism in Turkey, op. cit.*, p. 7 ; A. Sanhoury, *Le Califat*, Geuthner, 1926 ; Maxime Robinson, *Marxisme et monde musulman*, Seuil, 1972 を参照。スルタンの権力保持への宗教の貢献については,C. Bereketullah, *Le Khalifat*, Geuthner, 1924 も参照。

[26] 伝統的宗教から生じた諸改革運動については,Robert Bellah, « Epilogue : Religion and Progress in Modern Asia », *in* Robert Bellah, ed., *Religion and Progress in Modern Asia*, Free Press, 1965, pp. 207-212(佐々木宏幹訳『アジアの近代化と宗教』金花舎,1975年)を参照。アフガーニーとアブドゥフについては,E. Kedourie, *Afgāni and Abduh*, Londres, 1966 を参照。

[27] イスラームの合意概念(*ijma'*)とそれが果たす変化への適応の役割については,Ignaz Goldziher, *Le Dogme et la Loi de l'Islam*, trad., Geuthner, 1920, p. 46 以下を参照。

第Ⅲ部

現代社会における国家・中心・権力

国家はただ1つの歴史，つまり西欧世界の一定の社会の歴史の産物である。しかし，西欧世界においても，市民社会が機能していくために国家が必ずしも必要不可欠であったわけではない。市民社会はしばしば自己組織化に成功し，絶対的権力たろうとする国家の出現を阻止した。ある特定の社会・歴史過程の産物としての国家がひとたび存在すると，それだけで社会システム全体は一変し，国家を中心として秩序づけられることになる。貴族，ブルジョワジー，労働者階級，さらに今日では中産階級といった階級は，高度に制度化された国家が存在しているか，あるいは主として調整機能を果たす中心が存在しているか，ということによって根本的に異なる階級関係を保っている。今日でもわれわれは，中心と国家を同時にもつ政治システム（フランス），中心なき国家をもつ政治システム（イタリア），真の国家なき中心をもつ政治システム（イギリス，アメリカ），あるいは中心も完全な国家ももたない政治システム（スイス）を区別できる[1]。はじめの2つの政治システムの場合には，程度の差はあっても国家が市民社会を支配し組織化している。これに対し，後の2つの場合には市民社会が自己組織化している。したがって，強力な官僚制をもつことによって社会システムを支配しようとする社会（理念型としてはフランス，類似の軌跡をたどったものとしてはプロシア，スペイン，イタリア）と，市民社会の組織化によって強力な国家と支配的な官僚制の出現を不要にした社会（理念型としてはイギリス，類似の軌跡をたどったものとしてアメリカと，スイスのような多極共存型民主主義体制）との2つのグループに分けることができる。われわれの狙いは，これらの国家や政治的中心の歴史を個別に秩序

---

1) J. Peter Nettl, « The State as a Conceptual Variable », *World Politics*, juillet 1968 にこの類型論のいくつかの要素を見出すことができる。

立てて追跡しようとすることではなく[2]，さまざまな社会システムにおける種々の支配階級間の多様な関係は，ある場合には国家の形成によって，他の場合には単に政治的中心の構築によって規定されている，ということを明らかにすることにある。

---

2) 政治社会学センターは，国立科学研究センターから資金を受けた研究で，現在経験的な方法で官僚制・人員・官僚機構の形成を分析している。この新しい研究のステップは本書の第Ⅲ部において提起される理論的問題から着想をえており，本書を貫いているいくつかの仮説の証明を可能ならしめるはずである。

第1章 国家による統治：官僚制をもった権力

第1節　国家のモデル：フランス

　フランス社会の歴史に沿って形成された国家は，国家の理念型とみなされる。同じような軌跡をたどった国としてはプロシア，スペイン，イタリアがあるが，分化と制度化の過程は決してフランスほど進まなかった。フランスにおいて国家は，何らかの方法でひとたび絶対化に成功すると，自らに至高の権力を保証するこの地位を守るにいたった。ユーグ・カペー（Hugues Capet, 938-996, 在位 987-996）からルイ14世（Louis XIV, 1638-1715, 在位 1643-1715）まで，またフランス革命からナポレオン3世それからドゴール体制まで，国家は絶えず市民社会に対する支配を拡大し，自己の自律化を進め，そしてついに1つの閉鎖的な階層，すなわちすべての周辺の支配に適した巨大な行政機構を築き上げた。国家とは，実力行使権を唯一正統に保持し，主権の及ぶ領域を統制し，どんなに奥深い地方でも後見権力を行使し，国境を守る，といった制度化された役割が恒常的に機能するシステムであり，能力主義的基準にしたがって非人格的に採用された公務員によって運営される政治・行政機関である，と考えるならば，フランスにおける国家はまさに国家の理念型であるとみなされる。しかし，フランスの国家をそのような理念型に向かわせる素因が何かあったかというと，そのようなものは何もない。1793年憲法がフランス共和国は「単一不可分」であると宣言する時，それは，当初は非常に無謀に思えた政治的中央集権化の試みが

成功したことを証言しているにすぎない。のちに国家を具現することになる中心への忠誠は,長い間ほとんど存在していなかった。絶対主義国家のモデルの出現を見るにはルネッサンスを待たなければならないし,また,のちに「自然化」していく国境が国境とみなされるには18世紀末を待たなければならない。宗教の多様性および社会文化的・言語的帰属の多様性を超えた国民国家への忠誠がすべての人に課されるのも,同じく18世紀末のことであった。封建時代には「中心」は非常に弱い権力しかもたなかった。たとえば,ユーグ・カペーはイル゠ド゠フランスを支配していたが,彼の支配はアンジュー,アキテーヌ,ノルマンディーには及ばなかった。領主は裁判を行い,税金を徴収し,城塞に立て籠もって身を守り,城の周りには私兵を結集した。都市は自治権を獲得し,「封建的アナーキー」は権力の完全な割拠状態をもたらしていた[1]。

絶対主義国家は王権の強化によって徐々に形成された。同時に,王権は領主の独立と都市の自治権を次第に制限していった。同盟と征服の政策によって下位システムは中心に併合された。たとえば,百年戦争の時にイギリス人と同盟を結んだブルゴーニュ人のように,中心との戦いを有利に展開するために外国勢力との同盟に踏み切った人々も,結局は中心への忠誠を余儀なくされた[2]。常備軍が最初に創設されたのはフランスであり,常備軍に食料と衣服を支給し,俸給を支払ったのは王権であった[3]。早くも中世末には限定的な絶

---

1) Robert Boutruche, *Seigneurerie et Féodalité*, Aubier, 1970 ; Georges Duby, *La Société aux XIe et XIIe siècles dans la région mâconnaise*, SEVPEN, 1953 を参照。
2) サミュエル・ファイナーによるハーシュマンのモデルのフランス絶対主義史への興味深い適用を参照。彼によれば,周辺は実際に分離する (*exit*) か,反乱や反抗を起こす (*voice*) か,忠誠を尽くす (*loyalty*) かのいずれかを選択できた。Samuel Finer, « State Building, State Boundaries and Border Control », *op. cit.*
3) Michael Howard, *War in European History*, Oxford University Press, Londres,

対主義が樹立される。それから中心が自己の権威を認めさせるために徐々に絶対主義国家に変容していく。中心はそのために行政機関を創設する。その行政機関は絶えず強化されていき，国家の漸次的制度化をもたらす。国王は国家政策を立案するための中央官僚機構と種々の顧問会議の誕生を促した。他方同時に，国王は領主の抵抗を打破するために，法務官（bailli, sénéchal）を中心に地方行政機関の権限を強化し，この地方行政機関は伝統的な権力組織の権限領域を少しずつ侵食していった。ところが，とりわけイギリスの経過とは反対に，フランスの地方行政はすばやく制度化され，王政下の官職保有官僚（officiers）はいちはやく実際の職業としての官職の保証をえて，管轄区域内に真の地方官僚機構を創設した。その最初の形が法務官管轄区会議（conseil de bailliage）であった。そして，法務官管轄区会議は「王国を国王から守り」，絶対主義の論理の背後に国王とも市民社会とも異なる生成期の国家の論理をすでに予見していた，といわれたほどその会議の創設は大成功であった[4]。

　さらに，早くも1551年には宮内審理官（maîtres de requêtes）が「国王行政のための直轄官僚」に任命された。その後これが官職保有官僚と対抗することになる。実際，売官制は絶えず拡大していた。1604年には〔官職税である〕ポーレット税は官職の世襲と相続を保証した。官職保有官僚は，確かに大貴族に対して自律性をもっていたが，国王の意思に歯止めをかけるおそれもあった。これに対し，直轄官僚（commissaires）は官職を保有せず，地方の抵抗勢力とも連携しなかった。したがって，国家の装置としての直轄官僚は「も

　　1976, chap. 2-4.（2009年の原著新版の邦訳として，奥村房夫・奥村大作訳『ヨーロッパ史における戦争　改訂版』中央公論新社，2010年）
4) Gustave Dupont-Ferrier, *Les Officiers royaux...*, *op. cit.*, p. 871を参照。なお，専門職については，p. 229以下とp. 770以下を参照。

はや官職保有官僚ではなく公務員である[5]」。まさにここに，中心の国家への変容の担い手となる地方長官とのちの知事との起源がある。

しかしながら，絶対主義が契約・慣習・特権によってもはや制限されなくなるには，17, 18世紀を待たなければならなかった。絶対主義は，ある時は実際的な問題に，ある時は神政政治の問題に，ある時は合理的な事柄に対処しつつ，国民に対する国家の至上権を確立した。絶対主義の理論家たち（フルーリ師［André Hercule Fleury, 1653-1743］，ドマ［Jean Domat, 1625-1696］，ロワゾー［Charles Loyseau, 1566-1627］）は国家の優越性を正当化した。彼らはまた，ルネッサンス期の法律顧問団(レジースト)以降，公法（*jus publicum*）を再発見した。実は，公法はローマ時代末に形成され，その後メロヴィング王朝期，カロリング王朝期，封建時代には消滅していた[6]。公法と私法（*jus privatum*）との新しい分離は，それ自体で，国家の自律化，市民社会からの漸次的分化，公的空間のゆるやかな形成を示している。法律の近代化と国家の法律顧問団の活用とは，王権の中央集権化を大いに強化した。19世紀まで，行政裁判所は徐々に全面的自律化に成功していった。同時に，私的所有権も確立され，それによっていろいろな形で市場の誕生が促進された。

絶対主義の時代に，のちのフランス型国家の出現を告げる種々の

---

5) Otto Hintze, « Der Commissarius und seine geschichtliche Bedeutung für die allegemaine Verwaltungsgeschicht », *in* Otto Hintze, *Staat und Verfassung*, Göttingen, Vandenhoeck und Ruprecht, 1962, p. 275.

6) François Olivier-Martin, *Précis d'histoire du droit français*, Dalloz, 1945 ; G. Chevrier, « Remarques sur l'introduction et les nécessités du "jus privatum" et du "jus publicum" dans les œuvres des anciens juristes français », *Archives de philosophie du droit*, 1952を参照。最近では，Perry Anderson, *L'État absolutiste, op. cit.*, pp. 26-30を参照。

制度が創設された。地方権力への忠誠をより徹底的に打破するために，州（province）が破壊され，のちの県の原型となる徴税区（généralité）が創設された。各徴税区で実権をもっていたのは行政権と直結した地方長官（intendant）である。のちの知事（préfet）が県にあってパリと直結し，地方への忠誠からまったく自由であるとみなされたように，地方長官も地方の庇護民に影響されないようにしなければならなかった。地方長官はまた，副長官やさらには地方長官補佐の協力をえることができた。これらの行政官はみな平民出身であったり，他の地域の貴族出身であったり，さらには国王側近の出身であった[7]。都市の自治権も破壊された。リシュリュー（Armand-Jean du Plessis de Richelieu, 1585-1642）はあらゆる独立の意思も完全に打破するために城塞を徹底的に破壊した。早くも1726年に常備軍が創設されたのも同じ目的からであった。そこには，周辺の諸権力が所有する私兵の存在に終止符を打つことによって，実力行使権を独占しようとする狙いがあった[8]。ル・テリエ（Michel Le Tellier, 1603-1685）とルーヴォワ候（François Michel Le Tellier de Louvois, 1641-1691）〔父子の大臣〕以降，中央から派遣された地方軍長官は軍隊の組織を統轄し指揮権を揮った。17世紀中頃には，大コンデ（le Grand Condé, 1621-1686）が企てたような反乱を防止するために，国家は連隊兵士を「国有化」し，彼らへの衣服と俸給の支給も国家の責任となった。

　絶対主義国家は，国際関係において徐々に重要な主体となるにつれて，ますます軍事的機能を遂行するために構想された装置を自任

---

7) Vivian R. Gruder, *The Royal Provincial Intendants*, Cornell University Press, New York, 1968.
8) André Corvisier, *L'Armée française de la fin du XVIIe siècle au ministère de Choiseul. Le soldat*, 1964, 2 vol.

するようになった[9]。国家の軍隊は、ほとんど大貴族の家系以外から選ばれた国王任命の文官たる地方長官の統轄下にあり、しかも傭兵が圧倒的に多い職業軍人によって編成されていた。国家はこの軍隊によって、恐るべき力を発揮し、強大な自律性を確保した[10]。軍事政策（ルイ14世治下で30万人以上に増兵する）を成功させるために、王政国家は徴税制度を強化し、17世紀初頭にはイギリスの政治システムよりも5倍以上の税金を徴収していた[11]。人頭税のように全臣民を対象とする種々の新税が創設された。財務行政は強化され、あるいは地方長官の監督のもとに徴税請負人のような民間の金融業者に委託された[12]。経済規制は専制的になり、経済運営は国家の政治的意図によって完全に規定された。リシュリューからコルベールにいたる時期の国家は、工場を設立したり、生産を指導するために助成金と特典を与えたり、国内取引と対外貿易を規制したりした。「1683年からロシアにおけるソヴィエト政府の第1次5か年計画までを通して見ても、一国の産業活動を発展させるために、コルベールほど目的意識をもって指導性を発揮した者はいない[13]」とい

---

9) Samuel Finer, « Military Forces and State-Making », *in* Charles Tilly, ed., *The Formation of National States in Western Europe, op. cit.*

10) 傭兵については、Victor Kiernan, « Foreign Mercenaries and Absolute Monarchy », *Past and Present*, avril 1957, pp. 66-86 を参照。ブルジョワジー出身からの採用については、Émile G. Léonard, « La question sociale dans l'armée française », *Annales*, III, 1948, pp. 139-140 を参照。

11) John U. Nef, *Les Fondements culturels de la civilisation moderne*, Payot, 1964, p. 79 を参照。

12) Yves Durand, *Les Fermiers généraux au XVIIIᵉ siècle*, PUF, 1971. J.-F. Bosher, *French Finances, 1770-1795*, Cambridge University Press, 1970. Daniel Dessert, « Finances et société au XVIIIᵉ siècle », *Annales*, juillet-août 1974.

13) C. Woosley Cole, *Colbert and a Century of French Mercantilism, op. cit.*, p. 326. 絶対主義国家時代における行政のさまざまな形態については、Pierre Legendre, *Histoire de l'administration de 1750 à nos jours*, PUF, 1968 を参照。

われたほど，この重商主義政策の枠内での「国家主義（étatisme）の勝利[14]」は大きなものであった。

このような介入主義的政策を推進し，またそれにともなう悪影響を抑えるために，強力な警察が創設された（憲兵隊）。出版統制が行われ，1761年には国家の新聞『ガゼット・ド・フランス』も創刊された。この時期の国家支配の特徴として，フランス教会を介しての信仰統制と大学・教育の掌握とが挙げられる[15]。国家は種々の支配装置を設置することによって徐々に自律化していった。その意味では，「絶対主義は何よりも完成された官僚機構である[16]」。

国家はこのように徐々に制度化されていくにつれて，独立と永続性とを同時に確保する。そして国家はさまざまな固有の特徴をもつにいたり，国王は次第に国家の第1の奉仕者にすぎなくなる。それゆえ，絶対的権力を保持していたのは，国王よりも国家の方であった。国家は自己の制度化を成功させるために，種々の文官僚組織と武官僚組織を絶えず強化した。その結果，政治的なるものの場も準官僚機構を統制する種々の顧問会議を通して徐々に目に見えるようになっていった[17]。トクヴィルが指摘しているように，「アンシャン・レジーム下では，今日と同様に，フランスには自らのことを自ら処理する意志をもち，自らの財産を自らの意志で管理できた都市も町も村も小部落も病院も工場も修道院も団体も存在していな

---

14) Prosper Boissonade, *Le Triomphe de l'étatisme, La Fondation de la suprématie industrielle de la France, la Dictature du travail (1661-1683)*, Paris, 1932.

15) たとえば，Alphonse Dupront (et autres), *Livre et Société dans la France du XVIIIᵉ siècle*, 1965 ; Henri-Jean Martin, *Livre, Pouvoirs et Société à Paris au XVIIᵉ siècle*, Genève, Droz, 1969 を参照。

16) Robert Mandrou, *La France aux XVIIᵉ et XVIIIᵉ siècles, op. cit.*, p. 217.

17) Michel Antoine, *Le Conseil du Roi sous Louis XV*, Genève, Droz, 1970. Roland Mounier, *Le Conseil du Roi de Louis XII à la Révolution*, PUF, 1970.

かった。それゆえ，当時も今日と同じく行政機関はすべてのフランス人を後見監督していた[18]」。明らかに彼の解釈は誇張である。しかしながら，周辺や被支配的な社会階級や都市が国家への抵抗に立ち上がっていたとしても，また，国家自体が支配的な社会階級や集団の代表者に侵入されていたとしても，この解釈は，国家の制度化と自立をこのように見ることで，国家とその行政機構が市民社会を統治するモデルを説明している。国家の理念型とみなされるのは，まさにトクヴィルの描いた国家なのである。フランス革命と帝政の時代に市民社会をよりいっそう圧倒することによって制度化に成功したのも，この国家である。さらにトクヴィルが書いているように，「ローマ帝国の崩壊後，世界にこのような権力は存在しなかった。フランス革命がこの新しい権力を創出した。否むしろ，この新しい権力があたかも自らの意志で，革命がつくった廃墟のなかから生まれたのである[19]」。

　市民社会をいっそう厳しく監視し，地方への忠誠を決定的に打破し，国の制定した統一的な規則を課すために，憲法制定議会はフランスの国土を83の県に区分して，地方共同体を破壊した。アンシャン・レジーム下の徴税区の後，国家の支配をいっそう容易にしたのは県である。1800年に設置された知事が県の長となり，国王の地方長官に取って代わった。市町村の自治権の残滓を完全に押しつぶしたり，のちには最果ての村にまで農村保安官を任命したりして，県全体の生活を統制したのは，中央の国家にのみしたがう新しい代官たる知事である。中央政府－知事－副知事という階層制は，絶対王政下で国王，地方長官，地方長官補佐を結びつけていた古い関係

---

[18] Alexis de Tocqueville, *L'Ancien Régime et la Révolutuion, op. cit.*, p. 122.
[19] *Ibid.*, p. 85.

を再現したようなものである。きわめて中央集権化された行政システムは，これ以後領土全体をカバーする。人口5,000人以上の各都市には国家公務員としての警察署長が配属され，国家憲兵隊が全国の治安に当たる[20]。その結果，18世紀末から19世紀初頭には国家は市民社会に対する支配を強化し，1798年以後，徴兵制が国境を脅かす外敵に対抗して国家に体現された国民の統一を確固たるものにした。対内的には市民は次第に国家に自らのアイデンティティを見いだすようになる。その結果，国家以外への忠誠はすべて消滅したとみなされた。

その後，国家が国民主権を代表するようになるにつれて，国家の正統性はますます強化された。それにともなって，国家は自律化をいっそう強めていった。公的空間は王政がすでに再発見していた行政法によって規制された。行政は完全に通常の法律の外にあり，行政機能はコンセイユ・デタ（Conseil d'État）（革命暦8年，1799年）によって統制された。国家は国家独自の法律に基づいて自己を守り，公権力に固有の手続きに基づいて国務を遂行できる特権を有していたから，国家は市民社会から自立したように見える。その意味では，「行政法は公権力の普通法である[21]」。

このような国家の自律化過程は，国家と教会との分離によっても

---

20) ジャック・ゴドゥショが実証しているように，この時期の終わりには，「軍事組織をモデルにしたあらゆる制度は，フランスでは絶大な権力をもち，高度に階層化され，極度に官僚制的な行政を築き上げた」。Jacques Godechot, *Les Institutions de la France sous la Révolution et l'Empire*, PUF, 1951, p. 664. 総裁政府下の官僚制の強化については，C. Church, « The Social Basis of the French Central Bureaucracy under the Directory », *Past and Present*, avril 1957 を参照。

21) Georges Vedel, *Droit administratif*, PUF, 1961, p. 44. また，Pierre Legendre, « La royauté du droit administratif. Recherches sur les fondements traditionnels de l'État centraliste en France », *in* « La bureaucratie et le droit », *Revue historique de droit français et étranger*, 1975 を参照。

明らかである。フランス革命から1903~1905年の一連の立法にいたる時期は，国家が独自の正統性を獲得した段階であるが，実はこの時期に国家と教会との分離も絶えず進展していった。それゆえ，ライシテは，他のすべての社会システムから次々と分離していくフランスの国家構築の重要なしるしの1つである。フランスは国家をもつ政治システムの理念型をなすので，フランスでライシテが徹底的に成し遂げられたことも理解できる。フランス革命以後，国家は教会から知性を分配する権利をほぼ完全に奪うことで，徐々にそれを独占するようになる。王政が自己の正統性をうまく確立するために教育に熱心であったように，革命政府もナポレオン帝政も共和政も，国家は次第に大学と中等教育，とくに教育機関の職員に対する独占を強めていく。国家は独自の規則に基づいて募集した人々を教職に任命し，俸給を支払い，監督した。他方，教員たちは国家を中立的・機能的・合理的であるとして最大限に美化した。とくに第三共和政の教員は国家の美化に熱狂的であった。

　ここでは国家の完全な分化をもたらしたフランスの中央集権化過程を詳細にたどることはできない。ただ指摘しておきたいのは，絶対主義国家の時代と革命・ナポレオンの時代という〔フランスにとって〕重要な意味をもつ時代の後の自由主義の興隆期も含めて，官僚制は不断に強化されてきた，ということである。資本主義と自由主義の黄金時代を迎えた19世紀フランスでは，イギリスの自由主義とは反対に，「その経済運営はナポレオン的であるばかりでなく，実をいうとルイ14世的でもあった[22]」。つまり，従来の多くの考え方とは反対に，アンシャン・レジーム，19世紀，現在のそれぞれ

---

22) Pierre Legendre, *Histoire de l'administration de 1750 à nos jours, op. cit.*, p. 385.

における中央集権の間には何ら断絶は存在しない，ということである。たとえば，その他の重要な時代，つまりナポレオン 3 世体制，2 つの世界大戦とその直後，さらにはドゴール体制でも，国家は行政を強化しながら絶えず制度化を押し進めた。

19 世紀に，トクヴィルが，のちにイポリット・テーヌ（Hippolyte Adolphe Taine, 1828-1893）とルロワ＝ボーリュー（Anatole Leroy-Beaulieu, 1842-1912）がこのような行政国家の不断の権力拡大を解明している。ところで，ルロワ＝ボーリューは，「国家は社会の脳ではない。国家は社会を統治し，社会に道を切り開いてやる資格も能力も使命ももっていない[23]」と強調している。他方同じ時期に，別の著述家たちが中央集権を支持する見解を表明し，中央集権は「純粋なフランス教会独立主義[24]」の一形態であると認めている。事実，中央集権は 19 世紀から今日にいたるまで絶えず発展してきている。第二帝政からドゴール体制にいたるまで，国家介入主義と経済統制といったコルベール主義的な戦略が一貫して見られる。第二帝政期の行政府は，サン＝シモン主義の影響を受けて，産業化を推進し，鉄道を敷設し，ブルジョワジーを鞭打った。のちのドゴール体制も計画至上主義に固執して，フランスの経済構造を変えるために主導権を発揮した。国家が自ら立案した政策を市民社会に強制する。行政機関の作成した計画がフランスの「大事業」となる。絶

---

23) Paul Leroy-Beaulieu, *L'État moderne et ses fonctions*, Guillaumin, 1911 (1ʳᵉ éd. : 1883), p. 520.

24) Charles Brook Dupont-White, *La Centralisation*, Guillaumin, 1860, p. 188. なお，Antoine Dareste de la Chavanne, *Histoire de l'administration en France et des progrès du pouvoir royal depuis le règne de Philippe Auguste jusqu'à la mort de Louis XVI*, Guillaumin, 1848 を参照。19 世紀における中央集権については，Gabriel Lepointe, *Histoire des institutions du droit public français au XIXᵉ siècle*, Domat-Monchrestien, 1953 を参照。

対王政期と同じく，国家は積極的に国有工場を設立する。戦間期から今日にいたるまで，公共サービス機関は増え，商工関連の公社，公営企業，混合経済会社等にまで拡大している。「福祉国家」は社会保障と社会介入主義という形をとって現れている。

あらゆる面で，国家は市民社会に対する支配を強めているように見える。国家はそのために，種々の官僚養成学校で養成された官僚団を動員する。官僚養成学校の最初のものは19世紀中頃にでき，1945年に設立された国立行政学院（ENA）はすでに古い伝統をもっている。能力主義に基づいた選抜試験によって採用されたフランスの官僚は，だんだん「活動する機能」となった。なかでも節度義務を課せられ，一般的利益というイデオロギーを信奉している最上級公務員は，国家の代理人とみなされる。このようにして，専門的役割システムが確立され，それによって行政の高度の制度化と完全な自律化がなされる。エリート官僚集団は政府の国防担当官房に入ったり，国有企業と公共企業体を管理したり，国土整備や経済開発を統轄したりして，だんだん国家の尖兵となる。完全に専門職化し，経済の知識を十分身につけた高級官僚が国家の自立を強化する[25]。

したがって，フランスで歴史的に形成された国家は，理念型として制度化の過程を徹底的に押し進めた。絶対王政期には官僚制はまだ市民社会から完全に分化していなかった。たとえば，地方長官が貴族や大ブルジョワジーの出身であったことを考慮すれば，この政治家が実際どの程度の自律性をもっていたのか，ということについては正しく判断することは難しい。トクヴィルによれば，「行政官僚はほとんどがブルジョワであるが，すでに固有の精神・伝統・特

---

25) この問題については，当然厖大な文献がある。包括的な説明としては，Pierre Birnbaum, *Les Sommets de l'État, op. cit.* を参照。

第1章 国家による統治　　181

性・名誉・誇りをもった特殊な階級をなしている。これは新しい社会の貴族階級であり,すでに形をなし,活気に満ちている。この新貴族は革命が場所を空けてくれるのをただ待っている[26]」。しかしながら,フランソワ・フュレ (François Furet, 1927-1997) によれば,この官僚は必ずしもすべてがブルジョワではなく,しかもそれぞれが違った政治的価値を奉じていたという点では,この分析はまったく「不正確[27]」である。フュレの指摘は正しい。したがって,この時期は,国家は自ら任命した官吏を頼りにすることができたにせよ,完全に制度化されていたわけではなく,行政も権力の座からはほど遠かった。行政は専門的役割システムを創出するほど十分に制度化されてはいなかった。しかし,ドニ・リシェ (Denis Richet, 1927-1989) は,熟慮の結果,高級官僚は「家柄にかかわりなく統一されていた[28]」ということを論証するにいたっている。彼によれば,国王の側近は法服貴族と同じ家柄に属してはいるが,「国務に対しては厳格で権威主義的な,時に平等主義的な認識をもっている点で,法服貴族とは異なっていた[29]」。

アンシャン・レジーム下の中央集権化過程が広範に及んでいたということは,すべての歴史家の共通の認識である。ところが,一方では,中央集権化過程は実際にのちの国家の基礎となる高度に分化

---

26) Alexis de Tocqueville, *L'Ancien Régime et la Révolution*, op. cit., p. 132.
27) François Furet, *Penser la Révolution française*, Gallimard, 1979, p. 188.〔大津真作訳『フランス革命を考える』岩波書店,1989年,260-261頁〕
28) Denis Richet, *La France moderne : l'Esprit des institutions*, op. cit., p. 161.
29) *Ibid.*, p.180. しかし,ドニ・リシェは,われわれが「公職」と呼んでいるものは,その公職に就いている人と一体となっているために,特定の審議会の議長や職務にある個人について書かない限り,その審議会や職務の歴史を描き出すことはできない (*ibid.*, p. 79) と,きわめて矛盾する様な主張をしている。それでは,役割システムの特殊性を否定することになる。

した制度をもたらしたとする主張があり，他方では逆に，この中央集権化は何よりも自らの階級出身者を中央政府の職員に送り込むブルジョワジーや貴族階級に利益をもたらしたとする見解がある。現在と同じく19世紀にも，このような曖昧な点が見られる。その特徴的な例として第二帝政の場合とドゴール体制の場合との2つを挙げることができる。2つとも，絶対王政期と似たような国家の強力な制度化の時期に当たる。第二帝政期には，国家機関はさらにいっそう強化され，中央集権化もさらに進み，知事は県への監視をさらに強めた。その結果，行政の自律性も強化された。高級官僚は選抜試験に合格しなければならないが，父親を高級官僚にもつ者がだんだん増え，彼らが長い間国家の奉仕者となるのである。ルイ14世治下の地方長官と同様に，高級官僚は依然として恵まれた階級出身から採用され続けた。しかし，高級官僚は，地方長官よりも「官僚化する[30]」傾向が強く，その結果，官僚制的役割システムの独自性をますます強めていった。第四共和政の当初に，公務員規定の制定，国立行政学院の創立，計画制度（planification）の導入がなされた。これによって，国家の強力な制度化の最後の時期すなわちドゴール主義の第五共和政の時期を迎える諸条件が整った。能力主義に基づいて採用され，高度に専門職化した高級官僚は，王政下や第二帝政下の上級官吏よりもはるかに強大な権力を行使している。真の意味で官僚たちの共和国が誕生し，知事あるいは国土整備地方振興庁（DATAR）のような専門行政機関を介して周辺を統制した。革命期と同様，国土は国家の支配下にあった。一般利益というイデオロギ

---

[30] Bernard Le Clerc et Vincent Wright, *Les Préfets du Second Empire*, A. Colin, 1972, p. 57. なお，Theodore Zeldin, *The Political System of Napoleon III*, New York, Macmillan, 1971 も参照。

ーを指導理念とする高級官僚は，中立的・機能的で強力な，しかも市民社会から自立した国家の代理人とみなされる。高級官僚が以前と同じく国民のうちでもっとも恵まれた社会階層出身であっても，彼らはかつてよりもはるかに活動する機能に徹しているように見える。彼らの行動を規定しているのは，彼らの階級的出自や政治的意見ではなく，国家機構のなかで彼らが果たしている役割である。これがまさに国家の制度化の本質的な機能の仕方なのである。明らかにフランスの場合でさえ国家の自律化はけっして完全ではない。その証拠に，ルイ14世治下の地方長官は，第五共和政の知事と同じく，つねにさまざまな絆を通して市民社会と結びついていた。とくに周辺では地方長官は自律化を抑制する庇護民との関係をもち続けていた[31]。しかしながら，比較の視点から見れば傾向は明らかである。つまり，世界でフランスの国家ほど高度に制度化された国家はないのである。

　ここから支配階層の間にもまったく独特な関係が生まれる。国家は支配階級と市民社会全体から組織としての自立性を確立するにつれて，代表機能を独占した。その結果，議会はその機能を奪われているように思われる。国家は議会で表明される階層ごとの利益ではなく一般利益を代表しようとするから，国家公務員を通じて社会生活全体を統制するために介入する。このようにして，高級官僚は第五共和政下では大臣の3分の1以上を占めている。彼ら自身は国家機関の出身者であって，地方に基盤をもつ生え抜きの議会人ではない。その意味では，国家の制度化は執行権と上部行政機関との完全

---

31) Pierre Grémion, *Le Pouvoir périphérique*, Seuil, 1976. Jean-Claude Thoenig, « La relation entre le centre et la périphérie en France », *Bulletin de l'IIAP*, nov.-déc. 1975.

な融合という形をとって現れ，地方の政治家の後援者たちや圧力団体に対する国家の配慮はだんだん薄れてきた。国家は高級官僚を大都市の市長や国民議会議員に送り込むことによって，周辺への支配をいっそう強化する。同様に，国家は公社，国有銀行，混合経済会社等の長に高級官僚を任命し，彼らを介して経済生活への支配を拡大している。国家はまた，「違約金を払って」国家公務員にならない者を民間部門の大企業に送り込み，彼らが経営部門を占めるようになることによって，国家による支配の拡大を図っている。国家と国家公務員とのこうした四方八方への膨張が往々にして下降線をたどることがあっても（七月王政から議員たちの共和国，あるいは国家と支配階級との距離を大いに縮めたジスカールデスタン体制期まで[32]），その膨張は深刻な脅威にさらされているわけではない。なぜなら，この膨張は，社会全体を「管理する（policer）」という国家の確固たる壮大な目的を通して頂点に達した中央集権化の長い歴史過程の究極の帰結であるからである。

第2節　国家の制度化の未完成：プロシア

　プロシアは，さまざまな理由から完全に制度化された国家の出現を見なかったとしても，フランスと同じような発達の軌跡をたどった社会の1つである。ただ注意しておきたいのは，ドイツ神聖ローマ帝国は，それ自体は国家に変化できず，領邦君主と都市が勢力と自治権を拡大するのを放任せざるをえなかったが，まさにその神聖ローマ帝国が解体した後の1つの領域に，17世紀，国家が誕生し

---

[32] Pierre Birnbaum, Charles Barucq, Michel Bellaiche, Alain Marié, *La Classe dirigeante française*, PUF, 1978.

たということである。したがって，プロシアの国家は，フランスのように周辺に対する度重なる苛酷な支配を通して進められた中央集権化過程の所産ではなく，最初から直に支配権を及ぼす領域そのものと対応していた。自律化と国境監視という2つの過程から生まれたものではないのである。プロシアの国家はフランス国家よりも作為的性格が強い，つまり輸入された国家である。

　この国家は，農兵と大土地貴族であるユンカーが住んでいた不毛の土地に歴代の諸侯が軍事力によって築いたものである。公権力に絶対的権力を与える真の警察国家（*Polizeistaat*）が樹立された。このように，「北のスパルタ」は軍隊と警察がきわめて重要な役割を果たす守護隊国家としての様相を示す。君主の絶対的権力に完全に服従する官僚集団も出現した。その意味では，17世紀末から18世紀初頭には，自律的で，法によって保護された，正真正銘の公務員というものはまだ存在していなかった。文官官僚制は軍隊によって完全に占領され，貴族によって侵食され，君主によって支配されていた。それゆえ，国家は自律化するにはいたっていない。プロシアの軌跡をフランスのそれと異ならしめているのは，国家と貴族との恒常的な融合関係である。フランスの貴族が行政から排除されているのに対して，ユンカーは行政に組み込まれていた。したがって，君主絶対主義は，ユンカーという貴族階級が行使した絶大な影響力と対をなしており，それが国家の実質的な発達を阻止した。貴族階級は，設置された巨大な官僚機構を通して国全体を巧みに統制するにいたる[33]。貴族階級によるこうした国家装置の支配は地方レベル

---

33) Hans Rosenberg, *Bureaucracy, Aristocracy and Autocracy. The Prussian Experience 1660-1815*, Cambridge, Harvard University Press, 1958, pp. 43, 44 et 199 を参照。

にも見られた。農村地方における中央政府の役人はフランスの地方長官に当たる郡長（*Landräte*）であるが，この郡長は地方貴族の作成した名簿に基づいて選任された。たとえ郡長が，彼らを中央政府の行政官とする親任官の身分をもっていたとしても，彼らはやはり，フランスの地方長官以上に，国家における土地貴族の代表であった[34]。

これ以外にも，真の国家の形成を妨げる種々の要因がある。たとえば，プロシアでは軍隊——ユンカーという貴族がその指揮権をもつ——が文官官僚制を実質的に統制していたのに対し，早くもルイ14世治下のフランスでは，軍隊の活動を戦場においてまで監督するために任命されたのは国王直属の役人であった。このような守備隊国家では，いかなる自律化も実際には不可能であった。同じく，合理的・非人格的な官僚制の発達も，官吏の君主個人への絶対的な「忠誠（*Treue*）」義務によって失敗に終わった。プロシアの公務員（*Staatsdiener*）は，国王に対し忠誠服従を宣誓し，全人格を自己の職務に捧げた。このような「忠誠」は，公務員にウェーバーのいう官僚制とはほとんど相容れない，きわめて情緒的な性格を与えた。この「忠誠」は国家公務員の精神構造をも奥深く規定することとなり，今日なお公務員相互の関係を条件づけている。

これらのさまざまな要因からプロシアが特殊な軌跡をたどったことが分かる。しかし他方，プロシアをフランスに近づけ，アングロ・サクソン・モデルとはまったく異ならせているさまざまな特徴

---

[34] この見方によれば，ドイツの郡長は公務を遂行するイギリスの地方名望家に近いように見える。ジョン・ギリスが指摘しているように，官僚の職業化はきわめて権威主義的な職制のなかで，しかも多くは貴族の閉鎖的な社会階層内でなされた。John Gillis, *The Prussian Bureaucracy in Crisis : 1840-1860*, Stanford, Stanford University Press, 1971, p. 212.

——貴族の果たした重要な役割という本質的な点は別として——にも注目すべきだろう。プロシアは当初から，フランスと類似した重商主義政策をとった。経済への国家介入主義は，プロシアでも王立工場の開設という形で現れ，さらにはフランスの場合よりもはるかに効率的な財政制度の創設といった形でいっそう顕著に現れた。早くも17世紀末には1人当たりの税の徴収はフランスの3倍にも及んだ。国家の介入主義はまた，フランスと同様，国家の管理職養成のための高等専門学校制度の発達という形で現れた。土木高等専門学校 (*Bauakademie*) がそれであるが，この学校はフランスの国立土木学校 (École des ponts et chaussées) に相当する。さらにまた，プロシアはつねにフランス・モデルに学んで，国家の任務遂行を容易なものとするために士官学校を創設した。この点でもまた，プロシアとフランスはイギリスと根本的に異なる[35]。

こうした国家装置は19世紀に種々の関税同盟 (*Zollvereine*) の相次ぐ誕生を容易にした。関税同盟は国家が市場開設のためにきわめて重要な役割を果たしたことを示している。新しい帝国では経済が立ち遅れていたため，政治・行政エリートの強力な介入が不可欠であったので，フランスと同様に，国家は産業化のために重要な役割を果たした[36]。バリントン・ムーア (Barrington Moore Jr., 1913-2005) が強調しているように，ドイツはこうした「上からの」革命によって「社会構造を変えずに近代化を行おうとした。しかもその際，唯一の手段は上層階級間の団結を生み出す軍国主義であっ

---

[35] Rudolf Braun, « Taxation, Sociological Structure and State-Building : Great Britain and Brandenburg-Prussia », *in* Charles Tilly, *The Formation of National States in Western Europe, op. cit.*

[36] Wolfram Fisher et Peter Lundgreen, « The Recruitment and Training of Administrative and Technical Personnel », *in* Charles Tilly, *op. cit.*, p. 545 et suiv.

た[37)]」。貴族階級主導のもとに進められたこうした産業化のやり方は，ブルジョワジーの発達を抑制し，イギリスのように国王の権力と国王行政の権限を制限するのに適した代表機構の誕生をほとんど不可能にした。

プロシアでは19世紀になって，国王の権力と国王行政の権限との関係が変化した。警察国家の特徴をいくつかとどめながらも，法治国家（Rechtsstaat）がそれに取って代わったのである。その後，行政活動は法の枠内で行われる。法治国家のもっとも優れた理論家であるオットー・マイヤー（Otto Mayer, 1846-1924）が述べているように，「行政が法律と行政行為という2つの形式のいずれもとらない国家は，法治国家ではない。この2つの形式のいずれかを備えている国家がどの程度それを用い，その実効を上げているか，ということによって法治国家としての完成度も異なる[38)]」。オットー・マイヤーはまた著書において，フランス公法がドイツ法にとって指針およびモデルとしてどれほど役立ったか，ということを強調している。このようにして，彼はフランスとドイツとの間にはシステムの類似性が存在していることを明らかにしている。両国の場合には，行政法は国家の市民社会に対する自律化を促進することを可能ならしめた。後で見るように，イギリスでは逆に，行政法は，国家その

---

37) Barrington Moore, *op. cit.*, p. 353.〔宮崎・森山・高橋訳Ⅱ，162頁〕Gustave Schmoller, *The Mercantile System and its Historical Significance Illustrated Chiefly from Prussian History (1884)*, New York, Macmillan, 1902. William Otto Henderson, *The State and the Industrial Revolution in Prussia, 1740-1870, op. cit.* Wolfram Fischer, « Government Activity and Industrialization in Germany (1815-1870) », *in* Walt Rostow, ed., *The Economics of Take-off into Sustained Growth*, Londres, Macmillan, 1963. Barry Supple, « The State and the Industrial Revolution 1700-1914 », *op. cit.*

38) Otto Mayer, *Le Droit administratif allemand*, Giard et Brière, 1903, p. 82.

ものと同じように,発達することはほとんどなかった。

　以上のことから,なぜヘーゲルが合理的・中立的・機能的であると自任する法治国家を精神の具現とみなしたのか,という点について理解できるだろう[39]。同じく,マックス・ウェーバーもドイツの国家から着想をえて,官僚制モデルを構築した。ヘーゲルもウェーバーも,イェリネク (Georg Jellinek, 1851-1911) のいう,ドイツ公法に影響を及ぼした「官僚職 (fonctionnariat)」に魅せられたのである。この「官僚制国家 (*Beamtenstaat*)」は不可避的にフランスの政治システムのいくつかの主要な特徴を取り戻す。1871年以降,新帝国ではプロシアの行政機構がドイツ全体に拡大された。それがさらに政府の隅々まで占めている高級官僚の権限を強化する働きをした。ビスマルクは彼らのなかから主要閣僚を選んだ。しかもこの主要閣僚は帝国議会に対して責任を負わなかった。

　能力主義に基づく選抜方法を定めた厳格な行政法によって高度の自律性と保護を与えられた公務員は——貴族が圧倒的多数を占めているが——政治システムに入り込むことになる。現代にいたるまで公務員は政治システムのなかでずっと多数を占めている。17世紀のプロシアから現在のドイツ連邦共和国にいたるまで,高級官僚は実際に一貫して政治権力の行使に参加してきた。彼らが後退したのは,おそらくワイマール共和国の時代だけだろう。フランスの第三共和政下,それからおそらく第四共和政下の上級公務員と少し似て,彼らはワイマール共和国に自らの姿を重ねなかったのである。このような高級官僚の政治システムとの関わりは,フランスの場合よりもはるかに強い（したがって,その点ではドイツはイギリス・モデルの対極をなす）。この関わりについては公務員全体を規制する最初の

---

[39] Eric Weil, *Hegel et l'État, op. cit.*, pp. 103-104.

重要な法律のなかに明示されている。1937年1月26日法によれば、「公務員は国家社会主義政党の具現たる国家の意志の執行者である」、さらに「公務員は、公法の管轄に属する奉仕と忠誠の関係に基づいて、総統と帝国と結びついている」。連邦公務員規定を定めた1953年7月14日法は、この忠誠は「自由で民主主義的な基本的秩序」の維持のために捧げるべきである、と謳っている。このようにしてドイツの公務員は、公法との関係のみに拘束されるフランスの公務員とは対照的に、政治秩序を支持する義務を負わされている。このことによって、それだけ国家の分化が制限されている。それゆえ、ドイツでは公務員は政治生活のあらゆる次元に参加しているが、それはフランスの場合よりもはるかに顕著である。今日、フランスで上級公務員に強力な権限が与えられているが、それは政府レベルに限定されているし、しかもドゴール主義登場以後のことである。

主として法学教育[40]を受けたドイツの公務員は、政治の世界に官僚固有の価値をもち込んだ。マックス・ウェーバーがすでに批判しているこの現象を通して、政治権力と行政権力との緊密な融合関係を理解することができる。たとえば、今日でも公務員は連邦議会ではるかにもっとも大きな集団をなし、政府閣僚に占める公務員出身者も相当の数に及んでいる[41]。したがって、ドイツでもフランスと同様に、国家の強力な制度化は公務員の政治生活への多数の参加をもたらしている。強力な国家権力の代表者たる高級官僚は、フラン

---

40) John Armstrong, *The European Administrative Elite, op. cit.*, p. 165 et suiv. フランスの高級官僚の方が経済教育をより受けていた。

41) Thomas Ellwein, *Das Regierungssystem der Bundesrepublik Deutschland*, Westdeutscher Verlag Opladen, 1977. Wolfgang Zapf, « Führungsgruppen in West-und Ostdeutschland », *in* Wolfgang Zapf, *Wandlung der deutschen Elite. Ein Zirkulationsmodell deutsche Führungsgruppen, 1919-1961*, München, 1965. なお、Klaus von Beyme, *Die politische Elite in der BRD*, München, R. Piper, 1971 を参照。

スの場合と同様，ためらわずに自分のコネを有効に活用できる産業界に天下りする[42]。

しかし，フランスよりもはっきりとしたエリートの融合がドイツにおける国家の自律化の欠如を表している。フランスの公務員が外部の者に対してほとんど閉ざされたままであるのに対し，ドイツの公務員の50パーセント近くが以前に他の職業に就いていた[43]。このことがドイツの官僚制の制度化を大いに制限している。さらにフランスの場合よりも，政党は公務員の経歴にとってはるかに重要な役割を果たしている。上級職では政党に所属していると昇進が早まる。いくつかの点で，政党団体が国家の真の機関となる「政党国家」の形成が見られる。このように，上級公務員は政界に浸透し，彼らは多くの場合以前に官界以外の部門の職業生活を経験している。だからこそ，国家は市民社会から解放されることも，自らの自律化過程を成功させることもできなかったのである。

イタリアやスペインにおいても，中心の形成から国家の構築へいたる過程は今日でもいまだに未完のままである。たとえば，周知のように，イタリアの統一は，非常に遅れてやっと19世紀に，フランスの徹底的な影響（中央集権，官僚団，公法等）を受けていたピエモンテの介入によって達成された。ピエモンテ政府は国家化の途上にあったシステムをイタリア全体に強制した。しかしながら，政府は強い抵抗に遇ったため，真に自律化した国家の樹立には成功しなかった。また，フランスと違って，政府は教会権力を打破することができなかったので，逆に教会権力がさまざまな仕方で政治権力を

---

42) Wolfgang Zapf, *op. cit.,* p. 19.
43) Bärbel Steinkemper, *Klassische und Politische Bürokraten in der Ministerialverwaltung der BRD*, Cologne, C. Heymanns, 1974.

統制した。政府は政党の支配，とくに国家の運営に内部から影響を与えていたキリスト教民主主義勢力の支配からの解放に成功しなかった。すべての政党が国家のなかにそれぞれの禁猟区をもち，自党に忠誠を誓う公務員をそこに自由に送り込むことができた。こうした下位政府（「情実政治（*sottogoverno*）」）の存在が国家の制度化を大いに制限している。さらに恩顧主義の影響は国家の制度全体に及んでおり，この影響だけから見ても国家と市民社会が融合していることは明らかである。まさにこの融合のために，国家の合理化も個別利益からの国家の解放も不可能なのである[44]。

---

44) Paolo Farneti, *Sistema politico e societa civile*, Éd. Giappichelli, Torino, 1971. Sidney Tarrow, *Partisanship and Political Exchange*, Sage, Londres, 1974. L. Graziano, « La crise italienne », *Revue française de science politique*, avril 1977.

第2章　市民社会による統治：官僚制の弱さ

第1節　低国家化のモデル：イギリス

　フランスが国家の理念型を有する社会であるとすれば，イギリスは市民社会による統治が行われている，国家が最小である国とみなされる。イギリスでは中心への忠誠がいちはやく生まれ，その強い凝集力によって，フランスで長い間繰り返されたような分離独立の企てはもはや起こらなかった。周知のように，イギリスの統一はノルマン人のイングランド征服以前に達成されていた。したがって，ノルマン人は中央集権化と慣れ親しんだ行政慣行をそこで完成しさえすればよかった。その後，ノルマン人はイングランドの領土を5,000の領主所領に分割し，それをウィリアム征服王（William the Conqueror, 1027-1087, 在位 1066-1087）にしたがう者に与えた。それゆえ，イングランドは大陸に現れたような封建制を経験しなかった。ノルマン人はアングロ・サクソンの慣習を守り，地方レベルでは自己統治モデルの存続を一定限度認め，そうすることによって，中央権力から独立しようとするサブシステムの形成を阻止した。中央は後見監督行政によって周辺を支配したり，フランスの地方長官やドイツの郡長のような役人を周辺に派遣したりするのではなく，すでに現地に住んでいる非専門的な人々の自発的な奉仕を活用した。代表制，大学，陪審制などが市民社会のこうした自己組織化を示している。中央の政治に参加したのは，まず地方貴族，次に中産階級であった。議会は，「紛争を解決したり，相互尊重の間柄にある諸権

力——国王，教会，領主，そしてブルジョワやナイトといった一部の平民階級——の間の活動を調整したりすることのできる装置として徐々に形成されたものである[1]」。こうしたさまざまな社会集団が徐々に混交していったからこそ，国家の露骨な介入なしに国民の形成が可能であった。したがって，周辺のエリートたちは，自己の自律性を獲得するために中心を打破しようとはせず，むしろ議会を通して自己の主張を中心に訴えることによって，中心を統御しようとした[2]。マグナ・カルタ（「代表なくして課税なし」，1215年）から1688年の革命にいたるまで，議会制の原則が次第に明確になり，同じ時期にフランスとスペインで国家の形成をもたらしたような絶対王政の出現を阻止したのである[3]。カントロヴィッチ（Ernst Kantorowicz, 1895-1963）が指摘しているように，国民の身体は国王の身体に関与していたからこそ，議会は市民社会の代表機能を担い，執行権の肥大化を阻止したのである。地方司法官も他の地方吏員も地方官僚制のなかからではなく名士から採用された。それゆえ，中心は自ら国家になることもなく，自己の手先を国家に送り込むこともなかった。合意が形成され，領土の境界が自然によって画定されている限り，中心は，フランスのように徴税区や県を創設したりして，領土を痛めつける必要はなかった。

17世紀に大陸に強力な官僚制をもった絶対王政が成立した時，チャールズ1世（Charles I, 1600-1649, 在位1625-1649）治下のイギリスには専門の行政官はきわめて少なかった[4]。国王に仕える人々が

---

1) George M. Trevelyan, *Précis d'histoire de l'Angleterre*, Payot, 1955, p. 145.
2) Samuel Finer, « State Building, State Boundaries and Border Control », art. cit., p. 119.
3) Ernst H. Kantorowicz, *The King's Two Bodies, op. cit.*
4) Gerald Edward Aylmer, *The King's Servants : the Civil Service of Charles I.*

いかに有能であっても，彼らは何よりも素人であった。中央は文官官僚制に頼ることもできなければ，長い間いかなる武官官僚制ももたなかった。常備軍はフランスやプロシアにはるかに遅れて創設された。イギリスはもはや国内で遂行すべき戦争もなく，強い国家をもった大陸の諸社会から隔てている海に守られていることもあって，自国の防衛のために主として海軍に頼っていた。同じく，社会のまとまりが種々の代表機構や階級の融合によってほとんど保たれていたので，警察が中央集権化されることはなかった。その結果，警察は長い間ほとんど専門職化されず，またずっと政治の世界の外に置かれていた。ここでもまた，警察がこのように完全に地方分権化されていることからして，警察がきわめて中央集権的に全国を統制しているフランスやプロシアとイギリスとの政治体制の違いも明らかである[5]。

　以上のことから明らかなように，イギリスでは中心は自己を国家に転化する装置を構築しなかった。さらに大陸のいくつかの政治体制とは対照的に，中心は行政法によって自己を市民社会から分化させることができなかった。イギリスは実際にほとんどローマの影響を受けず，市民社会そのものに発する普通法である「コモン・ロー」をいまだに遵守している。コモン・ローは形式的手続きの総体に立脚し，法典を基礎とするものではなく，主として判例によるものである。また，それは私法と公法との区別を拒否している点に特徴があり，実質的に国家にいかなる公権力特権も与えていない。たいていは志願制に基づいて採用された治安判事が地方レベルでの

1625-1642, op. cit.

5) David Bayley, « The Police and Political Development in Europe », *in* Charles Tilly, *The Formation of National States in Western Europe, op. cit.*

「法の支配（rule of law）」にあたり、その結果、実際いかなる行政裁判も生まれなかった。同じく、陪審は一般市民によって構成されている。

19世紀末に、ダイシー（Albert Venn Dicey, 1835-1922）は、「行政法体系とその基礎原理はイギリスの諸制度の精神と伝統には明らかに無縁のものである」と指摘している。確かに今日、行政行為（保険、運輸、保健衛生等）の裁判を行うために、特別裁判所が設立されている。しかし、この特別裁判所は一般法を適用しており、しかもその裁判官はいまだに無給で、裁判長を除いてみな公務員ではない[6]。このことから、国家にいかなる特権も与えないイギリス法は、行政法をもつフランス法、ドイツ法、スペイン法とどれだけ異なっているか、ということが分かるだろう[7]。イギリスで政治的中心に大陸の諸国家の特徴が欠けているのは、それが自律化し、市民社会から分化する必要がなかったからである。その結果、政治的中心は自己を制度化することができなかった。イギリスを指揮しているのは、国家ではなく、1つの社会階級、すなわち中産階級や地方ジェントリー（gentry）と結びついたエスタブリッシュメントである。この支配者層は、フランスの貴族が享有していた税制上の特権やその他の特権をまったく有していなかった貴族階級だけでなくブルジョワジーも結集したものである。貴族階級が実業の世界に入っても貴族の名を汚さなかったのと同様に、ブルジョワジーも実に容易に貴族と交わり姻戚関係を結ぶことができた。中心で起こったこうした社会階級の相互浸透が、種々の代表機構と同様に、国家の出現を防ぐ働きをした。「遅れている」という言葉に進化論的な意味を付

---

6) Henry William Wade, *Administration Law,* Oxford, Clarendon Press, 1971.

7) Mario Losano, *I grandi sistemi giuridici,* Torino, Il Mulino, 1978 を参照。

与せずに用いるとすれば，イギリスでは17世紀から今日にいたるまで，国家は「遅れた」まま (*backwardness*)[8]，つまり国家の発展は最小限にとどまっている，といえよう。

他の国々で経済の「遅れ」が強い国家の出現をもたらしたのに対し（フランス，ドイツ），イギリスでは，資本主義と市場の急速な発達が「遅れた」国家をもたらし，市民社会の優位が保たれた。それゆえ，イギリスでは，フランスやプロシアで推進された重商主義政策のようなものは見られない。自由放任主義 (laissez-faire) と商品自由流通主義 (laissez-passer)，個人主義と市場機構の適用が経済への国家介入主義を無用にした。イギリスでは経済行政は長い間弱く，今日でも国営企業はフランスよりも少ない。国家はもっぱら海軍を用いて海外市場の獲得を保証するする任に当たった。しかし国家の対内的役割は制限された。イギリスでは第1は市場であって国家ではない。逆に，フランスやプロシアでは市場を組織化しているのは国家である。したがって，「イギリスは列強のうちでもっとも重商主義的ではないが，最初に産業化した国である[9]」。

それゆえ，市民社会による自律的規制 (autorégulation) は，市場の誕生だけでなく種々の代表機構の出現を促した。この2つはいずれも強力な国家を無用にする。ここに，フランス，プロシア，スペインとは違って，イギリスで19世紀末以前に公務員制度の発達が見られなかった理由がある。現代にいたるまで公務員は恵まれた階

---

8) Tom Nairn, « The Decline of the British State », *New Left Review*, avril 1977, p. 12. キース・トマスによれば，今日，イギリスには真の国家は存在しない。Keith Thomas, « The United Kingdom », *in* Raymond Grew, ed., *Crises of Political Development in Europe and the United States*, Princeton University Press, 1978, p. 82 を参照。

9) Barry Supple, « The State and the Industrial Revolution 1700-1924 », *in* Carlo Cipolla, *The Fontana Economic History of Europe, op. cit.*, t. III, p. 313.

層から採用される素人である。彼らはパブリック・スクール (*public schools*) 卒業後, オックスフォード大学やケンブリッジ大学に進んで, 経済学や理科系の学問ではなく, 古典を少しかじった人々である[10]。長い間, 行政機関はフルタイム勤務の専門職の有給公務員なしですませてきた。1854 年のノースコート＝トレヴェリアン報告後に行われた諸改革までは, 公務員採用試験は行われていなかった。同じく, 中央政府は官僚制の発達を避けるために, むしろ臨時の専門委員会に頼ったのである。さらに, 大陸でたいてい国家の公共企業体によって担われる機能は, イギリスでは公社 (*public corporations*) によって行われているが, この公社は私企業に属し, 政府当局とは協力するだけであった。このことが官僚制の発展を抑えた。これらのさまざまな要因によって, イギリスではどうして官僚制の量的発展が極度に遅れたのかが説明できる[11]。この遅れはイギリスと, 強い国家をもった大陸のシステムとを完全に区別する特徴である[12]。しかしながら, 周知のように, 19 世紀末以後ついに公務員が登場した。それでも, 1968 年のフルトン報告は公務員のアマチュア精神と専門化の欠如とを公然と非難し, フランスに目を向けて, フランスの公務員の採用・養成の方法に学ぶべきである,

---

10) I. Weinberg, *The English Public Schools : The Sociology of Elite Education*, New York, 1967.

11) William MacKenzie, J. Grave, *Central Administration in Britain*, Londres, Longsman, 1957. David Roberts, *The Victorian Origins of the British Welfare State*, New Haven, Yale University Press, 1960. Moses Abramovitz, Vera Eliesberg, *The Growth of Public Employment in Great Britain*, Princeton University Press, 1957.

12) Ernest Barker, *The Development of Public Services in Western Europe. 1660-1930*, Londres, Oxford University Press, 1944. Wolfgang Fisher, Peter Lundgreen, « The Recruitment and Training of Administration and Technical Personnel », *in* Charles Tilly, *The Formation of National States in Western Europe, op. cit.* この 2 つの研究は数少ない官僚制の比較分析である。

と強く勧告した。その結果，たとえば最近になって公務員養成学校 (*civil service college*)[13] を創設するにいたった。種々の改革を試みながらも，公務員の法的身分規定はまだなく，公務員（警察，地方行政担当者，中等高等教育の教員は公務員に含まれない）は，実際に雇用の安定性は高くても，つねに国王の意向次第である[14]。

公務員は全能の国家の特権的代理人として現れているわけではないから，政界に入ることもなければ，実業界に天下ることもほとんどない。実際には，彼らはフランスやドイツの公務員とは反対に，権力から排除されており[15]，ほとんど完全に疎外された指導階層をなしている[16]。『公務員の手引 (*Manual of the civil service*)』に明確に規定されているように，公務員の中立性は絶対的でなければならない。1907年の公務員定員法 (*Act of Establishment*) 以後，選挙に立候補しようとする公務員は辞職しなければならない。落選した場合でも復職することはできない。フランスでは反対に，高級官僚は公務員としての権利を保持したまま国民議会議員になれるし，次に選挙で敗れても，帽子を取り替えるように元通り公務員に戻ることができる。行政と政治とのほとんど完全な分離が制度化されているイギリスでは，このようなことは不可能である[17]。それゆえ，ドイツの連邦議会やフランスの政府とは反対に，議会にも政府にも高級

---

13) Edgar Gladden, *Civil Services of the United Kingdom 1855-1970*, Londres, F. Class, 1967. Peter Self, *Administrative Theories and Politics*, Allen and Unwin, Londres, F. Cass, 1973.

14) Danielle Loschak, *La Fonction publique en Grande-Bretagne*, PUF, 1972, p. 5.

15) John Armstrong, *The European Administrative Elite*, Princeton, Princeton University Press, 1973.

16) Pierre Birnbaum, « Institutionalization of Power and Integration of Ruling Elites : a Comparative Analysis », *European Journal of Political Research*, 1978, pp. 108-109.

17) John Urry, John Wakeford, *Power in Britain*, Heinemann, Londres, 1973.

官僚はほとんど見られない。ところが、これとは反対に、エスタブリッシュメント全体とともにずっと政治システムの中心にいた財界はイギリス議会にきわめて多くの代表を送り込んでいる[18]。逆に、フランス、ドイツ、イタリアの議会では財界の代表はきわめて少ない。政界と財界との相互浸透が緊密である場合[19]、イギリスに特徴的に見られるような権力の部分的融合に高級官僚は関係しない。これほど典型的ではないにしても、このことはアメリカにも見られる。大陸のいくつかの国々において国家の強さは、高級官僚が市民社会を統制し、政治的・経済的領域に影響を及ぼすために果たすきわめて重要な役割に示される。イギリスでは逆に、中心の構築は国家へとはいたらなかった。市民社会は自律的規制を行うにいたり、公務員は数も少なく、その養成もほとんど不十分であり、いまだに政界でも市場経済の運営でも公務員の活躍は見られない。ここでもまた、こうした諸権力の融合と分離の特殊なメカニズムを解明するのは、歴史のみである。

第2節　アメリカの場合

　合衆国が多くのヨーロッパ諸国と根本的に違っているのは、封建制の過去をもっていないということである。つまり、アメリカ社会は、国民として形成されるために大封土を廃止したり、何らかの貴

---

[18] W. L. Guttsman, « Elite Recruitment and Political Leadership in Britain and Germany since 1950 : a Comparative Study of MPs and Cabinet's », in Philip Stanworth, Anthony Giddens, ed., *Elites and Power in British Society*, Londres, Cambridge University Press, 1974. R. W. Johnson, « L'élite politique britannique. 1955-1972 », in Pierre Birnbaum, *Le Pouvoir politique, op. cit.*

[19] Iwor Crewe, *Elites in Western Democracy,* Londres, Croom Helm, 1974.

族階級と闘ったりする必要はなかった。アメリカ社会は，1つの国民として誕生する以前でも，多くの自律的権力からなっていたわけではない。それゆえ，それらの権力を打破するための国家は必要なかった[20]。

植民者たちは反対にイギリスから人権宣言の諸原理をもち込んだ。これらの原理は，法の前の平等を保障し，種々の代表制度を強化し，執行権力を制限し，地方権力者の選任のために選挙を奨励しているマグナ・カルタの原理でもある。イギリスと同様，アメリカ社会も自律的規制によって形成された。フィラデルフィア憲法を準備した1787年の憲法制定会議は，アメリカ社会の契約的性格をよく表している。幾度も会議を開いて議論を重ねた結果，連邦諸州は州の権利を保障する新憲法を次々に承認した。それゆえ，国民は中央集権的な国家の活動から生まれたのではなく，むしろフランス型国家とはまったく関係なく自己組織化されたものである。

合衆国は，17世紀から強い国家の活動によって近代化したフランスやプロシアとは根本的に異なる道をたどった。しかし合衆国は，いちはやく中央集権化をなし遂げたイギリスほど高度の中央集権化を経験したわけでもなかった。合衆国はイギリスから非常に多くの制度を取り入れたけれども，イギリスで急速に力をもった中央集権的な権力機関の創出を拒否した。合衆国は国家主権の思想を徹底的に拒否して，執行権の発達という考えを長い間警戒し，そして議会は主権を代表するという理論に反対しさえした[21]。合衆国では主権

---

20) Louis Hartz, *The Liberal Tradition in America*, New York, Harcour, Brace and Co., 1955.（有賀貞訳『アメリカ自由主義の伝統』講談社学術文庫，1994年）
Charles et Mary Beard, *Histoire des États-Unis*, Hachette, 1952.
21) Albert Pollard, *Factors in American History*, Cambridge University Press, 1925, pp. 31-33.

は分割され，権力は分有されている。モンテスキュー（Charles Louis de Montesquieu, 1689-1755）やロックの唱えた体制のように，権力は分立されるだけでなく，さまざまな機能が種々の機構に配分されることになる。したがって，システムの近代化は長い間権力機関の集中なしに進められていく[22]。

国家の力を借りずに形成された「最初の新しい国民[23]」は，自己の正統性の原理を自由原理と平等原理との結合に見出している。この2つの原理の結合は個人主義を強化し，機会の平等という仮想から生まれた諸条件の不平等を正当化する。まさにここに，合衆国でダーウィン（Charles Robert Darwin, 1809-1882）が影響力をもち，「独立独行の人（*self-made man*）」という神話が生まれ，「適者生存」の原理が受け入れられ，企業家が新社会の英雄として登場した所以がある。このようなエリート主義理論は少数者が権力を握ることを合理化する。アメリカのような民主的で，〔何人にも〕「開かれ」，同時にエリート主義的でもある社会では，国家は無用の暴君とみなされる。なお，よく知られているように，人間は生まれながらにして不平等であり，能力も不平等であるとする考えに発するこのような特権階層の形成は，合衆国に大きな影響を及ぼしたプロテスタントのピューリタニズムにその拠り所を求めることができた。ここでもまた，プロテスタンティズムは個人主義を強化することによって国家の出現を防いだのである[24]。

---

22) Samuel Huntington, « Political Modernization : America vs Europe », *in* Reinhard Bendix, ed., *State and Society, op. cit.*, pp. 193 et 196.

23) Seymour M. Lipset, *The First New Nation*, Anchor, New York, 1967.（内山秀夫・宮沢健訳『国民形成の歴史社会学——最初の新興国家』未来社，1971年）

24) Richard Hofstadter, *The American Political Tradition and the Men who Made it*, A. Knopf, New York, 1948（田口富久治訳『アメリカの政治的伝統——その形成者たち（1・2）』岩波モダンクラシックス，2008年）および同著者の *Social Dar-*

それゆえ，国家に代わってアメリカ社会を組織化したのは，正当な権力をもったエリートたちである。エリートのなかでも経済エリートが最初から重要な役割を担った。彼らは憲法の制定で強い影響力を行使し[25]，政党を介して影響を与え，政治家のなかにも入り込んだ。19世紀から今日にいたるまで，実業界はこのようにして，自らの力によって国家の真の自律化を阻止したのである。イギリスと同様に，政府にも議会にも実業家が高い比率で占めている。現に経済界や法律家のなかから政治家になる者が多い[26]。ところが，この法律家は，長年フランスの政党の支柱をなし，地方のフランスを代表していた地方弁護士とはまったく異なる。アメリカの場合，弁護士はほとんどつねに産業界と緊密に結びついており，時として大企業は彼らを慎重に選ぶ。こうした弁護士はひとたび選挙で当選すると，大企業の忠実な代弁者となって，自らの政治家としての仕事を通して企業のために働き続ける[27]。同じく，1897年から1973年までの政府構成員の90パーセントは社会的あるいは経済的エリートに属していた。文官と武官の政府関係者の17パーセントは政府関係の仕事に就く以前は実業界で働いていた。57パーセントは〔メディア，法曹，財団，教育，市民団体などの〕「公益部門（public interest）」出身であったが，その大部分は大企業と結びつく法律家であ

---

　　　winism in American Thought, Boston, Beacon Press, 1955（後藤昭次訳『アメリカの社会進化思想』研究社出版，1973年）を参照。なお，M. Fishwick, *American Heroes. Myth and Reality,* Washington, 1954 ; Gerhard Lenski, *The Religious Factor,* New York, Doubleday, 1961 ; Pierre Birnbaum, *La Structure du pouvoir aux États-Unis,* PUF, 1971 を参照。

25) Charles Beard, *An Economic Interpretation of the Constitution of the United States,* Free Press, New York, 1965.

26) R. Zweigenhaft, « Who Represents America », *Insurgent Sociologist,* 5(3), 1975.

27) G. William Domhoff, *The Power that Be. Process of Ruling Class Domination in America,* New York, Vintage, 1979, pp. 160-161.

る。19世紀末から今日までを見ると、政府関係者の約80パーセントが実業界と緊密な関係をもっている、とみなされうる[28]。

このようにして、実業界はさまざまな公共機関のなかに強固な基盤を築いた。それはまた、執行府の設置した種々の委員会を支配して、エネルギー政策をコントロールし、通商政策で主導性を発揮し、対外政策の決定を行う。経済活動の監督「官庁」はほとんど経済界出身の人々によって構成される[29]。つまり経済界が政治システム全体を占領するのに成功しているのである。

政治システムは自己の完全な制度化を成し遂げず、長い間真の官僚制を樹立するのが遅れただけに、政治システムがこうした外からの圧力に抵抗することはいっそう困難であった。連邦制度の採用は中央行政機関の権力の犠牲のもとに諸州の権力を強化した、ということだけは指摘しておこう。合衆国が絶対的国家化のフランス型とも中央集権化のイギリス型とも異なっているのは、連邦制を採用していることによる。アメリカの政治システムにおいて、諸州は中央権力の単なる出先ではなく、むしろ分離し、ほとんど独立した独自の政治的実体をもった機関であるとみなされる[30]。それゆえ連邦政府は制限されている。まさにこうしたことのために、中央の官僚制度はあまりにも長い間脆弱で、ほとんど自律化されないままであった。したがって、公務員を政党に厳しく従属させ、それゆえ国家の制度化を幻想の彼方に葬り去った猟官制（*spoils system*）が問題視

---

28) Thomas Dye, *Who's Running America?*, Englewood Cliffs, Prentice Hall, 1976, p. 157. Beth Mintz, « The President Cabinet, 1897-1973. A Contribution to the Power Structure Debate », *Insurgent Sociologist*, 5(3), p. 135.

29) G. William Domhoff, *op. cit.*, chap. 2 et 3.

30) Frederik Ogg, Perley Ray, *Le Gouvernement des Étas-Unis d'Amérique*, PUF, 1958, chap. 3 et 4.

されるには，1883年のペンドルトン法（Pendleton Act）を待たなければならない。選抜試験による公務員採用を命じる資格任用制（*merit system*）が徐々に確立されていったが，それは連邦業務の拡大にともなって連邦行政機関が急速に発達した帰結である，とみなされている。同じく，福祉国家の出現が種々の監督機関や介入機関の創設を促すことになる。

しかしながら，完全に自律化し専門化した中央官僚制度の構築はいまだに遅れ，不十分である。というのも，官僚制への反発が強いからである。だからこそ，フランクリン・ルーズヴェルト（Franklin Roosevelt, 1882-1945）大統領の時，猟官制が大々的に復活した。その結果，党派的理由から上級公務員は職を失い，新参者にその地位を譲る。したがって，資格任用制は長い間下級公務員にしか適用されなかった[31]。こうした制度化の欠如は，公務員にフランスやドイツのような職業経歴保証が与えられていないという点に顕著に見られる。イギリスやスイスと同じく，公務員と行政との結びつきはいまだに脆弱である。さらに指摘しておきたいのは，国家の自律化が弱かったために，フランスやドイツとは対照的に，しっかりした体系の行政法の発達も，特別な行政裁判所制度の創設も必要ではなかった，という点である。しかし他方，合衆国が，最初はためらいながらも，イギリス的なコモン・ローを採用したということは重要である[32]。

---

31) 合衆国における公務員の歴史と変化については，Gérard Conac, *La Fonction publique aux États-Unis*, A. Colin, 1958 を参照。
32) Bernard Schwartz, *Le Droit administratif américain*, Sirey, 1952. Ferdinand Stone, *Institutions fondamentales du droit des États-Unis*, LGDJ, 1965 (Quatrième partie, chap. 1). Edward Farnsworth, *An Introduction to the Legal System of the United States*, Oceana Publ., New York, 1963, とくに p.150.

今日でも,アメリカの行政機関は外部との接触を断っていない。つまり市民社会から厳格に分離されておらず,むしろ逆に外部の社会・経済的集団や政治的集団との間に恩顧関係を保っている[33]。こうした関係は,別の軌跡をたどったシステムではあるが,イタリアでの関係に似ている。すでに指摘したように,行政機関と実業界との関係は一貫して緊密であり,実業界は連邦行政全体に入り込んでいる[34]。実は,多数の上級公務員は,ドイツやスイスのように,その職業経歴を民間部門とくに実業界で始めている。連邦公務員の36パーセントが公共企業体,24パーセントが実業界,36パーセントがたいてい実業界と結びついている法律家の出身であり[35],彼らの多くは辞めたら民間部門に戻る[36]。

政治システムはこのように実業界に占領されて,自律化できず,また独自性を確保することもできなかった。このような状況から,ライト・ミルズ(Charles Wright Mills, 1916-1962)のようなエリート論者が,他の諸国の政治システムではきわめて決定的な役割を果たしている上級公務員に何らの注意も払わなかった理由が理解できる。ほとんど身分の保障もなく,行政にまで入り込んできた実業界に脅かされ,党派圧力にさらされていた上級公務員は,政治への参加も

---

33) François et Claire Masnata, *Pouvoir, société et politique aux États-Unis*, Payot, 1970, IIe partie, chap. 2.

34) たとえば,Jean Rivière, *Le Monde des affaires aux États-Unis*, A. Colin, 1973, p. 80以下を参照。多元主義とポリアーキーの唱道者であるチャールズ・リンドブロムのような著述家の指摘によれば,「実業家は公務員のように見え,一般に公務といわれる事柄を遂行している」。Charles Lindblom, *Politics and Markets*, New York, Basic Books, 1977, p. 172を参照。

35) David Stanley, Dean Martin, Jameson Doig, *Men who Govern*, Brooking Institutions, Washington, 1967, p. 34 et suiv.

36) L. Nigro, K. Meier, « Executive Mobility in the Federal Service : a Career Perspective », *Public Administration Review*, 1975, mai-juin, p. 294.

禁止されていた。1949年のハッチ法（*Hatch Act*）は，イギリスと同様，議員職に立候補する場合には辞職を義務づけ，復職を禁止している。それゆえ，フランスやドイツの事情とは反対に，合衆国では，イギリスと同様に，行政官と政治家との厳格な分離がなされている。その結果，議会には公務員はほとんどいない。しかしながら，このように政治と行政との間に関係がないとはいっても，それは両者にとって対等な形ではない。なぜなら，合衆国では，イギリスと違って，つねに政党の方から一方的に公務員に圧力がかけられるからである。

　したがって，合衆国に固有のいくつかの変数（連邦制，恩顧主義，いかなる中央集権的権力にも反対する個人主義等）を別とすれば，イギリスとアメリカとの政治システムには若干の類似点がある。両国の場合，国家は相対的に弱く，自律化も制度化もなされていないために，逆に実業界と市場の役割が強化された。アメリカで国家が急激な発達を見せることがあったにしても，また少しでも制度化がうまくいったにしても（上級公務員は以前よりも能力本位で選抜され，職業経歴のすべてを国家のなかで送るようになってきている[37]），アメリカの国家は，フランスやドイツの国家と比較して遅れており，イギリスの政治システムと同じく，現在でも市民社会を支配しようとはしない。その意味で，アメリカでは国家は「未完の征服[38]」状態のままである。

---

[37] Pierre Birnbaum, « La place des hauts fonctionnaires dans l'élite du pouvoir aux États-Unis. A propos de la théorie de Mills », *Revue française de science politique*, août 1973.

[38] Theodore Lowi, *American Government, Incomplete Conquest*, The Dryden Press, 1976.

第3節　国家と多極共存型民主主義

　1960年代以降，多極共存型民主主義という概念が用いられるようになった。これは，紛争が協議によって解決され，多種多様な集団が多数決原理を通してではなく，譲歩と寛容の精神によって紛争を和らげる政治システムを指す概念である。このような社会には深刻な宗教的またはエスニックな分裂があり，その結果，非常に多くの集団が——たとえ集団が社会階層横断的なものであったとしても——亀裂に沿って対峙している。たとえば，スイスやオランダでは，相互に明確に異なる集団間の平和維持を可能ならしめる「和解の政治」が少しずつ生まれてきた。同一の社会体制内に複数の文化が存在していることから，「垂直的多元体制」が生まれた。この体制において，全面的分裂を回避するためには，各集団同数代表制をとる以外に道はなかった。その意味で，「良き柵は良き隣人をつくる[39]」。もちろんここで問題になっているのは，政治システム内部の柵であって，その外側の国境ではない。

　ひとたびこうした政治システムが構築されると，明確な「柵」は集団を相互に分離し続けるという見方に接して，われわれが，いかに中央集権化されながらも国家をもたないイギリスや，徹底的に国家化され中央集権化されたフランスといったような社会とは異なる社会を前にしているかが分かるだろう。実際，イギリス型社会もフ

---

[39] Arend Lijphart, « Consociational Democracy », *World Politics*, janv. 1969, p. 219. なお，Gerhard Lembruch, « A Non-Competitive Pattern of Conflict Management in Liberal Democracies ; the Case of Switzerland, Austria and Lebanon », *in* Kenneth MacRae, ed., *Consociational Democracy. Political Accommodation in Segmented Societies*, Toronto, McClelland, 1974 を参照。

ランス型社会も，互いに種々の違いはあっても，民族・宗教・言語による集団的対立というものを受け入れない〔点は同じである〕。中央集権化も国家化も，結局は多元的体制の組織化を認めない。逆にスイスでは真の中心も真の国家も見られない。レイプハルト（Arend Lijphart, 1936- ）によれば，「深い亀裂によって社会が分割され，しかもその亀裂が互いに強化し合っている時，各部分の住民が他の部分とは切り離された自分たちだけの世界のなかで生きる時，分断の危険性は明白である」。だからこそ，和解が「理論的に不可能なものを実際的成功に転化する力」となる[40]。

それゆえ，このような社会にはもはや，イギリス社会のような同質性も，市民が国家への忠誠を抱いているということを前提とするフランス社会のような分化や原子化も見られない。中心も完全な国家もないがゆえに，周辺への忠誠が完全に承認され，正統なものとみなされている。したがって，社会のまとまりを保障しているのは社会そのものではなく，国家が市民社会を動かしているわけでもない。この役割はむしろ重なり合う亀裂から生じた各集団に属している。当然，このモデルは，アイルランドのように党派的亀裂が重なり合っていながら和解にいたっていない多くの社会を説明しない。このモデルはまた，それぞれ集団内コンセンサスが存在していることを前提としている。つまり，各集団はエリートたちに自分の姿を重ね，エリートに互いの和解を委ねているのである[41]。したがって，各集団の住人たちは自己のアイデンティティを，全体社会にも，国家にも，宗教集団やエスニック集団を横断する社会階層にも見出し

---

[40] Arend Lijphart, *The Politics of Accommodation : Pluralism and Democracy in the Netherlands*, Berkeley, University of California Press, 1968, pp. 182-183.

[41] Brian Barry, « Political Accommodation and Consociational Democracy », *British Journal of Political Science*, octobre 1975 を参照。

ていない。彼らは逆に宗教集団やエスニック集団によって代表されていると感じている[42]。

確かにスイスではエリート間の和解よりも直接民主制と多数決制が用いられたことがあったし，宗教的境界線が言語の境界線と重なってはいないように，いまだにいくつかの亀裂が交錯しているけれども，多極共存型民主主義モデルがしばしば適用されてきた[43]。このような社会システムの起源を理解するには，あらためてスイスの歴史に目を向ける必要がある。それによってスイスでは，たとえばフランスのように社会集団間の紛争を外から解決しようとする国家は発達しなかったことが分かるだろう。

ここでもまた地政学的要因が政治システムの構造に強い影響を与えた。スイスは険しい山岳地帯にあり，しかも褶曲作用によってできた相互に孤立した低地が多い。この地帯は細分化されていて，そのため自然と低地や都市が自治を行う傾向があった。いくつもの公爵領，伯爵領，司教区，都市，州がドイツ神聖ローマ帝国の境界線上に位置していたことで，それぞれ自治権を保つことになる。それが中央集権的国家の形成を阻止した。さらに商品流通の盛んであったこの地域では，都市は豊かになり，それぞれが同じくらいの力を蓄えていった。そのため，どの都市もこのようにきわめて多元的な体制の新しい中心になろうとすることはできなかった。山岳低地

---

42) Uli Windisch, *Lutte de clans, lutte des classes*, Lausanne, L'Âge d'homme, 1976. 著者の指摘によれば，今日でも紛争の解決は階級闘争によってではなく氏族 (clan) 闘争によってなされている。

43) Dusan Sidjanski, « Environnement politique en Suisse », *in* Dusan Sidjanski, Charles Roig, Henry Kerr, Ronald Inglehart, Jacques Nicola, *Les Suisses et la politique*, Berne, Peter Lang, 1975 ; Jurg Steiner, *Amicable Agreement versus Majority Rule. Conflict Resolution in Switzerland*, Chapell Hill, University of North Carolina Press, 1974 を参照。

〔諸州〕はその独立を脅かす列強に取り囲まれていたため，早くも1291年に低地〔諸州〕相互で永久同盟と相互援助の協約を結んだ。それゆえ，政治システムは国家による周辺支配によってではなく，連合（association）によって生まれた。同盟が決裂し，内乱が起こったにしても，とにかく同盟は，宗教戦争を経験しながらも，連邦のなかに多元的体制を維持できたスイスの政治システムの特殊性を説明してくれる。

スイスはフランス革命直前にはまだ1つの国家をなしていなかった[44]。この時期にフランスの政治制度の影響を受けて，ある程度中央集権化が行われた。それは市場を拡大し，国内通行税を一部廃止し，商工業を促進した。自由主義の勝利はブルジョワジーを利し，それはとくにプロテスタントが希望し，カトリックが恐れた統一を避けがたいものとした[45]。それゆえ，1848年憲法はとくにプロテスタントの，自由主義的で，経済的に発達したドイツ語圏スイスの作品である。これによって国内の境界は取り除かれ，スイス国民が生まれた。W・マルタン（William Martin, 1888-1934）が強調しているように，「連邦憲法は理念の産物ではなく必要の産物である。(……)19世紀中頃，連邦の存在条件として経済的統一が実現された。まさにこの必要から，政治的統一が生まれ，そして政治的統一が経済的統一を創出する役割を果たした[46]」。

以上の見方によれば，スイスはイギリスに近い。この両国の場合

---

[44] Marcel Bridel, *Précis de droit constitutionnel et public suisse*, Lausanne, Payot, 1965.

[45] Jean-François Aubert, *Petite histoire constitutionnelle de la Suisse*, Neuchâtel, 1974. François et Claire Masnata-Rubatel, *Le Pouvoir suisse, séduction démocratique et répression suave*, Christian Bourgeois, 1978 も参照。

[46] William Martin, *Histoire de la Suisse*, Lausanne, 1966, p. 265.

には、市場の問題から1つの国民の形成が必要不可欠であった。両国は逆に、市場創設のために国家が強力な主導性を発揮したフランスやドイツとは異なる。さらにスイスは、イギリスと同様、種々の代表制度をもち、社会はそれを通じて自治を行い、国家の創出を不要にした。ところが、イギリスとは反対に、経済的統一は中心を強化しなかった。むしろ逆に、経済的統一は政治的な多元体制にはまったく手を加えずに成し遂げられた。ここに、民族的・宗教的・言語的集団といった種々の社会集団間に協調と妥協が生き長らえている所以がある。これらの事実から、なぜスイスではこれまで国家が弱かったのか、ということが理解できよう。

　スイスは、国民による常備軍の創設が遅かったという点で、フランスやプロシアとは違い、イギリスに似ている。今日でも、軍事立法は国レベルで決定するのに対し、平時の法の執行は州の管轄である。さらに州は教育に対する強い監督権をもっている。一般的には、ほとんどの場合、連邦官僚機関が州官僚機関に法の執行を委任しているといえる。それゆえ、国家による周辺の厳しい統制を可能にする後見監督権限をもった知事は、スイスにもイギリスにも存在しない。中央行政は、今日でもイギリスと同様、強い国家をもった国々の場合ほど強大ではない。

　スイスでは中央行政の発達は1848年に始まった。フランスではその過程はすでに数世紀前に始まっていた。19世紀から現在にいたるまで、公務員の増大はゆるやかで、しかも州のような周辺の方が公務員の数ははるかに多い[47]。さらにスイスでは公務員には法律上の身分保障はない。フランスやドイツとは対照的に、公務員は終

---

47) Paolo Urio, « Aspects de la fonction publique en Suisse », *Annuaire international de la fonction publique, 1971-1972*, p. 414.

身雇用ではなく、任期は4年で、再任が認められないこともある。その意味で、スイスの公務員は、国王の意向に運命がかかっているイギリスの公務員に似ているように思われる。両国の場合、公務員は現実には雇用の安定が保障されているとはいえ、このこと自体はやはり国家の制度化の低さを物語っている。

　公務員は、政治システムと同様に、市民社会から分化し自律化するにいたらなかった。たとえば、上級公務員の34パーセントは公務員になる前には経済界で働いていた[48]。周知のように、このような公務員の採用様式は、国家のほとんど完全な制度化が高度に自律化した官僚制の形成へといったフランスでは実際には見られない。その意味で、スイスの公務員の採用は、ウェーバーの官僚制モデルが要請しているように、もっぱら能力を基準にしているわけではない。実際には、言語・宗教・文化の多元性を尊重するという観点から、各集団間の代表の均衡を保つために、公務員の採用にも一定の均衡を重視する努力が払われている。このことは、周辺への忠誠がいかに重視されているか、したがって真の国家はなぜ不可能なのか、ということを明らかにしている。

　以上のことから、たとえば、ドイツ連邦議会には公務員が非常に多いのに対し、スイス連邦議会には英国下院や米国議会ほど多くない、ということが理解できよう。逆に、イギリスや合衆国と同じく、スイスでは実業界出身の議員が多い。さらに、スイスではイギリスと同じく、民間企業の取締役である議員が相当数いる。キリスト教民主党議員が平均6.2社の企業で取締役を務め、急進党議員では

---

48) U. Kloti, *Die Chefbeamten der Schweizerischen Bundesverwaltung, Soziologische Querschnitte in den Jahren 1938, 1955, und 1969*, Berne, Francke, 1972, p. 177. この見方によれば、スイスは合衆国だけでなくドイツやイタリアにも近い。

4.1社である。前者がとくに小資本と，後者が大資本と結びついている[49]。

繰り返し指摘してきたように，国家が高度に制度化され自律化した国々では，高級官僚は国民の政治生活のさまざまな次元で重要な役割を果たし，他方実業界出身の政治家がきわめて少ない（フランス，ドイツ，イタリア）。これに対し，国家化が弱く，市民社会の自律的規制を可能にする中心が1つまたは複数存在している国々では，高級官僚は政界にはいないが，その代わり実業界出身の人々が政界で重要な役割を果たしている（イギリス，アメリカ，スイス）。それゆえ，同じ社会システムの型に属していても，国家と市場との関係は必ずしも同じであるとは限らない[50]。以上の指摘はわれわれに，国家を実業界につねに忠実な手先とみなすまったく隠喩的な国家分析を永久に放棄することを促しているのである。なぜなら，そうした分析は本質的な点を欠落させているからである。いろいろな国の指導階層相互の関係は，国家が存在しているか，中心が1つまたは複数存在しているか，ということによって大きく規定される。

---

49) Erich Gruner *et al., L'Assemblée fédérale suisse 1920-1968*, Berne, 1970 およびとくに, Henry Kerr, *Parlement et Société en Suisse*, Genève, Département de Sciences Politiques, dactylographié, 1977 を参照。
50) シーダ・スコッチポルも，国家はいかにして自己のなかに固有の変化の原理を見出すのか，という点について明らかにしている。Theda Skocpol, *States and Social Revolutions*, Cambridge University Press, 1979, pp. 284-286.

結 論

　国家構築は政治的発展の必然的帰結であると誤解されてきたけれども，むしろ反対に，特定の空間と時間のなかに位置づけられた特殊な革新とみなすべきである。国家構築はルネッサンス期のいくつかの西欧社会によって考えだされた解決策であるが，他方同時に，中世晩期に表面化した特定の危機への対応策さらには治療法として構想された。なおここで再度いっておかなければならないのは，こうした危機は，現代の多くの分析者たちの単純な指摘とは違って，普遍的な意味をもっているのでもなければ，ごく一般にどこにでも見られるものでもない，という点である。国家は資本主義の産物でもなければ，貿易路の開設の所産でもなく，ましてや産業の飛躍的発達から生まれたものでもない。だからこそ，多くの人がいまだに陥ってしまうように，国家の問題をただ単に経済的近代化と関連づけて考えるわけにはいかない。高度に封建化された社会諸機構による異例の抵抗に耐えながら，さらには深刻化する領主の政治的無能と，それでも領主が保持する経済的・社会的生活に対する強力な統制権とを両立させる必要がありながら，分業の時代に直面したヨーロッパ社会がとらなければならなかった政治の定式，これがまさに国家であるとみなす方が正確である。

　もしそうだとすれば，「国家という治療法」は明らかに1つの逆説に基づかざるをえない。国家は，絶対的な自律性を要求し獲得し，貴族階級から政治権力を完全に奪取することによって設立された。国家が今日まで存続しえたのは，必要な職員を養成し，種々の制度をつくり，公法を制定し，しばしば自己の要求を満たすために経済

生活に介入する権限をもつことができたからにほかならない。これがまさに「超封建化された」社会秩序の代償である。他方，国家の経済への介入には，自己統治能力はなくても，基本的利益を守るためにいつでも組織化することができた市民社会との絶えざる妥協が必要であった，という事実を確認したからといって，何も驚くことはない。まず重商主義，のちに国家主導の工業化政策は，貴族や小農民の支配していたきわめて強力な農業経済に配慮しなければならなかった。同じく，こうした国家介入主義的な政策は，つねにさまざまな新興ブルジョワジーをも考慮して決定されなければならなかった。要するに，国家の存在理由は革新の力学にある。革新は国家の利益のために，国家に命じられるものである。それはまた，市民社会が過度の硬直性に陥っていたがゆえに，国家に委ねられた。さらに，国家にとって革新が容易であったのは，西欧の文化コードに固有な構造分離という定式に基づいて革新が行われたからである。

　国家は，ヨーロッパの一部の地域の歴史を特徴づけている，きわめて特殊な危機への対応として，また特定の文化の所産として現れた。したがって，このような国家は，ヨーロッパとは異なる問題と格闘し，別の未来像を描いて奮闘している第三世界の社会に根づく可能性はほとんどない。アフリカもアジアももはや国家構築の幻想に惑わされてはいない。国家構築は，近代化の前兆から，いまや新興諸国を現在揺り動かしている挫折・緊張・暴力のもっとも顕著な諸原因の1つとなった。こうした社会では，非西欧文化の覚醒後，構築すべき政治体制は，国家という名称はもつが，ヨーロッパとは異なる定式と異なる処方箋に基づくべきであり，また，封建制後のヨーロッパがせざるをえなかった革新と適応の努力と同じような努力に基づくべきである，という意識が高まった。

　他方，国家を生み出したヨーロッパの地域にまで及ぶような別の

〔新しい〕危機は出現しないのか。実際のところ, この地域における過去の問題と現在直面している問題との間にはいかなる共通点があるのか。確かに国家という定式には桁外れの適応能力があることを認めなければならない。この適応能力があったからこそ, 国家という定式は, 産業化, 労働者階級の覚醒, 大衆参加の飛躍的拡大といった時代を突き抜けることができたばかりでなく, 社会の大きな歴史的段階に足跡を残し, 独自の定式にしたがってそれぞれの段階を築き上げることができた。しかしながら, 現代社会の諸状況はだんだん国家の論理の枠におさまらなくなってきている, ということを数多くの徴候が示している。民族・文化多元主義的 (nationalitaires) 要求の急増, 自主管理モデルの普及, 国家の巨大組織の危機といった事態が示唆していることは, かつて必要であった政治権力の独占化は今日ではその存在理由の一部を失った, という事実である。おそらくもっと深刻なことは, 国家が克服に努めてきた社会の硬直性は, ついに国家自体を襲い, 国家自体が打破するはずだった個別主義を自らのなかに復活させるにいたったのではなかろうか。

　最近, 国家原理がもっとも発展したのは, 逆説的ではあるが, 国家なしですませ, ある程度強固な中心のまわりで自己統治を行うことができた, ヨーロッパや北アメリカの諸社会においてである。合衆国は絶えず中央集権化し官僚制化しているのに対し, スカンディナヴィア諸国やイギリスは, フランスと大体同じであるか時にはフランスをしのぐような社会保障制度を整備し, 国有化政策を実施している。しかし, だからといって, 根本が問われるといったことはない。イギリス社会はいまだに官僚制化が遅れ, 社会経済エリートの役割は以前と同じであり, そして国有化政策はきわめて柔軟なものであり, とくに政権の「交代 (swing)」作用によって微妙に変化する。

実際のところ，とくにイギリスのような「最小国家」の社会は，いまもなお社会的機能と政治的機能とをほとんど自然に両立し続けているように思われる。イギリスでは，政治的機能は個人の自由と集団の自由の保障という古い伝統に依拠している。このことは，国民主権の理論や人身保護法（*habeas corpus*）がいちはやく確立されたことからも明らかである。これとは反対に，ヨーロッパ大陸の国家化された社会は，すでに数十年前から，国家モデルの危機によって広がる政治的不安定化の危険と苦闘している。おそらくこのことは，自由と市民の解放の面で法治国家が創出し，実施し，広めた諸保障を破棄したファシズムとナチズムが，なぜかつてこのような社会で成功するにいたったのか，という問題を解明してくれるだろう。

　疑いようのないことが１つある。国家は明らかに政治的合理化の道具であるとしても，国家がその役割を独占したわけではない。国家によるその役割遂行もますます困難になってきている。国家はおそらく多くの危機に対する有効な解決策ではあろうが，必ずしもあらゆる問題に対応できるとは限らない。したがって，国家は永遠にいかなるところにおいても社会の唯一の統治様式である，とみなすことはできない。

解　説[1]

小山　勉

1

　すでに「訳者まえがき」にも記されているとおり，本訳書の原著は，Bertrand Badie et Pierre Birnbaum, *Sociologie de l'État*, Nouvelle édition augmentée d'une préface, Grasset, 1982（初版は 1979 年）である。邦訳名は『国家の社会学』または『国家社会学』として紹介されているが，敢えて『国家の歴史社会学』としたのは，B・バディとP・ビルンボーム（以下，「ビルンボームたち」と略す）が「第 2 版への序文」と「序論」で明言しているように，「絶えず歴史から学ぶことで，これからの国家の社会学は，政治類型の新しい進化論を避けなければならない。ひとたび特定の類型の国家が構築されると永久不変化するといった理論を再び生み出さないようにしなければならない」（vi頁）という方法的精神，さらには「歴史社会学は，国家の歴史を知ろうとすると同時に，その歴史を社会学的に解釈しようとする」（3頁）という，従来の国家社会学の非歴史性の批判的克服を目指していることを重要視してである。

　訳者自身，B・バディについて知るところはきわめて少なく，P・ビルンボームについては，トクヴィルの政治思想を研究している関

---

[1] 再訂訳版の出版にあたり，小山勉による本解説のなかの本文からの引用文および用語も再訂訳版に統一し，表現も若干あらためた。

係上，かつて『トクヴィルの社会学』(*Sociologie de Tocqueville*, PUF, 1971) を興味深く読んだ程度である。幸い，最近ビルンボームについて研究紹介がなされている。とくに注目に値する論文として，梶田孝道「国家と社会変動——P・ビルンボームの『国家の社会学』」[2]と，国広敏文「『国家社会学』の射程——『比較国家論』への諸前提」[3]とがある。なお，P・ビルンボームの著書の最初の邦訳として，田口富久治監訳・国広敏文訳『現代フランスの権力エリート』[4] (*Les Sommets de l'État : Essai sur l'élite du pouvoir en France*, Seuil, 1977) がある。この訳書における詳細をきわめた訳者解題「現代フランスの国家と権力構造——P・ビルンボーム教授の議論に寄せて」の参照を勧めたい。本解説の真の狙いは，学生の歴史と政治社会学との出会いを助けることであり，読後であれば理解の整理に，読前であれば予備的概要に役立てば幸いである。

訳者はこれまで，トクヴィルの国家像や権力体系の変容論についていくつか小論を発表したことがある。ここでは，浅薄狭小にとどまっているそうした関心域から，ビルンボームたちの国家論の理論的特徴を概観しつつ，その意義を問うてみたい。

本書の構成に即してみるならば，ビルンボームたちは，第Ⅰ部「社会学理論における国家」で，まず古典的社会学における代表的な国家論，すなわちマルクス，デュルケム，ウェーバーらの理論的特徴を批判的に指摘している。ビルンボームたちの批判的回顧は古

---

2) 梶田孝道「国家と社会変動——P・ビルンボームの『国家の社会学』」(栗原彬・庄司興吉編『社会変動と文化形成』所収，東京大学出版会，1987年)。
3) 国広敏文「『国家社会学』の射程——『比較国家論』への諸前提」(『法政論集』131号，1990年3月)。
4) 田口富久治監訳，国広敏文訳『現代フランスの権力エリート』日本経済評論社，1988年。

典的社会学の巨人たちだけにとどまらず、今日支配的な機能主義的国家モデルの挫折の解明にまで及んでいる。彼らの「批判」に独自性と説得性を与えているのは、これまでの国家に関する歴史的研究成果との絶えざる「突き合わせ」があるからである。彼らの「国家の社会学」の「形成原理」の探求もまた、そうした歴史学と社会学との絶えざる対話に基づいてなされている。その成果が「第Ⅱ部 国家・社会・歴史」と「第Ⅲ部 現代社会における国家・中心・権力」であるとみるべきであろう。まさにそこに、「どのような時期とどのような場所で、それぞれの社会の歴史と国家の構築過程とが連接するのかを摘出する分析モデルを練り上げ」(vi頁)ようとするビルンボームたちの狙いがある。そのことによって、彼らは、国家の生成と変容、国家形態の多様性、その発展の不均等性等の問題を解明するための分析モデルの構築という壮図に挑んでいる、といえよう。

　当然のことながら、われわれも本書において最初から最後まで、ビルンボームたちと同じく、「Étatとは何か」という問いへの執着を持続させる必要があろう。なぜなら、彼らは、「初めに全能の定義ありき」から出発しているわけではないからである。その意味では、初めに定義を欲しがる者からは不親切という誹りを受けるかもしれない。しかしだからといって、概念の定義がないわけではない。国家概念の定義は偉大なる先達の理論の批判的考察の過程で模索的に徐々になされていく。そうした長い定義作業の過程を通して、彼らは新しい「国家の社会学」を構築しようと試みている。「国家」といった場合、少なくとも古典古代から中世までのヨーロッパを中心とする政治生活に限ってみても、polis, civitas, republica, commune が想起される。ルネッサンス期にラテン語の status に当たるイタリア語の stato という新しい概念が成立し、この言葉から、

解説　223

英語のstate，ドイツ語のStaat，フランス語のétatという近代語が生まれてきた。ルネッサンス期のstatoは，まだ公権力への徹底的な質的転化と制度的実体化を遂げていない支配権力それ自体，その保持者，権力機構をさす概念であった。この時期の政治思想家マキアヴェッリは，statoの論理と技術の冷厳なるリアリズムを見据えて，statoの獲得・維持・拡大という合目的的「手段」の「技術」的合理性を執拗に追究した。そこでの重大な関心事は，権力行使の正当性ではなく，権力行使の有効性であった。

こうした政治思想史上の一般的な認識からしても，ビルンボームたちの次のような基本認識は大いに示唆的である。「国家（État）は何よりも特定の歴史すなわち西ヨーロッパの歴史の産物であり，しかも特定の時期すなわちルネッサンス期の産物である，といえる。この明白な歴史的事実からして，国家現象（fait étatique）は何よりも特定の時期に特定の場所で起こった危機の解決策であり，その意味では，国家現象を場所と時期にかかわらない危機すべての解決策である，と無前提にみなすわけにはいかない」（106-107頁）。この認識をアプローチの原点に据えて，彼らは還元主義的単純化を極力避けつつ多面的な角度から，《État》の歴史社会学的解明の共同作業に挑んでいる。

2

〔1〕ビルンボームたちはまず，マルクスのテキストに忠実に依拠しつつ，社会が異なれば国家の形態も異なる，という彼の国家認識を示す。ここから，「個々の社会の歴史に即して形成された多様な国家の類型を正しく分析する」（7頁），国家の社会学が発展してくる可能性があったにもかかわらず，現実にはその方向の実質的発展

はなかった。彼らは、その主要な阻害要因を、マルクス主義者たちの経済主体論的・還元主義的な見解への過度の執着に見出している。ビルンボームたちは、合衆国とプロシアは資本主義型の経済体制をとっているにもかかわらず、封建制の過去の有無によって、それらがたどった歴史的発展過程もその国家形態もそれぞれ異なっている、とするマルクスの政治社会学的示唆に富む言説に着目し、この思考傾向から、プロシア官僚制国家は市民社会を支配する自立性をもち、単なる支配的ブルジョアジーの道具ではない、とする国家の現実的自立性を強調する国家論が導き出された、と主張する。

しかし、やがてマルクスの思想のなかに、こうした歴史社会学的な国家観を否定する思考傾向が現れる。ここでビルンボームたちが注目しているのは、マルクスが「政治的国家」の本質を、封建制の過去の有無にかかわらず、「私的所有」と結びつけ、文明諸国の国家は形態上の多様な違いはあっても、いずれも近代ブルジョア社会を共通の土壌とし、ただ資本主義的発展の程度の差があるだけだ、としている点である。彼らによれば、このことによって、プロシア、合衆国、『資本論』で分析対象とされた最先進国イギリスとの間の区別はもはやできなくなる。彼らはまた、マルクスは、国家の歴史的発展過程に関する初期の頃の想像力豊かな論証を放棄し、上部構造・下部構造という伝統的隠喩を想起させる機械論的な見方に立ち返っているとして、この２つの思考傾向はボナパルティズムの国家に関する分析にもはっきり見出される、と指摘する。

こうして、ビルンボームたちは、マルクス研究者たちのボナパルティズム・モデルは「国家の自立性」を例外的時期に限定することによって、マルクス自身の視座の広さを狭めていると批判し、マルクス自身のテキスト全体を忠実に再検討することの必要性を強調している。そして、彼らは、土台・上部構造という伝統的隠喩に依拠

せず，国家の誕生を説明するのは生産手段の私的所有ではなく分業である，とするマルクスの「直観」は，現代の社会学的国家論にとってきわめて重要な意義をもっている，という。分業との関連で問題となるのは，官僚制は合理的分業から生まれたものではなく，一種の寄生的発生の産物にほかならないがゆえに，もはや「国家の自立性」を正当化できない，とするマルクスの見解である。この思考傾向から，国家は自立性を完全に失い，最も有力な社会・経済的勢力の隷属的道具にほかならない，とする国家論が導き出される。その結果，マルクスにおいては，国家の歴史的発展過程は封建制の有無によって異なるとする政治社会学的視座は忘れ去られてしまった。

この第2の理論だけが発展して，国家を支配階級の階級抑圧装置とする道具主義的な国家観を一般化した。ビルンボームたちによれば，このような還元主義的な国家観は，純論理的にたどっていけば，国家の進化論的発展史観に行き着く。奴隷制・封建的生産様式を基礎とする古代共同体社会→資本主義→共産主義という発展史がそれである。国家の終焉が資本主義の終焉と混同され，国家に固有の実体はまったく認められてはいない。

〔2〕これに対して，ビルンボームたちは，社会的分業の視点から国家の問題を捉えようとしたデュルケムを取り上げる。デュルケムにとっては，分業は社会システムの説明原理であるばかりでなく，近代化の手段でもある。この分業の発展過程から近代国家が生まれる。つまり，国家は，分業の発達につれて分化増大した社会的機能を集中・統合する役割を果たすものとして登場する。ビルンボームたちによれば，デュルケムもまた，マルクスと同様に，いくつかの歴史的発展過程に注目して，社会のたどる運命は同じであっても，そこにおける国家の発展はきわめて特殊的であり，しかも近代の政治的中央集権化過程もきわめて多様であることを認識していた。こ

うして，デュルケムは，マルクス以上に，国家形成については進化論的な見解を強く支持していた，という。

　ビルンボームたちは，デュルケムとマルクスの異同点に着目しつつ，次のことを指摘している。デュルケムにとって，「正常な分業」は国家を誕生させ，同時に国家による市民の解放をもたらす。しかし，マルクスにとっては逆に，分業はつねに疎外をもたらすがゆえに，克服されるべき病理である。国家は，デュルケムにとっては近代社会の機能的道具であるのに対し，マルクスにとってはほとんどブルジョアの道具である。その意味では，マルクス主義的国家観とデュルケムの国家観とは完全に対立している。しかし，国家の過度の強大化は国家による市民社会全体の支配をもたらすおそれがある，とするデュルケムの直観は，マルクスやトクヴィルのそれに近い。ところが，デュルケムの視点は，実質的にはむしろトクヴィルのそれを発展させたものである。国家専制はその起源を，徹底的に原子化された大衆社会に有し，そこでは国家権力を制限するいかなる基礎集団も中間的集団も存在していない，という危機認識において，両者の関連性は最も顕著である。その点では，デュルケムとトクヴィルとは大衆社会論の理論家であって，階級社会の理論家ではない。デュルケムは，近代社会の「病理的」発展とそれに伴って機能不全がもたらされる危険性を認識しながらも，その政治的帰結について敢えて検討しようとはしていない，とビルンボームたちは指摘する。

〔3〕ビルンボームたちによれば，国家はマルクスとデュルケムの中心課題ではなかったこともあって，「制度としての国家」の誕生・形成に関する彼らの考察は，その知的成果の豊かさにもかかわらず，脆弱性と矛盾を残している。これに対し，マックス・ウェーバーにとっては，国家は重要な課題であった。彼は，諸々の「政治現象」を固有の論理と歴史をもつ特殊な社会的事実として，歴史的

資料を体系的に駆使しつつ考察した最初の人であるという。そうした作業によって，ウェーバーは，支配現象・国家現象の社会学を構築した。

ウェーバーは，19世紀の進化論的モデルとは反対に，カリスマ的支配，伝統的支配，合理的支配の三大類型を提示した。ビルンボームたちによれば，ウェーバーはこの支配の三大類型に基づく分析によって厳密な意味での進化論的歴史観を避けることになった。彼の類型的分析によれば，合理的支配はとくに現代国家の真の道具として制度化された官僚制の形成・発展を通して現れる。そこで，デュルケムとウェーバーとの異同に関するビルンボームたちの次の指摘は注目に値しよう。両者にとって，官僚制とそれによる国家の形成とは，社会的諸勢力の関係の発現ではなく，西欧世界に固有の分業の発達と不断の合理化との結果である。しかし，ウェーバーは，デュルケムとは違って，政治的分業をそれ自体として検討し，それを一般的過程とみなしてはいない。つまり，ウェーバーは，国家創出の歴史的条件はあくまでも西欧世界に固有の分化過程から生じた特殊な権力形態にほかならないとして，「国家」という政治現象の特殊性を解明した。彼の進化論は，究極的には国家とその最重要な道具としての官僚制に行き着くという点では，マルクス主義やデュルケムの進化論に似ている。

他方，ビルンボームたちは，ウェーバーが『経済と社会』で構築した官僚制の理念型に関する「通俗的な解釈」は，国家官僚制はその著書で提示されたモデルとは異なる，ということを論証する彼の歴史的・具体的な分析を無視している，と批判する。彼は，ドイツ社会の権力構造を研究して，土地貴族の権威主義的支配がブルジョアジーと資本主義の発達のみならず，官僚制度の自律化と国家の合理的機能の遂行をも妨げた，ということを明らかにした。ウェーバ

ーによれば，ロシアの絶対主義体制もまた，分化した国家の発達のみならず，資本主義の開花と，機能的・自律的統一体としての官僚制の形成を妨げた。彼のこのような分析は，当然，『経済と社会』で提示された官僚制モデルとは正反対である。彼にとっては，行政の政治化と，それによる合理性・中立性の放棄という本来の活動領域からの逸脱とは，まさに官僚制の病理にほかならなかった。ウェーバーの矛盾は，近代国家の不可避的な官僚制化やその理念型化と，現実の発展形態の多様性とを理論的にうまく架橋できなかった点にある，とビルンボームたちは結論づけているが，しかしそれはまた，長い間現代の政治社会学の矛盾でもあった，と指摘している。

3

　以上の考察から明らかなように，ビルンボームたちが古典的社会学の三巨人の理論の批判的考察を通して示した視点・問題提起の独自性と示唆性，さらには彼らの挑戦的知性は十分理解できるであろう。しかし，新しい「国家の社会学」構築のための要素探しの予備的作業は，これら3人の古典的な社会学者にとどまらず，現代の支配的な機能主義社会学等にも及ぶ。次に彼らの批判的考察を概観してみよう。

　ビルンボームたちによれば，20世紀の初めのうちは，政治社会学は国家にほとんど関心を示そうとしなかった。グラムシの研究を除けば，経済主体論の圧倒的支配のために，マルクス主義政治社会学は長い間ほとんど存在しなかった。デュルケム政治社会学もフランスでは実際の発展をみず，ただウェーバー政治社会学だけが隆盛をきわめていた。戦間期と1950年代末までをみても，このような国家概念への無関心は，集団理論や政治的多元論だけでなく，シス

テム理論やサイバネティックスのアプローチから生まれた政治社会学理論にもみられる。しかしながら，長い間研究領域から国家を排除してきたアングロ・サクソン系の政治社会学において，不完全ながらも「国家の再発見」がなされた。その背景には，現実問題としては「福祉国家」の出現，学問的には個人主義的・相互作用主義的社会学の挫折といった問題への対応の無視できない要請があった。

ここで登場するのが機能主義社会学における国家論である。それによれば，国家は，社会機構の分化・自律化・普遍化・制度化という4つの過程の同時進行によって形成された。以下，この4つの概念に関するビルンボームたちの考察を概観しよう。

①「分化」概念　　ビルンボームたちは，「分化」概念によって国家論を展開している代表的社会学者として，まずN・スメルサーを取り上げる。彼は，デュルケムの視座を発展させて，分化過程は，経済的領域だけでなく社会的領域全体にも影響を及ぼす真の「変化の法則」にほかならない，と考えた。権力機構もこの原則の例外ではなく，この権力機構の漸次的専門化と他の社会機構からの分離との過程で国家が誕生する，というのがスメルサーの国家観である。

また，パーソンズによれば，国家の分化は，まず国家を社会共同体から分離させるために3つの段階をとる。第1段階は，複雑で自律的な法体系の形成による，社会の成員としての「個人」と政治システムの成員としての「市民」との分離，第2段階は，政府の行動に独自の正統化を保証し，政府に公益領域への介入権限を保障する公法の形成，第3段階は，政治システムからの自主独立主義的な下位団体の排除，である。こうしてパーソンズが国家の分化という考え方を発展させて描き出した近代国家とは，次の3つの特徴に要約されるという。すなわち，まず第1は，社会の全面的統合を担う機

能的国家，第2は，合法性の原理に基づく自己正統性を有する法治国家，第3は，議会制度と市民権原理に基づく民主的国家，である。

パーソンズの国家論の背景には，市場経済の発達に伴う政府権力の強化・拡大への着目があった。こうして彼は，法体系・市場経済・民主的団体・官僚制の発展を「進化の普遍的・必然的な特徴」とみなす。彼の分析によれば，国家の出現は，政治システムが他の社会システムから分離していく過程，さらにはその分離過程から生じる政治過程の自律化・制度化・普遍化とも関連している。また，社会システムの分化を直接条件づけているのは下部構造のメカニズムであるが，他方，この分化を制御し制度化するものとして文化システムの力がある。こうして彼は，社会システムの分化と国家の自律化・強化とを促進することを可能ならしめたのは「文化コード (code culturel)」であるとし，その決定的な要因として宗教改革とプロテスタンティズムに注目する。

このような社会的分化と政治的発展や国家成立とを関連づけて説明する機能主義社会学の国家論の理論的特徴について，ビルンボームたちは次のように概括する。伝統的連帯の解体と社会的役割の専門化という観点から，社会団体の分化，それに伴う権力の強化・拡大，諸要求の表出過程の形成，対立的利害の政治化等が進行し，その結果，政治機構の中央集権化と「政治的なるもの」の普遍化という形をとって，近代国民国家が登場した。そして彼らは，社会的分化のパラダイムの貢献は機能主義モデルを変革するにはいたらず，むしろその修正にとどまっている，と指摘する。彼らによれば，このパラダイムは，国家に種々の分化過程の調和と社会的統合の強化という特権的要素を与えることによって，権威主義的・中央集権的な機能をもった「強力な国家」の必要性を結論づけることになる。

しかし，こうした国家観には比較国家論的視座の欠如による混乱

がある,とビルンボームたちは批判する。実は,アメリカやイギリスは大した紛争もなく分化過程に対応できたのに対し,ヨーロッパ大陸の諸国は,権力の権威主義的集中化によってしか社会構造の分化を推進し,近代性を獲得できなかった。この混乱の原因は,2つの国家観の混同であるという。1つは,国家は普遍的な社会的分化過程の合理的・必然的結果として現れるとするもの,もう1つは,国家は分化過程を推進し完成させるための手段であり,そうした国家の発展のためには強制的な支配機構を確立する必要があるとするものである。

②「自律化」概念　社会システムの「国家の自律化」概念の導入によって,国家は自律化の論理の帰結であり,それゆえ独自の影響力をもち,社会を指導し組織化する主役である,という結論が導き出される。この国家の自律化の属性をめぐって,S・アイゼンシュタットのモデルに言及し,彼が自律化の完成に近代国家の実現の基礎の1つをみている論拠について,比較政治論的視点からR・ベンディクスのモデルを援用しつつ批判的に検討している。国家の本質の概念規定との関連での,「国家の自律性」に関する論述は注目に値する示唆を含んでいる。

③「普遍化」概念　国家が自己の合理化過程と直接関連して登場すると,社会組織の漸次的な分化・自律化に伴って,政治組織の普遍主義的性格が強まる。ビルンボームたちによれば,国家は普遍化の属性をもっているとする理論には,2つの注目すべき意味がある。その1つは,国家は調整機能の発揮を通して,国家への忠誠を圧倒的に優越させ,それによって全市民との間に直接的・排他的な政治的関係を確立しようとする,という意味であり,もう1つは,普遍

主義的傾向の強い国家においては，民衆の離脱・抗議の行為の可能性が極度に狭められる，という意味である。こうした国家の普遍化によって，中心－周辺関係にも重大な変化が生ずるとされる。国家の普遍化との関連で忘れてならない2つの点を指摘しておこう。1つは，「中心－周辺」モデルは，大部分が分化のパラダイムから生まれ，機能主義社会学の系譜に直接属する著述家たちが構築したものであり，その意味では結局西欧国家モデルにきわめて近い，という点である。もう1つは，支配的な機能主義社会学は西欧国民国家の普遍化を，第三世界の社会にとって「政治的近代化」の根本的な枠組みのみならず，その発展過程の必要な唯一の方向たらしめようとしている点では，自民族中心主義的傾向が強い，ということである。こうした傾向は，E・シルズ，G・アーモンド，L・パイ等の研究にもみられるという。

④「制度化」概念　「制度化は，種々の社会モデルが安定したやり方で組織化される過程である」(64頁)という，アイゼンシュタットの定義に基づいて，ビルンボームたちは，機能主義社会学が国家形成の一側面とみなしている制度化過程の問題について検討する。それについての言及は省略するが，次の点だけは指摘しておこう。彼らが，S・ハンチントンの仮説に依拠して，制度化過程とは政治的な組織化と手続きによって十分な適応性・複雑性・自律性・一貫性を獲得することであるとして，国家の成立にこの4つの属性の完成をみることができる，としている点である。

4

これまでのビルンボームたちの批判的考察の真の狙いは何か。彼

ら自身の明言によれば、その真の狙いは、機能主義モデルの全面的否定でもなければ、それに別の社会学モデルを対立させて安易な解決を試みることでもなく、「国家の生成とその機能の仕方に関する社会学的説明に実際に役立ちうる諸要素をこのモデルのなかに探求することであり、しかもできるだけ徹底的な内在的批判に基づいてこの作業を遂行すること」（80頁）である。彼らは、分化社会学を批判するが、分化概念は確かに理論的重要性と発見的有効性をもっていると認める。問題は、国民国家の形成過程を理解するための分化概念の用い方が、多くの点で疑問であり、しばしば妥当性を欠き、必ずしも歴史的事実に合致していないし、その概念の実際的可能性を超えている、という点にあるという。彼らによれば、分化概念はもともと社会・政治的変動の一側面を叙述するために考え出されたものであるにもかかわらず、新機能主義学派はこの概念を変動理論の基本原理に仕立て上げた。次にビルンボームたちの分化概念の用法に関する批判の論点を整理しておこう。

　第1の問題点は、分化概念の過度の普遍化である。その普遍化によって、国家は、画一性・合目的性・連続性を有する内生的社会発展の一産物であって、歴史的事象ではない、とみなされるにいたった。ビルンボームたちはこのアプローチを、国家に関する歴史的研究の成果に依拠して、政治的分化過程は、社会成熟の普遍的な過程の単なる政治的側面の完成ではなく、特定の社会の危機に固有の解決である、と指摘する。それゆえ、西欧モデルの分化過程を非西欧社会に適応することは困難である。また、その適応の困難さをもって「低発展」の原因とすることもできない。

　第2の問題点は、分化概念に合理化という属性を付与していることである。これに対しては、ビルンボームたちは、C・ギアーツのインドネシア社会の研究に基づいて、社会的・経済的役割の分化は

必ずしも合理的・普遍的な影響力をもっているとはいえず，むしろ逆に社会システムのある側面の硬直化を促進し，住民の生活条件の悪化をもたらす，と批判する。したがって，国家機構の増大と分化は，社会関係の普遍化・合理化の方向を妨げることもある。

第3の問題点は，分化は種々の緊張・紛争の解決として起こったとする仮説である。これに対しても，彼らは歴史的な論証をもって，分化は，古い紛争の悪化や新たな紛争の惹起だけでなく，制度化だけでは必ずしもうまく解決できない新しい適応障害をもたらすことがある，と指摘する。その証拠に，国家の構築は，14世紀から18世紀にかけて，数多くの紛争の原因であり，そうした紛争が，革命という，新秩序による旧秩序の暴力的な全面的精算過程によって，ようやく解決された場合もある。

第4の問題点は，分化概念の説明力の過大評価である。そうした過大評価によって，社会的分業が権威主義的な調整機関や政治的中心の出現を必要としたのか，あるいは逆に，政治的中心の出現のほうが分化過程を強化し，政治的領域を拡大したのか，という問題点を区別できず，分化概念を曖昧にし混乱させている，というのがビルンボームたちの批判である。

これらの問題点に対して，ビルンボームたちは，分化を独立変数とすることはできないとし，国家の誕生を説明してくれるのは，分化そのものではなく，分化を必要とする構造である，と主張する。彼らにとって，分化は社会変動の唯一の道具ではなく，社会変動はしばしば分離と結合との連動作用の結果として起こる。ここで彼らは，F・リッグスの分化－逆分化モデル，チャールズ・ティリーの進化－逆進化モデル，さらにはC・ギアーツのインドネシアの近代工業部門の確立過程に関する実証的研究に示唆をえて，「国家現象」の発生の究明にとって，変動の形態を規定する「分化」過程と「逆

分化」過程あるいは「進化」過程と「逆進化」過程とのメカニズム全体の社会学的解明が必要である，と提言する。さらに具体的に，この2つの過程全体を説明するには，伝統の諸条件，紛争の性格，権力関係等を考察する必要がある，という。

しかし，国家の形成は分化－逆分化の対概念だけに還元されるものではない。そこでビルンボームたちが着目したのは，A・エツィオーニの「後成」という概念である。「後成」とは，社会組織が，機能の専門化・細分化によって変化するだけでなく，逆に統合や新しい機能を遂行するためにまったく新しい組織を創設することによって発展することである。国家の後成過程も，分化過程と同じく，社会的分業，権力の組織化，独自の文化コードを有する伝統的組織の抵抗等の特定の展開形態によって歴史的に規定されるものである，と強調する。ここでも，国家の後成過程の普遍性ではなく，その個別具体的な歴史的展開への関心が喚起される。

しかし他方，事象の生理と病理との両面に着目すれば，国家は，分裂と政治的駆け引きのまとめ役という点では，機能主義社会学派がいう通り「機能的」ではあるが，新しい紛争の火種と争点になる可能性もあるという点では「逆機能的」である。機能主義社会学の誤りは，この国家の「逆機能的」側面を考察しなかった点にある。国家の選択的行動は諸々の「決定」だけでなく「非決定」や「回避」も含まれる。ビルンボームたちは，この点ではC・オッフェの仮説に着目し，疑問点は残るにしても，そろそろこの仮説が経験的に証明されることを望んでいる。他方また，分化過程はそれ自体既存の秩序を強化・維持する働きをすることを最も明確・説得的に究明したハーバーマスにも注目している。

ビルンボームたちが以上の考察からひとまず到達した結論は，次

の3点である。第1点は，特定の文化コードを反映した政治的発展過程において国家の誕生を規定する変数がきわめて多いこと，第2点は，国家形成の規定要因自体と要因相互の関係とを区別するには歴史的分析が必要であること，第3点は，機能主義社会学は国家の起源に関する説明はできないが，国家の特徴についてはかなり的確な叙述を与えることができるということ，である。たとえば，政治システムの分化・自律化・普遍化・制度化は，逆分化や後成と相互に連動していることが歴史実証的に解明されたにしても，この四大要素は国家の特徴的属性であることには変わりない，という。

5

次にビルンボームたちの単線的発展説批判の論点を要約しよう。これまでの考察でしばしば指摘してきたように，支配的な機能主義社会学は，国家はあらゆる社会に妥当する普遍的な政治形態であるとし，その結果，多様な文化から多様な政治的組織化の形態が生ずる，ということを否定した。これとの関連でビルンボームたちが取り上げるのは，合理化・分化・自律化・制度化の問題である。

第1の批判点は合理化である。彼らが問題にしているのは，国家はいかなる社会においても社会システムの合理化の帰結か契機として登場する，という見解である。この見解の何よりの弱点は，合理性は文化圏によるいかなる根本的相違も認めない政治形態において必ず具現する，とみなしている点である。しかも伝統の合理化は西欧型によらない限り達成されないし，国家による以外に文化と政治的伝統との再統一はありえない，とする考えにいたっては，「単純で恣意的」である，とビルンボームたちは批判する。これに対して彼らは，文化変数に固有の役割を与え，機能主義社会学が中心的説

明要素としていた特定の社会的分業・権力構造・社会システムの実態以外に，特定の文化コードと関連づけて，国家の形成を説明すべきである，と提言する。そうすれば，第三世界の政治システムを規定している独自の伝統と文化コードとは何かを問えば，西欧の合理化モデルを移植することの至難さが自ずから分かるであろう。とにかく，機能主義社会学が解明した近代国民国家の諸特徴は，特定の文化コードと少なくとも部分的には結びついているからである。

第2の分化の問題に対しても，彼らは同じ批判の論拠に基づいて，西欧国家の誕生をもたらした社会的分化のモデルも，現代の非西欧的政治文化とただちに相容れるものではない，と指摘する。

第3の自律化の問題，すなわち，機能主義社会学が自律性の概念を近代社会構造の普遍的定数とみなした点についても，彼らは同じ観点から，社会組織の自律化は説明変数としては特定の文化モデルと結びついた従属変数であり，したがって，この自律化はもはや近代化の普遍的特徴ではなくなり，いまや特定の近代化を実現するための手段とみなされている，と強調する。

第4の制度化の概念も特定の文化圏と関連がある。ビルンボームたちは，この見解の妥当性を，J・P・ネットルの・エ・リ・ー・ト・主・義・型・政・治・文・化と・立・憲・型・政・治・文・化との分類に基づいて論証している。つまり，ネットルの分類も，行動様式と社会過程との多様性を考慮しているがゆえに，少なくとも部分的には文化現象に依拠している。

以上の考察から，ビルンボームたちは，国家の歴史社会学の構築のために，次の2つの方向を目指す。1つは，西欧の歴史における国民国家の出現と発展段階について説明してくれる経済・社会・政治的変数を探究すること，もう1つは，そのすべての変数と関連している文化コードを厳密に究明すること，である。要するに，文化コードの究明は，西欧型の政治システムが第三世界にどの程度移植

可能か，を判断する決定的指標を与えてくれるであろう。

　これまでの批判的考察を踏まえて，ビルンボームたちは国家社会学の構築の作業にとりかかる。その際の3つの前提を明らかにしておこう。第1に，近代化と同時進行してきた中央集権化の形態はきわめて多様で，文化や経済情勢と密接に関連していること，第2に，国家形成のモデルは社会によって非常に違うこと，第3に，国家は西欧の歴史の産物，とくにルネッサンス期の産物であること。彼らは，これらの前提から，国家現象をあらゆる場所あらゆる時期に発生するあらゆる危機の解決策である，と先験的にみなすことはできない，という。それゆえ，国家現象を，理念型としてのみならず，分化過程で生じた諸困難に直面したヨーロッパ社会が目指さなければならなかった極端な解決方法としても理解することができる。この解決方法は，単に統合と調整の必要からだけでなく，中心の形成過程に伴う当時の歴史的状況，それ以前の社会・政治的構造，各社会に固有の文化的条件に依拠して考え出されたものである。

〔1〕ビルンボームたちは，国家形成を分業と資本主義との関連で考察する。彼らはまず，大革命前のヴァンデ地方に関するチャールズ・ティリーの緻密な個別研究を検討して，中心の形成が社会的分業の必然的産物であるとすれば，国家は，共同体的組織の抵抗，周辺の強硬化，周辺の新しい交易網への統合に対する抵抗といった混乱を伴いながらの，伝統的社会の特殊な解体過程の産物である，と結論する。つまり，国家現象が発生したのは，近代的社会組織が伝統的社会組織に取って代わる条件があったからである。彼らは，さらにR・ブレンナー，I・ウォーラーステイン，E・ペロワ等の研究に依拠して，ヨーロッパにおけるルネッサンス期の大変化に対応するだけの組織化された国家がすでに存在しており，この国家はきわ

めて多様な経済構造と経済情勢に関与しながらも，一定の自律性を保持していたことを論証している。その意味では，国家の誕生はただ単にヨーロッパへの商業資本主義の導入の結果ではない。逆に，国家機構はさまざまの方法で形成途上にある商業資本主義を強固にする動因であった。

　ビルンボームたちは，このように経済的変化と国家形成との間には緊密な関係があることは認めながらも，まず第1に，国家が経済的変化に貢献しているからといって，それをもって国家の形成を説明することは，国家の機能と国家発生の原因とを同一視することにほかならない，という。第2に，機能的観点からみても，国家の形成はとくに初期資本主義に貢献しているとみなすことはできない。この指摘はウォーラーステインへの批判から生まれたものであるが，彼らはこの点についてフランスのヴァロワ王朝期の経済政策をもって論証している。

　こうして，ビルンボームたちは，ウォーラーステインの説は少し荒っぽいとして，精緻なP・アンダーソンの説に依拠して，国家が登場したのは，伝統的組織による異例の抵抗，さらには技術や政治の特殊状況のため，新しい分業の導入が至難であった社会においてである，という仮説を立てる。つまり，国家は封建的組織の再編の主役として登場した，という仮説である。この仮説が明らかにした注目すべき点は，世界経済の新しい条件を何の抵抗もなく十分に利用できた社会よりも，隣接地域に周辺を築き上げた社会において，国家機構の発達が顕著であった，ということである。その証拠に，ルネッサンス期に新しい経済システムの中心にあったオランダでは，権威主義的・調整的政治機構は発達しなかった。また，イギリスでも資本主義はいちはやく大した混乱もなく誕生し，ほとんど非介入主義的な弱い国家機構の永続化が促進され，その結果，同時に市民

社会の自己組織化も進んだ。16〜17世紀にみられた中央集権化の傾向は，真の構造的現象というよりは状況的例外である。

　オランダやイギリスの場合から明らかなように，逆に経済や産業の発達の立ち遅れという下部構造的な決定要因が国家の形成において重要な役割を果たしている，といえる。ビルンボームたちはA・ガーシェンクロンの研究に基づいて，フランス，ドイツ，ロシアにおけるそれぞれの特殊な政治的発展形態を概観している。ここで彼らが注目しているのは，産業化については国家主導の大陸モデルと完全に個人主義的なイギリス・モデルとに徹底的に分離して考察した歴史的研究である。しかし，国によってそれぞれ異なる産業化の形態は特定の社会に顕著な経済の立ち遅れの産物にほかならない，とするガーシェンクロンの見解は誤りである，と彼らは指摘する。彼らによれば，国家介入主義はそれらの社会でいちはやく確立された伝統から生まれたものである。したがって，特定の前産業的な社会団体に固有な特徴，とくに変化への社会団体の抵抗，社会団体の調整能力の低さ，法律・政治制度の多様な細分化といった諸々の要因と関連づけて国家の発達を考察すれば，国家の経済生活への介入の傾向，介入の保護的・選別的性格，産業化過程の遅れのみならず，産業化と「国家化 (étatisation)」との相互増幅効果も明らかになるにちがいない。こうして，ビルンボームたちは労働運動の形態と「国家化」の問題について，主としてドイツやフランスとイギリスとを比較しながら，その特徴的解明を行っている。

〔2〕ビルンボームたちは，国家の起源を社会構造との関係で説明する。そのためには，彼らは，近代社会の封建制の過去に遡らなければならないとして，封建システム自体のなかに，いずれは必ずや徹底的な政治的権力の独占化を必然化する制度的力学が内在していた，と指摘する。ここで彼らが注目しているのは，N・エリアスの

解説　241

次の3つの指摘である。第1点は，封建社会は役割関係がきわめて不明瞭であったこと，第2点は，領主は政治的権力と経済的権力とを同時に行使していたこと，第3点は，新しい富の獲得のためには領主の武力行使が不可避で，領域単位間の競争・対立が恒常化するにいたったこと，である。とくにこうした武力紛争の拡大に対応する過程で，高度に中央集権化された権威主義的な政治システムが登場し，自ら独占した政治権力の徹底的な制度化を推進した。これが封建制に内在していた「国家化」の制度的力学である。

　他方，国家は封建制の新しい技術的・経済的な状況への編入過程の産物でもある。たとえば，軍事的技術の飛躍的発達の結果，城の重要性は著しく低下し，非貴族的社会階層が軍事的重要性を増した。この軍事技術の発達の背景に貨幣経済の発達を見逃すわけにはいかない。他の編入過程として注目すべきは，貨幣経済の発達は農奴制を揺さぶり，封建的生産様式に基づく政治・経済的強制権を決定的に弱めたことである。こうして伝統的な政治・法律的強制権は国家の諸制度に移行した。その制度運営の専門集団として王直属の法務官と官吏が登場した。また，看過してならないのは，貨幣経済の発達の恩恵を受けていた都市ブルジョアジーも，直接・間接に国家の形成過程を補強する働きをした，という点である。こうしてビルンボームたちは，絶対主義国家を貴族階級の単なる道具にほかならない，とするアンダーソンの説をとらない。なぜなら，絶対主義国家は，政治の領域から領主を締め出し，政府の機能と機構の自律化を推進し，しばしば国家利益自体のために経済機構に介入することによって形成されたものだからである。

　以上の考察から，ビルンボームたちは，国家現象はヨーロッパの社会秩序における次の2つの機能不全への対応のなかで起こったものである，と結論する。1つは，主権の極端な分散化と，細分化さ

れた領主所領における政治・経済・法律の高度な未分化とを特徴とする政治構造から生じたものである。もう1つは，硬直性に起因するもので，とくに権威主義的な調整力なくしては新しい分業や要求に適応できない封建的社会団体の硬化から生じたものである。その意味では，国家は政治構造の普遍的な中央集権化過程から生じた「脱封建的産物」である。それゆえ，中世に主権の分散化を経験しなかったゲルマンの伝統をもつ北方の社会では，国家はこれほど明確な形態をとらなかった。彼らはこの見方を発展させ，政治的中心を確立しながら，フランスとは対照的に権威主義的・官僚制的な形態をとらなかったイギリスの近代化過程を考察し，アンダーソンがそうした近代化過程の違いを徹底的に究明せず，ヨーロッパの政治システム全体を「絶対主義国家」という一般的概念で一括したのは間違いである，と批判する。

〔3〕ビルンボームたちは，国家へのアプローチを文化・分離の視座へと拡大発展させる。こうした視座の発展は，経済的要因がいかに強い規定力をもっているにせよ，下部構造的要因だけではヨーロッパのルネッサンス期の国家現象の全体像を説明することはできないからである。国家現象の発生は西ヨーロッパに固有の文化モデルによって規定され実体化され，しかもこの文化モデルでは緊張と紛争の最適な解決方法は「政治的なるもの」を分離し自律化させることであるとされていた。ビルンボームたちは国家の形成過程との関連で4つの側面から「分離の論理」について考察する。

第1は，政治システムと宗教システムとの分離である。キリスト教は俗権に対して教権の自律性を欲求する一方で，独自の正統性の論理と新しい独自の運営形態を築き上げていった政治世界独自の領域を否定的に明確化する働きをした。この「世俗的なるもの」と「教会的なるもの」との分離を契機に，一方で教会は社会の他の部

分から分離し自己組織化したものであるとする教会観, 他方で国家は政治システムが宗教システムから完全に分離した必然的結果であるとする国家観が生まれた。このように聖俗分離による相互自律化過程は国家形成の問題と密接に関連しているのである。

　ビルンボームたちはこの「宗教的なるもの」と「政治的なるもの」との分離・非分離の論理によって国家形成と政治文化との連関的特徴を抽出しようとしている。東方正教会は分離思想を拒否しているために,「政治的なるもの」は社会文化的諸制度からもはや分離できないものとなっている。たとえば, ツァーリは教権と俗権とを一身に担い, 地上における神の代理であるから, ここでは同心円的秩序構造が出来上がる。これに対し, ローマ教会の分離思想は, 2つの権利の相互自律化に基づく楕円的秩序構造を生み出し, 一方では宗教的官僚制の発達・強化を, 他方では国家独自の活動領域における自律的組織化と, 国家機関の市民社会に対する支配力の強化とをもたらす基礎となった。国家の形成・自律化にはこうした非宗教化 (laïcisation) の制度的力学が直接間接に働いていた。

　ここで宗教改革運動が果たした役割を無視することはできない。ビルンボームたちによれば, ヨーロッパ北部のプロテスタント社会は, 一般に,「合理・合法」型の正統性に基づく中央集権的政治システムを樹立したにもかかわらず, そのシステムがその南部国境地域の社会の政治システムほど肥大化していないのは, プロテスタンティズムが国家の発展を制限する働きをしたからである。したがって, 最高度に発達した国家形態は何よりもまずカトリック文化と結びついているという。

　次にビルンボームたちのカトリック文化圏とプロテスタント文化圏との比較政治論的考察に注目すべきであろう。ヨーロッパ南西部に発達したライシテ〔非宗教性〕と官僚制に基づく法治国家は, カ

トリック文化の確立した俗権と教権との徹底的分離の産物である。カトリック社会は，俗権から教権を，「政治的なるもの」から「市民的なるもの」を徹底的に分離し，それぞれ前者を過大に評価することによって，国家を自律的な最高の主権者として正統化した。その結果，国家はのちに経済生活の促進者として，重商主義的・介入主義的政策をとり，それによって「経済的なるもの」と「政治的なるもの」との融合状態，あるいは少なくともその相互依存の関係を制度化した。これに対し，プロテスタント社会のさまざまの伝統は，一方で「政治的なるもの」と「宗教的なるもの」との分離思想を微妙に修正もしくは拒否しつつ，他方では，個人の自由や分業を社会の統合形態としてより一層重視する水平型の分化を促進した。その結果，政治システムは，「宗教的なるもの」と有機的に結合し，市民社会の秩序自体に直接依存している。それゆえ，この政治システムはあまり「国家化」されてはいないが，市場の世界と権力の世界とを分かつ境界を非常に重要視している。ビルンボームたちは，その典型を英国国教に見出し，それが説く政治的秩序は，何よりも議会，ライシテの欠如，さらには市民社会の全能によって基礎づけられている，と指摘する。

　ビルンボームたちによれば，これに対し，ピューリタニズムの場合は，俗権と教権との融合は人間の国と神の国との融合である。ここでは強制的秩序に属する「政治的なるもの」の自律性は消滅し，人間の管理も事物の管理も直接神法に従うことになる。その結果，法治国家は自律的主権者ではなく，政治システムは個人の努力・反省・自由選択を説く宗教的戒律を実施するための手段としての存在理由しかもたない。こうして，ピューリタニズムのヴィジョンは多様な立憲体制となって具体化された。宗教改革が成功したジュネーヴでは，既存秩序は独裁的な神政政治のシステムに変わった。議会

の対立のなかで宗教改革が開花したイギリスでは，自由主義と個人主義が実践的主権性を確立した。マサチューセッツ州では，宗教改革の教理は全住民の政治生活だけでなく経済・社会生活をも支配するようになった。このような考察を通して，ビルンボームたちは，宗教改革は市民社会とは異なる主権国家観そのものを問い直し，カトリック文化固有の政治文化に対抗する新たな政治文化を明確に示し，もはや「国家の制度化」ではなく市場経済の確立を目指す別の「分化コード（code de la différenciation）」を活用する道を切り開いた，と指摘する。

　第2に，家族の領域と政治の領域との分離である。ビルンボームたちによれば，政治システムと家族構造との分離が社会関係の個別化，それを通じて親族体系からの政治的機能を剝奪し，ひいてはその政治機能を集中化・独占化し，「国家化」を容易にした。

　第3に，私法と公法との分離である。ビルンボームたちは，この分離をローマ法を継受した高度の法文化に見出している。この法文化の特徴は，私的制度と公的制度との分離，したがって契約に基づいて組織された市民社会と，公共利益の諸欲求に従って機能している政治社会との分離である。いくつかのヨーロッパ社会では，ローマ法体系は独自の正統性の論理に従って自律的国家を構想し正当化することができた，という点で注目に値するという。ここで重要な役割を果たしたのは国王の「法律顧問団」としてのローマ法学者たちである。現代の高級官僚の祖先であるこの専門集団は政治的権力資源を駆使することによって，政治システムと社会システムとの分離をも押し進めた。その結果，政治的システムは主権に関する公法の制定に基づいて自律性を確立し，社会システムは契約法と財産法の再発見によって王権から自立性を主張しえた。

　第4に，「経済的なるもの」と社会システムとの分離である。こ

の「経済的なるもの」の分離・自律化は確かに下部構造の変化の結果ではあるが, 自律的な経済部門の誕生は文化の問題でもある, というのがビルンボームたちの見解である. 実際にヨーロッパ文化を特徴づけているのは, 人間を責任ある道徳的存在とし, また, 社会を社会関係の個別化にいたる相互行為論的モデルにきわめて近いものとして描き出すキリスト教固有の人間観と社会観である. こうしたキリスト教的な前提に基づいて, 「経済的なるもの」は社会システムとは異なる一貫性と自律性をもった最も優れた活動とみなされるにいたった. 彼らによれば, この「分離」の原理はアダム・スミスにもマルクスにも見出される.

〔4〕このようにヨーロッパで誕生した国家はどのようにして従属社会へ伝播していったのであろうか. この問題がここでのビルンボームたちの考察対象である. 東の方への国家モデルの伝播では, プロシアとロシアが取り上げられる. 直接ゲルマンの血を引いたプロシアの特徴は, ①ローマの影響から遠く離れていたこと, ②封建化が遅く, 西側とは非常に違った封建化過程をたどったこと, ③12世紀以降の皇帝権の漸次的衰退に乗じた擬似封建的貴族の台頭, ④それに伴う土地貴族の反動, 農民の農奴化, 土地貴族の絶対的権力の保持, である. これらの要因が, フランス・モデルとは正反対に, 反国家的発展過程をエルベ川以東に可能ならしめた, とビルンボームたちはみなす. 18世紀初頭に中央集権的なプロシア王国が誕生したのは, 国内的諸問題への対応ではなく, 西欧の諸国家の軍事的脅威への対抗の力学からであった. まさにこのことから, どうしてプロシア社会に「国家化」が起こり, 軍国主義的性格が強化されていったのか, という問題が解明されるという. 種々の国家機構の移植を試みても, 結局は, 本来の西欧モデルのような政治システムを作り出すことはできなかった. 土地貴族階級と農奴制の擁護者とし

解説　247

てのプロシア国家は，その意味ではまさに「北のスパルタ」といえるに相応しい政治システムを築き上げた。しかし，この政治システムは，やがて私的領域と公的領域との分化，自律的な官僚機構の形成，さらには経済的介入主義と市場法則の尊重との巧みな組み合わせをもたらすまでにいたった。

　プロシアとは対照的に，ロシアでは「国家の論理」の徹底的な排除の方向で権力の中心が形成された。ビルンボームたちは，この中心形成は多くの面で古い帝国誕生の過程に似ている，と指摘する。14世紀にモスクワがロシア世界の結晶化の拠点として台頭し，周辺にその支配権を徐々に拡大していったのは，社会構造の変動という内生的要因よりも外交・軍事的配慮という外生的要因からであった。政治的中央集権化過程は，西欧の国家モデルの影響を受けて，歴代の大公の意向によって推進され，16世紀にはイヴァン雷帝が貴族の警察権と物理的強制権を実質的に独占し，自らの親衛隊を組織化した。

　ロシアと西欧との外見的類似性もここまでである。ロシアの中央集権化は西欧とは基盤も要請も異なり，その結果，国家モデルとはまったく異なる政治システムを形成するにいたった。何よりも特徴的なのは，中央集権化によって，市民社会が政治構造に完全に吸収されたことである。こうして中央集権的なツァーリ体制の成立とともに，「社会的なるもの」と「政治的なるもの」との完全な融合モデルが再生された。すでに言及したことではあるが，この融合モデルの構築を一層容易ならしめたのは，ギリシャ正教による権力分離思想の徹底的拒否と，イヴァン3世のツァーリ宣言による宗教的正当性の直接保持である，という。このような社会構造の政治構造への従属化は，19世紀にいたって，市民社会の自律化，結社・利益団体の組織化，自由な企業活動，自治政府・代議制の創設等のいか

なる試みも徹底的に阻止する働きをした。ビルンボームたちのこうした中央集権化過程の特殊性・多様性への着目は，比較政治論的にみても大いに示唆的である。

　国家の伝播は第三世界にも及ぶ。ビルンボームたちによれば，軍事的制圧と植民地支配を受けた第三世界では，東欧や西欧の産業社会から生まれた国家モデルが，まったく異質の政治・社会・文化の構造に半強制的・作為的に移植された。彼らは，オスマン＝トルコ帝国で，18世紀初頭にヨーロッパ社会の法制や統治モデルが盛んに研究された「チューリップ時代」，さらに1世紀後西欧国家のモデルの徹底的浸透を図ろうとした「タンジマート時代」の諸改革について検討している。ここで共通にみられる特徴は，西欧の国家モデルの影響は最初は統治機構の改革，次には軍隊組織の改革，さらには技術学校の創設へと及んだ，という点である。

　アフリカでは，強制的手段を用いたり，経済的・軍事的挫折の原因とされた伝統を自発的・組織的に放棄したりして，ヨーロッパ・モデルの国家が純粋の輸入品として作為的に移植されたが，根づかずしばしば暴力を吹き出す異物のようなものであった。こうした移植失敗の原因は，機構的な面では，第1に，一貫した政策遂行のための合理的手段としての自律的行政機構の制度化の遅れ，第2に，技術・財政・経済面での従属関係のため，果てしなき独占状態を再生産するだけの経済システムからの離脱を可能ならしめる強力な自己組織力をもった市民社会が未発達であったこと，第3に，官僚制も国家モデルも伝統の全面的否定を旗印に強行されたために，近代化推進派と国民的伝統墨守派とに分裂し，国家は社会統制に失敗するにつれて，強圧的にならざるをえなくなったこと，である。まさにここに，国家が自己を基礎づけている分化と自律化に反する全体主義の論理が実体化されてくる必然性がある。以上のことから，ビ

解説　249

ルンボームたちは，国家の移植失敗をただ単に第三世界の経済的発展の遅れに帰せしめるのは誤りである，と批判する。

　アフリカが解決すべき危機構造もまたヨーロッパとは本質的に違う。まず第1に，ヨーロッパはかつて領主の土地私有化と結びついた封建制の危機を，第三世界とくにアフリカは部族構造の永続化，血縁関係の優先，土地私有権の未発達といった要因から生じた危機を，解決しようとしていた。その結果，旧大陸は既存の経済エリートの組み込みが，アフリカは近代化のために工業経済や商業経済を最初から築き上げることが，緊急の課題であった。第2に，ルネッサンス期のヨーロッパは民衆参加の漸次的な台頭に，アフリカは参加意欲の急激な爆発に，対応しなければならなかった。

　さらに，文化コードの面で注目すべき本質的な相違点は，イスラーム教やヒンズー教のように政教分離の思想そのものを否定する「有機的宗教」の圧倒的優位を特徴とする社会では，分離思想に依拠したヨーロッパ文化の所産としての国家モデルは制度化されにくい。したがって，西欧モデルの国家は，現在の非西欧世界とくに第三世界を築き上げている多様な文化には絶対に適合できない，とビルンボームたちはみなす。そして彼らは，ヨーロッパで世俗化過程の果たしてきた重要な役割に着想をえながら，合意を中心命題に据え，その合意が民衆参加の組織化と新しい正当化様式を確立すれば，イスラーム文化独自の社会変革のモデルが制度的実体化をみるであろう，と指摘している。

6

　ビルンボームたちはこれまで「社会の国家化過程」に関する歴史社会学的考察を試みてきた。最後に，彼らは現代社会における比較

国家論のモデルを提示する。その際，モデル構築の指標は，国家・中心・権力である。

　　第1モデル：中心と国家とを同時にもつ政治システム——フランス
　　第2モデル：中心なき国家をもつ政治システム——イタリア
　　第3モデル：真の国家なき中心をもつ政治システム——イギリス，アメリカ
　　第4モデル：中心も完全な国家ももたない政治システム——スイス

　第1と第2の場合は国家が市民社会を支配し組織化しているのに対し，第3と第4の場合は市民社会が自己組織化している。さらに次のように2つのグループに分けられる。1つは，強力な官僚制によって社会システムを支配している社会で，理念型としてはフランス，類似の軌跡をたどったものとしてはプロシア，スペイン，イタリアがある。もう1つは，市民社会の高度な自己組織化と自律的規制が強力な国家と支配的な官僚制の出現を不可能にしている社会で，理念型としてはイギリス，類似の軌跡をたどったものとしてはアメリカと，スイスのような多極共存型民主主義体制がある。これをさらに類型化すれば，官僚制の強い「国家統治型」と官僚制の弱い「市民社会統治型」ということになろう。以下に，それぞれについてビルンボームたちが描き出した現代国家像を概観することにしよう。

〔1〕国家統治型政治システム

①フランス　　なぜフランスは官僚制国家の理念型とみなされるのか。ビルンボームたちはこういう。フランスでは，10世紀のユーグ・カペーからドゴール体制まで一貫して，国家は絶えず市民社会

に対する支配を拡大し，自己自律化を推進し，ついに全周辺を支配するのに適した巨大な閉鎖的行政機構を構築しただけでなく，実力行使権の合法的独占，全国土の監督権限の行使，国境守備といった恒常的役割システムを確立し，しかもこの役割システムを能力主義的・非人格的選抜方法に基づく政治・行政機関を制度化したからである，と。権力の完全な割拠状態の「封建的アナーキー」から，全国民が宗教の多様性および社会文化的・言語的帰属の多様性を超えて，国民国家への忠誠を認めざるをえなくなるのも，自然国境が一般的に認められるのも，18世紀末を待たなければならない。1793年憲法の「単一不可分の共和国」の宣言は，その意味では政治的中央集権化の長い試みの成功を証言したものである，という。

　彼らによれば，フランスでは，王権が領主の独立と都市の自治権を徐々に制限し，下位システムの中心への併合，さらには常備軍の創設等をへて，中心は自己の権威を中世的な諸制限から解放しつつ，徐々に絶対主義国家に変容していく。同時に，中心は行政機関の創設・強化によって，国家の漸次的制度化を促進した。国王は国家政策の立案のために中央官僚機構と種々の顧問会議の誕生を促した。領主の抵抗を打破するために，地方行政機関の権限も強化された。こうして，絶対主義の論理の背後に，すでに国王とも市民社会とも異なる生成期の「国家の論理」が萌芽していた。王国政府は国家の軍隊を拡充するために徴税制度を強化し，経済的介入主義政策がとられた。同時に，国家は，強力な警察による治安維持，フランス教会を介しての信仰・教育の統制等のための種々の直接間接の支配装置を設置することによって，徐々に自律化し，自己の制度化を成功させた。

　中心-周辺関係での「国家化」過程について，ビルンボームたちが描き出す構図はこうである。憲法制定議会は，市民社会への監視

の強化, 地方への忠誠の徹底的打破, 画一的立法とその施行等のために, フランス国土を83の県に区分し, 地方共同体を破壊した。こうして1800年, 知事の設置により, 中央政府－知事－副知事という階層制は, 絶対王政下の国王・地方長官・地方長官補佐を結びつけていた古い関係を再現したようなものである。1798年以後, 外国の敵対勢力に対抗して「国家に体現された国民の統一」を確固たるものにし, 対内的には市民を次第に国家に一体化し, 国家以外への忠誠を破砕するのに, 決定的役割を果たしたのは徴兵制である。内面的国家化において, 教育の国家統制と同じく,「愛国心」のもつ意義は大きい。

　他方, 国家は, 国民主権により自己の正統性をますます強化し, 公共空間を行政法によって規制するにいたる。こうして国家は自律化を強め, 市民社会から独立した。国家の自律化過程で看過できないのは, 国家と教会との分離である。ライシテは国家が他のすべての社会システムからの漸次的分離過程をへて構築されたことを示す重要な特徴の1つである。この観点から重要なもう1つの点は, アンシャン・レジーム下の教会主導の教育が長い世俗化過程をへて国家主導型教育システムが確立したことである。何よりも「国家の制度化の本質」は, 一般的利益というイデオロギーを指導理念として, 中立的・合理的・非人格的に「活動する機能」に自己を徹する上級公務員を中心とする官僚制的役割システムの制度化にある。この高級官僚団によって, 国家介入主義と経済統制というコルベール主義的な改革戦略の一貫性が保持されている。以上が, ビルンボームたちが描いたフランスの「国家統治型政治システム」像である。

②プロシア　　プロシアはフランスと類似の官僚制国家の軌跡をたどりながら, なぜ完全な国家の制度化をみなかったのか。ビルンボ

ームたちはその制度化の未完成の理由について，さまざまの角度から解明している。まず注意すべきは，ドイツ神聖ローマ帝国が国家に発展できなかったために，領邦君主と都市による権利と自治権の拡大を放任せざるをえず，したがって，プロシア国家は，フランスのように周辺の伝統的権力の奪取または形骸化による中央集権化過程の産物ではなく，歴代の選挙侯が農兵と大土地貴族ユンカーが住んでいた領域に軍事力によって築いた国家である，ということである。

第1に，プロシア国家は警察国家として登場する。そこでは，「北のスパルタ」といわれるほど軍隊と警察がきわめて重要な役割を果たし，君主の絶対的権力に完全に服従する官僚集団も出現した。しかし，18世紀初頭には，官吏の君主個人への絶対的「忠誠」義務によって，法律に保護された真の自律的官僚はまだ存在していなかった。その結果，国家も自律化するにいたっていない。プロシアの発展過程で注目すべきは，国家と貴族との恒常的な融合関係である。フランスの貴族が行政から排除されていたのに対し，ユンカーは行政に組み込まれており，その結果，ユンカーが既存の巨大な官僚機構を通して国全体を巧みに統制し，国家の制度化・自律化を阻止するために絶大な影響力を行使した，という点である。

第2に，軍事機構との関係では，フランスの場合とは逆に，軍隊の指揮権を握っていたユンカーが文民官僚を実質的に統制していた。このように軍隊が絶大な影響力をもつ警察国家では，国王への人格的忠誠服従も作用して，ウェーバーが理念型化した非人格的・合理的な官僚制の発達は失敗に終わった。

第3に，プロシアは当初から経済への介入主義的政策をとっていたが，それは，フランスの国家主導型とは対照的に，貴族階級主導型であった。こうして，ドイツは「上からの」改革によって，貴族

階級の基盤である社会構造を変えずに近代化を推進しようとした。その際決定的な役割を果たすのが，上層階級間の団結を生み出している軍国主義であった。この貴族階級主導型の産業化が，ブルジョアジーの発達を抑制しただけでなく，国王の権力と国王行政の権限を制限するのに適した代議制の誕生をも不可能にした。

しかしながら，プロシアでは19世紀になって，国王の権力と国王行政の権限との関係に変化が生じた。法治国家が夜警国家に取って代わると，行政活動は法律の枠内で行われることになる。ビルンボームたちは，O・マイヤーの指摘を援用して，フランス公法がドイツ法にとって重要な指針となっている，と指摘する。こうして，行政法は国家の自律化を促進することを可能ならしめた。これを契機に，プロシア国家は夜警国家の特徴をいくつかとどめながらも，合理的・中立的・機能的であると自任する法治国家への移行過程に入る。この法治国家に，ヘーゲルは精神の具現をみ，ウェーバーは官僚制モデルの原型をみ，とにかくこの2人はイェリネクのいうドイツ公法に影響を及ぼした官僚職に魅せられたのである。この「官僚制国家」はフランスの政治システムのいくつかの主要な特徴を共有することになる。

公務員は，能力主義的選抜方法を定めた行政法によって，高度の自律性と保護を与えられた。その圧倒的多数は貴族である。とにかくこのようにして，上級公務員は政治システムに入り込み，現在にいたるまで一貫して政治権力の行使に参加してきた。その結果，ウェーバーが官僚制の病理とみた「政治権力と行政権力との緊密な融合関係」が構造化された。したがって，ドイツでも，フランスと同様，国家の強力な制度化は公務員の政治生活への参加をもたらした。

ここでビルンボームたちの指摘で注目したいのは，ドイツの公務員の約50パーセントが以前に他の職業とくに産業界に就職してい

たこと，このことが官僚制の制度化を大いに制限し，国家の自律化を遅らせている，という点である。彼らはここに，「政党国家」の形成をみ，政党組織が国家の真の機関となっている，と指摘する。つまり，産業界への就職経験のある上級職と政党との相互浸透が緊密化し，その結果，国家は市民社会から自己を解放し自律化することはできなかった。

〔2〕市民社会統治型政治システム

①イギリス　イギリスは中心を確立しながら，なぜ国家化が遅れたのか。ビルンボームたちはその理由を歴史社会学的に解明している。端的に結論づければ，市民社会の高度の自己組織化と自律的規制によって，中心を「国家化」する必要がなかったからである，ということになる。彼らの考察を概要しよう。

　イギリスでは，強力な統一と中心への忠誠がいちはやく生まれると，フランスとは対照的に，分離独立がもはや起こらなかった。何よりもイングランドは大陸的な封建制を経験せず，一定限度の自治を認めることによって，自主独立主義的なサブシステムの形成を阻止した。役人は地方の非専門的な人々の自発的奉仕を活用した。中央政治への参加も，地方貴族が排他的に独占せず，次に中産階級も含まれた。それゆえ，議会は，紛争解決の場としてのみならず，諸権力間の調整の場としても徐々に形成された。このような様々な社会集団の漸次的混交により，国民形成には国家の露骨な介入は必要ではなかった。イギリス社会では，このような議会制の漸次的発達により，中心と周辺とのエリートの相互交流の伝統が徐々に確立されていった。マグナ・カルタから名誉革命にいたるまで，議会制の原理が次第に指導原理の働きをし，フランスのような絶対王政の出現を阻止した。議会は市民社会の代表機能を担い，執行権の肥大化

を阻止した。国王側近は素人で，中央権力は長い間文民官僚も軍人官僚ももたなかった。常備軍の創設もフランスやプロシアに遅れ，もはや内乱もなく，警察は中央集権化されず，専門職化されず，ずっと政治世界の外に置かれていた。

以上の点から，イギリスではなぜ中心は自己を国家に転化する装置を構築しなかったのか，ということが分かるであろう。では，なぜ中心は行政法によって自己を市民社会から分かつことをしなかったのか。ビルンボームたちはその理由をこう説明する。第1に，イギリスはローマの影響を受けず，市民社会そのものに発するコモン・ローを遵守していること，第2に，コモン・ローは法典を基礎とせず，主として判例により，しかも私法と公法との区別を拒否することによって国家に公権力の特権を与えていないこと，である。彼らは，ダイシーの「行政法体系とその基礎原理はイギリスの諸制度の精神と伝統には明らかに無縁のものである」（197頁）という指摘をもって要約している。

政治的中心が自己を市民社会から分離し自律化する必要がなかったのは，イギリスを支配していたのは国家ではなく，貴族階級とブルジョアジーとを結集した1つの社会階級すなわち支配者層（establishment）だからである。つまり，貴族階級も実業界で活躍し，ブルジョアジーは貴族と交わり婚姻関係を結ぶことができ，その結果，この社会階級の相互浸透が，代表機構と同じく，中心にも及び，国家の出現を阻止した。このようにして，「国家化」は遅れ，国家は最小にとどまっている。イギリスでは，フランスやドイツとは反対に，資本主義と市場の急速な発達が「国家化」の遅れと市民社会の優位をもたらした。自由放任主義・個人主義・市場機構の適用が国家介入主義を無用にしたことも，中心を「国家化」させなかった。

ビルンボームたちは，19世紀末以前にイギリスで官僚制の量的

発展が極度に遅れた様々の要因を，歴史社会学的に解明している。フランスの公務員の採用・養成の方法に学ぶべしとする1968年のフルトン報告以後，種々の改革は試みられたが，公務員の法的身分はまだきわめて低い。公務員は政界にも実業界にもほとんど入ることはなく，権力から疎外された支配集団である。イギリスでは行政と政治とのほとんど完全な分離が制度化されているからである。その結果，ドイツやフランスとは反対に，議会にも政府にも高級官僚はほとんどみられない。ところが，財界は議会にきわめて多くの代表を送り込んでいる。このように政界と財界との相互浸透が緊密なイギリスでは，フランス，ドイツ，イタリアとは反対に，高級官僚と権力との部分的癒着は起こらない。この特徴はアメリカにもみられる。ビルンボームたちの以上の説明から，イギリスは何よりも市民社会の自己組織力と自律的規制力が強く，真の国家なき中心をもつ政治システムの社会である所以が明らかであろう。

②アメリカ　ビルンボームたちの指摘でまず注目すべきは，合衆国とヨーロッパ諸国との根本的な違いは，アメリカ社会は封建制の過去を有していないこと，つまり，国民形成のために大封土の廃止も貴族階級打破のための国家装置も必要ではなかった，ということである。植民者たちの政治社会形成の原理は，彼らがイギリスから持ち込んだ権利宣言の諸原理である。それは，法の前の平等の保障，代表制度の強化，執行権の制限，選挙権の拡大等である。アメリカ社会は，イギリス社会と同様に，自律的規制力と契約的性格を有し，その意味では国民は中央集権的なフランス型国家の外で形成された。

　合衆国はイギリスから多くの制度を導入しながらも，中央集権的権力の創出も，国家主権の思想も，執行権の発達も，議会は主権を代表するという理論も拒否した。その結果，主権は分割され，権力

は分有されている。政治システムの近代化は、ヨーロッパ諸国と違って、中央集権化過程をたどらなかった。連邦制の採用によって、アメリカの政治システムでは、州は中央権力の単なる出先ではなく、ほとんど分離独立した独自の政治的実体をもった機関となり、そのことによって、連邦政府は制限されている。

　国家の力を借りずに形成された国民は、自己の正統性の原理を自由原理と平等原理との結合に見出している。この二大原理の結合は個人主義を強化し、「機会の平等」という仮想から生まれた「結果の不平等」を正当化している。そこではダーウィニズムが支配し、適者生存の原理が受け入れられ、独立独行の人という神話が生まれ、企業家が新世界の英雄となる。これらの要因にピューリタニズムの個人主義的教理も加わって強化されたこのようなエリート主義理論が少数者の権力を正当化する。まさにこの民主的で開かれたエリート主義が「社会の国家化過程」を未然に防いだのである。

　ビルンボームたちのこれらの指摘からも明らかなように、アメリカ社会の組織化で重要な役割を果たしたのは、国家ではなく、主として経済エリートである。彼らは、憲法制定で強い影響力を行使し、政党を動かし、政治家のなかに入り込むことによって、国家の自律化を阻止した。こうして政府にも議会にも実業家の数が多い。その点ではイギリスに似ている。政治家の二大輩出母体は経済界と法曹界である。法律家はほとんど常に産業界と結びついている。その結果必然的に、法律家出身の政治家は、大企業の代弁者となる。経済界は執行権の設置した各種委員会を支配し、政治システム全体を制覇するにいたったのである。

　したがって、政治システムは経済界の圧力に抵抗するだけの自律的な機構も官僚制も樹立できなかった。猟官制のため、自律化・専門化した中央官僚制度の樹立が遅れた。1883年のペンドルトン法

施行後，資格任用制が徐々に確立されて，選抜試験による公務員採用が行われるようになったとはいえ，官僚制への反発は強く，イギリスやスイスと同様に，公務員と行政との結びつきはいまだに弱い。その理由は，究極的には，政治システムが実業界に占領され，自律化を阻止された，ということにある。イギリスの政治システムと同じく，アメリカの国家は現在でも市民社会を支配しようとしない点では，国家の制覇は未完のままである。

③スイス　ビルンボームたちはスイスを多極共存型民主主義のモデルとして挙げている。まず彼らは多極共存型民主主義を，多種多様な集団が多数決原理によらず，譲歩・寛容の精神に基づく協議によって紛争を解決できる政治システムを指す概念と規定している。このような社会には民族・宗教・言語による亀裂によって対立し合っている複数の集団が存在している。たとえば，スイスやオランダでは，そうした集団間の平和維持のために「和解の政治」が少しずつ育ってきた。同一の社会体制内に複数の文化が存在しているために，「垂直的多元体制」が生まれた。この体制においては，全面的分裂を回避する方策として，各集団同数代表制がとられている。

　このような社会には中心も完全な国家も存在していないから，周辺への忠誠が完全に認められ，正当化されている。社会固有のまとまりは重なり合う亀裂から生じた各集団に属している。多極共存モデルでは，相互和解をエリートたちに委ねるだけの集団内コンセンサスの存在が前提となっている。したがって，各集団の住民は，自己のアイデンティティを，宗教的・民族的集団を超えた国家や社会階層に見出さず，あくまでもまず自己の代表性の基盤を帰属集団に置いている。つまり，ここでは集団間の紛争を外から解決する国家は発達しなかった。

260

このような多極共存型政治システムは，地政学的要因の影響を受けて，長い歴史的蓄積によって自然に形成された自治体間の相互援助の連合（association）である。ここでビルンボームたちの指摘で注目したいのは，19世紀の中頃，経済的統一の必要から政治的統一の必要が生まれたということである。この見方によれば，スイスはイギリスに近い。なぜなら，この両国にとって，市場の問題から国民の形成が必要であったからである。イギリスとスイスは，フランスやドイツとは反対に，種々の代表制を活用して自治を行い，国家の創出を不要にした。ところが，スイスはイギリスとは対照的に，中心の強化によらず，また政治的多元体制にまったく手を加えず，経済的統合を成し遂げた。ビルンボームたちはここに，民族・宗教・言語の亀裂による社会集団間に協調と妥協が生きながらえている理由を見出している。

　最後に公務員制度について概観しておこう。公務員は終身雇用ではなく，任期4年で，再任は認められない。公務員は市民社会から分離し自律化するにいたらなかった。その証拠に，上級公務員の34パーセントは以前に経済界に就職した経験をもっている。公務員の採用は，能力主義に基づかず，言語・宗教・文化の多元性の尊重および各集団間の代表の均衡保持という観点から，一定の均衡を重視する努力が払われている。イギリスやアメリカのように，スイスでも，上級公務員は政界には少なく，実業界出身の政治家が重要な役割を果たしている。このこと自体は，イギリスの場合と同じく，「国家の制度化」の低さを証明している。

　　　　　　　　　＊　＊

以上のやや長すぎた解説を終わるに当たって，本書に対する批判的考察は国家論の専門家に委ねるとして，若干の意義と問題について言及しておこう。ビルンボームたちは，一方で，古典的社会学と現代の支配的な機能主義社会学との国家論からいくつかのアプローチや概念を批判的に摂取しながら，他方では，多くの歴史学者の国家研究の成果を体系的に駆使・発展させながら，歴史的現象としての国家の生成とその発展・変容の過程については社会学的に説明しようとしてきた。その点では，彼らの批判の論点の明確化と新しい「国家の社会学」の方向づけは，読者にある程度明白に刻印されたであろう。率直にいって，本書に関する限り，彼らの目指した「国家の歴史社会学」は精緻をきわめた理論体系に達しているとはいえない。しかし，両者は理論と実証との両面にわたって多くの研究成果を世に問うているようである。専門性からして周辺的な訳者には，ここでそれらについて紹介するだけの準備もなく，ましてやその能力もない。専門家たちの御検討に期待したい。しかし，社会の歴史と国家の成立過程とを解明するための歴史社会学的分析モデルの提示という彼ら自身の課題は，一応の成功をおさめているといえよう。その意味では，彼らが再検討した視座や概念は，国家の過去・現在・未来の諸問題を分析・展望するのに有益な知的素材を提供してくれるものと思われる。

　ビルンボームたちが還元主義の陥穽を回避しようと苦闘したのは，それが基底要因の普遍性を過度に固定化し，その概念的可能性・妥当性を超えて一般化することによって，特殊性なき普遍性の永久不変化をもたらすからである。彼らがそのために歴史的研究成果に積極的に学ぶことを強調し，自らも実践していることは，すでにみた通りである。彼らもまた，類型的分析を試みているが，その際彼らが配慮しているのは，独立変数還元主義化を避けるために，変数を

多くし，それらの連動作用の過程全体を把握しようとしていることである。その意味では，分化－逆分化，分離－不分離，機能－逆機能，進化－逆進化，さらにはこうした対概念の単純化を避けるために，「後成」概念や「文化コード」の視座を導入している。こうした方法的試みから，国家の起源だけでなく「国家の論理」を摘出しようとしたといえよう。

　ここで改めて，「《État》とは何か」を問い，要約的説明は繰り返さない。ただ単純に中世に「国家」はあったのかなかったのか，と素朴に問うてみよう。ビルンボームたちも批判しながら認めた「エタ」の四大属性の分化・合理化・自律化・制度化を部分的にでも明示できるものを敢えて探せば，それに近いのは教会ではなかろうか。無論，教会と「エタ」との違いを明確に認識した上で，概念的回り道をしていった先に「エタ」概念が逆照射されて見えるからである。このように考えてみると，古典古代以来，政治生活の単位，政治共同体，政治社会はどのような変遷過程をたどり，いかなる名称で呼ばれてきたのであろうか。その変遷過程における政治生活の組織形態として「エタ」が登場したというのが，ビルンボームたちの歴史社会学的な国家観である，とみるべきであろう。しかし，彼らの言う「エタ」は伝播過程で，第三世界の政治文化の強力な独自性にぶつかり，その近代性を問い直される契機を与えられた。

　本書では，ビルンボームたちの「エタ」の多様な形成過程についての類型的分析は一応理解できるにしても，彼らが「エタ」の近代性を「国民国家」にも見出そうとしている限り，「国民（nation）とは何か」を積極的・具体的に問うことによって「ナシオン」の多様な形成過程についての歴史社会学的解明の試みが必要であったのではなかろうか。それについての言及は，「エタ」が中心的関心であるためか，周辺的・散発的である。それゆえに，「ナシオン」と

「エタ」との結合類型によって，彼らがイギリスを典型としている「国民国家」と，一般的にフランスが典型とされる「国家国民」との区別も，理論的に不可能になる。「エタ」の起源が領域国家と関連しているとすれば，国境の作為的確定と自然化という視点はまた，「ナシオン」の作為的形成と自然化を問う視点と密接に連関しているはずである。この問題の解明は，彼らの目指す「国家の歴史社会学」の構築にとっても，決して小さくない意義をもっていると思われるからである。しかし，ビルンボームたちは，少なくとも「結論」で，その問題の展開の方向性を簡単に示唆することだけは忘れてはいない。「現代社会の諸状況はだんだん国家の論理の枠におさまらなくなってきている，ということを数多くの徴候が示している」(219頁)という彼らの社会学的直観は，「エタ」が社会の政治的合理化の役割を独占する唯一の統治形態である，という国家観自体が問い直されつつある潜在的・顕在的な傾向への彼らの直視に基づいているものと思われる。

　この観点から注目すべきは，「単一不可分性」に基づく国民的統合モデルのフランス型国民国家（その特徴を類型的に強調すれば，むしろ国家国民は）は，民族・文化多元主義 (nationalitaire) モデル運動によって，政治権力の独占を永続化してきた「エタ」の存在理由自体を揺るがされ始めている，というビルンボームたちの直観の示唆する意義である。ここにいう「ナシオナリテール」は，「ナショナリスト」のように民族・宗教・言語等の単一性を保持するために分離・独立を至上目的にせず，多民族・多文化の構成的実態のなかに自己の文化的アイデンティティの独自性を強調しようとするものである。その意味では，それはフランス・モデルの「エタ」が作為し自然化しようとした「ナシオン」の「単一不可分性」の近代的作為性の根拠自体を再検討する契機を内在しているといえよう。ビル

ンボームたちは，近年の《ethnique》と《nationalitaire》との動きが「エタ」と同時に「ナシオン」の本質を問い直し始めていることを予感しているのである[5]。

---

5) こうした最近の動向に関するすぐれた研究として，とくに梶田孝道『エスニシティと社会変動』(有信堂, 1988 年), 宮島喬・梶田孝道編『現代ヨーロッパの地域と国家——変容する〈中心-周辺〉問題への視覚』(有信堂, 1988 年)。庄司興吉編『世界社会の構造と動態——新しい社会科学をめざして』(法政大学出版局, 1986 年), 栗原彬・庄司興吉編, 前掲書を参照。

補論 1

すべての主権国家に主権はあるのか？[1]

ベルトラン・バディ

『国家の歴史社会学（Sociologie de l'État）』の出版から35年がたち，議論のありかは少し変化した。〔本書を出版した〕1979年は第2次冷戦のさなかであったが，今日われわれは「ポスト二極化（post-bipolarité）」の時代にいる。故意に曖昧なこの奇妙な「ポスト二極化」という用語によって，われわれは国家を当時とは違った見方で問うているように見えるが，実は同じ問題に突き当たっている。今日，おそらく政治学と法学はともに主権主義の強迫観念にとらわれている。それは，永遠に獲得された教義（dogme）への畏敬ではなく，政治学と法学の基礎ではあるが，いかなる明確な定義も認識論的に明快ないかなる地位も拒絶する1つの中心的概念を前にした時のおそれである。主権概念は，〔主権〕思想それ自体，そして国家の例外的存在によって時代を超えて伝えられてきたが，現在では，主権概念は複雑であるということは国際関係の日常となっている。

主権はおそらく，まったく異なった背景からそれを打ち立てた人々——フィリップ端麗王，ジャン・ボダン（Jean Bodin, 1530-1596），トマス・ホッブズ（Thomas Hobbs, 1588-1679），ジャン=ジ

---

[1] この補論はフランス国際法学会報告原稿（2008年10月，パリ）に加筆修正を加えたものである。

ャック・ルソー（Jean-Jacques Rousseau, 1712-1778）——のそれぞれ別々の企図を超えて一貫して存在している。このように主権概念はすぐに本質主義的に解釈され，流布したが，主権の歴史社会学的解釈はこうした本質主義的概念解釈の邪魔をする。この概念をさまざまな分野に種々の方法で使ってみることで，この概念がもつ欺瞞または「偽善」が明らかになるし[2]，この概念が，多くの場合矛盾をはらみ，時にシニカルなまでに政治的に使われていることが明らかになる。主権が歴史をもつとするなら，主権には出発点があったはずであり，何らかの転換期をへて，そしておそらく，その消滅もしくは完全な再編をしるす終わりがあるだろう，と考えることができる。

　主権の誕生は明らかに多元的であり，非常に曖昧であった。主権の誕生とは，時とともに変化する状況に応じて，異議申し立てを創り出すと同時に支配を創り出すものでもあった。主権はまず，解放の叫び，具体的には中世末期のフランスで，神聖ローマ皇帝とローマ教皇の二重の監督権からの解放を望むフィリップ端麗王の叫びであった。したがって，主権は権利要求であり，不完全感の呼び名であり，欲する権力と実際の権力配置——それは権力の要求を不可能にし，不完全なものにする——との間の乖離のしるしであった。主権は，こうした古くてしかも繰り返される実践のなかで，〔主権という概念が〕表現し維持しようとする絶対性（l'absolu）の基礎を見つける。主権とは，それが未完なもの（inachèvement）と闘うために考え出されたがゆえに，完全（totale）でしかありえない。

　しかし，主権概念は急速にその地位を変える。主権概念は，異議

---

[2] Stephen Krasner, *Sovereignty : Organized Hypocrisy*, Princeton, Princeton University Press, 1999.

申し立ての原理から支配秩序を記述する概念になる。つまり、ジャン・ボダンが主権を国家（République）の基本原理——これ以降は政治的権利の基礎でもある——とした際に述べた概念である。国家は、それが永続的かつ不可分な絶対的な力をもつ時のみ完成されうるのである[3]。のちに国際主義者（internationaliste）は、ここから、重要だけれども注文の多い次のような国家の特徴を取り上げることになる。すなわち、主権の名において、国家は自己より大きなもの、小さなもの、同等のものなどいかなる他者からの強制も受けない。

他方ホッブズは、いったいどうして諸個人は従属の秩序を受け入れるにいたるのか、という究極的な問いに答えた。当時こだまのように広がり影響力をもったのは契約思想である。主権は、個々人が望む安全が確立されるために、各人が自らの自由権を委譲することによって築き上げられたがゆえに、各人は主権を受け入れるのである[4]。ホッブズは、完全に明示的ではないにせよ、同じ考えが国家間でも可能であることを示唆している。〔互いに殺し合った〕ローマの剣闘士（gladiateur）のような国家は同類のものと対峙してはじめて存在しうる。明確な形が見えてきたウェストファリア体制のもとでは、ある国家の主権は、他の諸国家の主権と均衡がとれた時、はじめて完全に保障されるのである。諸国間の共存は主権間の共存を前提とする。ここに、「異議を申し立てる主権（souveraineté contestataire）」は、共存と並列という機械的な秩序体制のまえに消え去るのである。

国際的な駆け引きによって、主権の意味は関係的なものから領域

---

3) Jean Bodin, *Les Six Livres de la République*, Paris, Fayard, 1986 (1576).
4) Thomas Hobbs, *Le Leviathan*, Paris, Sirey, 1971 (1651).（水田洋訳『リヴァイアサン 1～4』岩波書店、2004 年）

的なものへと引き寄せられる。そこから派生するのは、〔主権の〕性質が一定の領域内部で評価されるということである。つまり領域は〔主権の〕媒介役であり証拠であるという二重の性質を有するということになる。国家の近代的な定義とも非常に近い、まさにウェーバー流の理解をすると、次のような不確実性に行き着くことは避けられない。すなわち、ある領域が他の領域から隔絶して政治的選択と決定を行うことが難しくなり、決定の場としての妥当性を失っているとすれば、今後、主権原理にはどのような価値があるのか[5]。

ここで「主権－異議申し立て」と「主権－支配」の間に非常に大きな乖離が生じる。前者は永続的に文化と時代を超越する。皇帝権力と教権への抵抗から植民地独立戦争まで、そして今日でも、パレスチナ、チェチェンそしてチベットの紛争の原因であるように、世紀を超えた解放欲求として意味をもつ。そのいずれの場合でも、主権獲得を目指すという考えが生じる時、その主権の指し示す意味にずれはない。後者の場合は反対に、悩ましい歴史のなかに位置している。地域統合であろうと、グローバル化の進展であろうと、宗教・エスニシティその他に由来するアイデンティティの問題であろうと、「主権－支配」は自らに向けられた挑戦で敷き詰められた歴史のなかにいる。「主権－支配」は脆弱なものとなり、つねにその能力を、そして存在自体さえ脅かされる。

そこには確かな理由がある。主権は、秩序原理たろうとする時、他者性の隠蔽のうえに自らを構築する傾向にある。しかし、社会科学において、それは直ちにアポリアとなる。気づかないうちに他者

---

5) Jan Aart Scholte, « The Globalization of World Politics », *in* John Beylis, Steve Smith, eds., *The Globalization of World Politics*, Oxford University Press, 1997. Bertrand Badie, *Un monde sans souveraineté*, Paris, Fayard, 1999.

を拒絶すること，しかもその無自覚を免れていると考えることは，3つの意味で社会的なものの本性に反する。第1に，それは国際的なもの（l'international）を相互依存という思想から隔離するということである。第2に，それは他者の存在がどれだけ各人の自由を制限しているかを無視するものである。第3に，それは自己の主権の状態は他者が自分に向けるまなざしに依拠している，ということを忘れることである。

こうした限界のうちの第1は，グローバル化の危機を告げている。この危機によりジョルジュ・セル（Georges Scelle, 1878-1961）が国際関係の原理として打ち立てた「相互浸透（compénétration）[6]」の考えは絶頂を迎える。各人は自らの生存，安全，繁栄を確保するために徐々に他者に依存するだけでなく，諸国家が直面する争点も徐々に分割不可能になり，国という形状に還元不可能になっていく。相互依存[7]という考え方のなかには，明らかに主権パラダイムと正反対のパラダイムがある。こうして，国際的なものについての2つの解釈が次第に競合していく。一方は相互作用の論理を評価する解釈であり，他方は並列の原理を主張する解釈である。

この第1のアポリアは，これもまた本源的な第2のアポリアに通じる。つまり，他者は決して完全に切り離されてはおらず，反対につねに影響を及ぼしている。社会的アクターの何人も，自分に先立つ者は誰もいないという前提に立つことはできない。〔国家間の厳然

---

6) Georges Scelle, *Précis de droit des gens*, Paris, Sirey, 1932.
7) 相互依存概念はG・ドゥヴァンによって的確に批判されている。ここでは概念の不明確さには立ち入らず，また実体概念としてではなく解釈的なパラダイムとして用いることとする。Guillaume Devin, « Traditions et mystères de l'interdépendance internationale », *in* Pascal Morvan, *Droit, politique et littérature*, Bruxelles, Bruylant, 2008, pp. 245-263.

たる〕力の格差が存在し，それがある国の主権の表明を暗黙のうちに修正させていた間は，この考えは目立たなかった。最強国は，二極化時代の二大超大国のように，完全なる主権を有する集団を独占し，同盟国，庇護国，弱小国を「制限された主権[8]」階層の上か下のどこかに置き去りにしていたからである。いったんこの考えが広がると，それは複雑になり，またポスト二極化の到来とともに堕落する。「相互浸透」を強めるグローバル化と規制力の弱まった序列——そこでは，もっとも弱い国ほど最強国より時代の先を読む——との衝撃が組み合わさり，主権主義の仮説はその妥当性を失い，既存の基準に整合しなくなりさえする。

国際関係の相互主観的性質が徐々にその重要性を増していくと，そこから第3のアポリアへといたる。各国の主権は，他国がその国家を主権的な主体として認めるか否かによって決まるというのは，明らかに矛盾である。われわれは承認という考え方を改めて見いだすのであるが，さらにここには，より今日的な何かがある。介入（ingérence ; *interference*）という考えが当たり前になることで，主権は，不安定な獲得物となり，不断の更新に服するものとなった。1992年，国連安全保障理事会，そしてとりわけアメリカ政府当局は，ソマリアは主権を喪失した「崩壊国家（*Collapsed State*）」であるとみなしたがゆえに，希望回復作戦[訳註1]は可能となった。逆に，その少し後のルワンダの場合は主権国家であるとみなされたがゆえに，アフリカ大湖沼地域[訳註2]への介入は行われなかったのである[9]。

---

[8] Robert Jackson, *The Global Covenant*, Oxford University Press, 2000.
[9] これより前に，この考え方はマニングの著作のなかで示されていた。Charles A. W. Manning, *The Nature of International Society*, Londres, Macmillan, 1975.

永遠に他者から決められる己の主権は従属的である。他者に従属的であり，その戦略的な選択に，その先験的前提に，その物事の受け止め方に，そしてその意図に従属的である。これがアポリアの典型だろう。こうして明らかにされた〔主権〕概念の脆弱性はただちに中心的な問いへと行き着く。主権がこれほどまでフィクションのようであるけれども永続的であるならば，このフィクションの有用性を第1に問いながら主権を解釈してみること，おそらくそれが肝要なのである。

　ウェストファリア体制がこの難問の最初の解答例である。競争の体制，列強間の不安定な均衡体制，（ホッブズの表現によれば）「共通の権力なき」体制であるウェストファリア体制は戦争の体制でしかありえない。戦争の体制は，それが絶頂に達した時，各権力主体が完全な主権を要求すること，さらにはあらゆる共通規範からの完全な解放を要求することでしか自己を正当化することはできない。ウェストファリア・モデルでは，現実的に唯一理解可能な秩序原理は競争である。こうしたモデルのなかで国家間競争に参加する権利は基本的価値をもっていたし，主権的な力の二重の性格——絶対主義と不可分性——によって純化されていた。その結果，国家と戦争の間の緊密性が確認され，しかも正当化されさえした。〔国家と戦争という〕この結びつきは，たとえ明示されないにしても，ウェストファリア・モデルの重要点である。国内平和（paix civile）の考えを超えて国際的なものの局面に入ることが問題となる時，同時にわれわれは平和と主権の結びつきを維持することの難しさも予感する。

　これに対して，より根本的に考えれば，この主権主義のフィクションは，国家の対内的次元と対外的次元とをつなぐ唯一考えうる紐帯として重要性をもった。それはまた，国家は対内的には契約によって構築され，他方，対外的にはあらゆる義務から自由であるとい

補論1　273

う無視できない仮説〔の対内性と対外性との間〕をつなぐものでもあり，つくり上げられた主権と受け入れられた（実際には承認された）主権との間をつなぐ紐帯でもあった。こうした，内では「能動」，外では「受動」という2つの側面の間の緊張関係は，周知のとおり対内・対外という基本的な対置に第1に立脚する国際関係論の現実主義理論を先取りしている。一定の国家観はこの対置を猛烈に必要としているし，唯一主権理論のみがこの対置を正当化でき，しかもこの対置に根拠をあたえることができる。

　主権はしたがって，18世紀のヨーロッパの輪郭をつくり上げることに大いに貢献した特異な経験と不可分である。当時，君主は主権によって国際的なものをその裁量空間にとどめることができたし，国際的なものが政治的なるものと同じように公的空間——契約的・規範的な空間，そして共同統治の空間になりつつあった——のなかに滑り落ちることを妨げたのは主権だからである。確かに19世紀には，協調（concerts）の実践によって，主権者を拘束する永続的な妥協の思想が徐々に認められることになる。さらにそのうえ，絶対主義の公準は部分的に覆る。つまり，民主主義が国内で勝利を収めるにつれて，国際的なものの例外主義が諸人民の役に立ちうるということである。グローバル化の大発展時代によって，諸人民の意志は相反し，衝突し，諸人民は対立する状況にあるなかで，国家主権主義は人民の保護の原理になる。しかし同時に，この時，国家主権主義は国際的協調と共通規範の原型を動かなくしてしまう。

　この点では，主権の機能分析のもつ重要性は，われわれが主権の起源について打ち立てることのできる仮説以上にはっきりしている。歴史のなかでの主権の状況はとても明らかである。つまり，主権主義のフィクションが登場するは，政治体制間の断絶がもっとも強かった時であり，国内・国外の間の緊密性がもっとも確かであった時

である。相互依存がはっきりと現れるにつれて、相互浸透の論理が過熱するにつれて、そして、争点が共通善と不可分であることがはっきりとするにつれて、主権を絶対的に尊重するためにかかるコストは跳ね上がるのみである。1つの国家にとって、主権的存在であることはただ単に徐々に困難になりコストがかかるようになるだけでなく、国家は日常の実践のなかで、もともとは国家の基本的属性としてみなされていたことから切り離されるようになる。

　ここから、奇妙な概念が大量に登場する。内容が往々にして矛盾するという共通性があるが、引用するならば、「共有された主権」「修正された主権」「責任を負わされた主権」などである[10]。こうした概念の増殖は、実際のところ、もともと契約論に立っていた仮説の再編を表している。つまり、各国家はもはやそれを設立した人民に対して義務を負うだけではなく、人類全体に対しても義務を負うのである。しかもこれは、「干渉と国家主権に関する委員会」[訳註3]（CIISE ; ICISS）が2001年に発表した報告書の反主権主義的なメッセージでもある。2人の共同委員長の名前をとって「エバンス＝サヌーン委員会」とも呼ばれたこの委員会は、報告書に「保護する責任」というタイトルをつけた。機構よりも機能が勝るというメッセージを示すためである。ある国家が（できないのであれ、望まないのであれ）自国民を保護することが不可能であれば、他の国家はその国家の代わりをする権利があるだけでなく義務ももつ。

　安全思想のこうした「世界化（mondialisation）」には次のような3つの実際上の理由があった。第1は争点の共通化（communalisation）である。多国間主義はある意味ここから生じるが、多国間主義は主権を有する諸国家の選択的統制のもとにあり続けている。第

---

10) Robert Jackson, ed., *Sovereignty at the Millennium*, Oxford, Blackwell, 1999.

2は責任の帰属性（imputabilité）であり，国家のあらゆる活動は，単に自国の市民に対してだけでなくすべての人々に影響と結果を与えるということを前提とする。しかし，主権主義の主張はまさに前者にあるのであって，〔責任の帰属性概念がもつ〕普遍性の部分を無視もしくは過小評価している。したがって，唯一実際的な基礎は第3の補完性（subsidiarité）である。それは，危機状態にあるものにもたらされるべき援助義務の名においてすべての者に責務を課すのである。

その後多くの議論が開始されたが，それは次のように始まった断絶を反映するものであった。ただし，断絶は絶対的なものではなかった。つまり，主権思想の放棄を議論するよりは，保護する理由があるか否かを最終的に決定する権利を各主権者に残すという奇妙な組み合わせを議論する方がふさわしい，というものであった。国際的な場面には保護責任者遺棄罪は存在しない。せいぜい，徐々に国際化しているけれども，だからといって〔国際社会の〕実力者とその外交方針に逆らう手強い検閲者になるまでにはいたっていない世論の判断を考慮しなければならないくらいだ。

この奇妙な議論の混ぜ合わせは，たとえ，主権概念に責任という考えを対置させて，主権概念からその一部の意味を抜き取るにしても，確かに主権概念の巻き返しをもたらしている。ところが，本当の勝者は力の概念である。力の概念は主権概念ほどしっかりした理論的基礎を必要としないし，ここでは二重の意味で裁量権の保持者として登場する。つまり一方で，強者（主権者ではない）だけが，保護する責任の名において干渉することができる。他方で，干渉するか否かの選択には力の計算が再度入ってくる。「国際社会の世俗裁判権」〔国際社会における強国〕は自ら固有の戦略的利益に応じてその活動を展開することができるのである。たとえばナイジェリア

がリベリアで行い、アメリカがイラクやアフガニスタンで行ったような「チップ政治（politique du pourboire）訳註4)」は、力の概念に堕落した主権概念の現実を表している。こうした干渉形態は、援助対象国の主権を停止しなければ不可能である。それだけでなく、支援する国が帯びる責任という考えは、その国の主権者というより強者としての側面を強める傾向がある。

　しかし、この〔主権者から強者へという〕大変動は危険をともなう。それは3つの視点からいえる。第1に、この変化により、われわれは事実上主権に段階をつけている。主権に段階をつけることよって、ある国家から主権を無条件に奪う傾向があるので、この主権の段階には際限がないことになる。そして、主権を奪われた国家は「主権－異議申し立て」を再び要求することになるが、同時に、主権に付随する権利（droit *de* la souveraineté）の要求から主権をもつ権利（droit *à* la souveraineté）の要求へと変化する。第2に、この段階つき主権は力のグラデーションと重なっている。力のグラデーションは国家間の不平等を公式なものとし、国連憲章が宣言する国家間の「主権の平等」という命題の信用を失わせる。この時、力は主権に付随する権利とは区別された権利を生み出す。それはちょうど、国連安全保障理事会の構成と運営方法が示しているとおりである。第3に、力の頻繁な使用はもっとも激しい結果をもたらす。力による干渉が納得のいく結果へといたることはまれである。それだけでなく、力の使用が自己目的化するまでにいたる逸脱事例も頻繁に見られる。こうした時、強制力のある規範の欠如によって、ホッブズの自然状態モデルに近づくのである。

　このようにわれわれは徐々に規制のなくなっている駆け引きを前にしている。そこでは、主権主義のフィクションは国際舞台で唯一の組織原理としての力を失った。いまや国家は三次元の座標のなか

にある．それは，主権，力（それは国家間競争の輪を越えて活動範囲を広げている），そして，地域的・国際的な統合の必要——前の2つより格段に勝り，その動きを妨げる——である．おそらくわれわれはすでにここに，国際的な駆け引きのなかで徐々に居場所を失っている政治的なるものにとっての三重の隙間を見いだしている．そして，今日もなお国家に重くのしかかるすべての不確実性の源泉は確実にここにある．

訳註

1 ソマリアは内戦により1991年以降無政府状態に陥り，人道的危機が重大となる．国連は1992年に初の人道目的のPKF活動を決定する．「希望回復作戦」は，国連決議に基づき1992年12月より開始された作戦名．
2 「アフリカ大湖沼」とはアフリカ大陸中部にあるヴィクトリア湖を代表とする湖沼群．「アフリカ大湖沼地域」といった場合，ブルンジ，コンゴ民主共和国，ウガンダ，ルワンダを指す．
3 従来の人道的干渉の問題点を克服し，新たに人道的な軍事的・非軍事的干渉の法的・倫理的根拠を模索するためにカナダ政府によって2000年9月に設置された委員会．ギャレス・エバンス元オーストラリア外相とモハメド・サヌーン国連事務総長特別顧問が共同委員長となり，カナダ，アメリカ合衆国，ロシアなど8か国の学者，政治家，外交官が委員を務めた．2001年12月に国連に対して報告書を提出している．
4 ビスマルクが，領土獲得と引き替えに干渉・不干渉を決めていたナポレオン3世の外交政策を評した語といわれている．

補論 2

説明変数としての国家類型

ピエール・ビルンボーム

　国家はかつて権力を独占していたが，今日国家は，国家の社会学に完全に終止符を打つような危機に瀕しているのかもしれない。国家の終焉は近づいており，その権力は侵食され，その活動力は削減され，その主権は揺らいでいるのかもしれない。国家は特定の歴史の産物であり，特定の領域内で起きた激しい権力闘争の政治的解決策として考え出された。この国家は，経済的自由主義の立場に立つ人々だけでなく，参加民主主義の支持者が満足するように，大往生を遂げようとしているのかもしれない。国家はヨーロッパで考え出され，他の地域に輸出された。政治的分化は政治的なるものの自律化に反する非西欧的文化コードの論理とは両立不可能であるとみなされることで，この国家はまた，こうした政治的分化とは反対の文化を有する社会から外生的要因のように見え，拒絶されるのかもしれない。国家は，特定の輪郭をもった社会歴史的現実であり，一団の奉仕者に仕えられた真の行為者団体であった。この国家は，公的秩序の保証人，領域の保護者，国の富の調整者，市民が自らの姿を重ねる後見監督者たりえたし，市民は，国家が正義，善，理性的なもの，公平なものを具現しようとすればするほど，一点の曇りもなく国家に忠誠を誓っていた。国家が消滅するかもしれないこと，それは，近代史を根本的に画し，政治共同体（cité）を基礎から問い

直す出来事である。

　最近発表される本は同じ考えを絶えず繰り返している。ここ数年来発表された数多くの著作のそれぞれが「国家の終焉」，国家の「破壊」「壊滅」「商品化」「解体」「分解」「挫折」「失敗」「侵食」「民営化」「狭窄」を告げている。国家は「細切れに」なり，「瓦解」し，今後は「はかなく」「つつましい」ものになる。国家は突如「視界から消え去り」「消滅する」。国家が残ったとしても，せいぜい「バーチャル」で「空疎な」もの，もしくは単に「独創性のない」ものになる，と語られる。まとめるならば，次のようなことがいわれているのである。すなわち，現代において，われわれは最終的に「国家を越えた彼方」にいるのであって，そのため，これからは，ファシリテーター国家，交渉人国家，戦略家国家または商社国家などといった，まったく別の語彙を使って議論することが肝要である[1]。こうした論者たちは，あふれんばかりの想像力を発揮して国家の退場をさまざまに表現し，国家の「老朽化」をたいていは喜

---

1) Mathew Horsman et Andrew Marshall, *After the Nation-State*, New York, HarperCollins, 1994. John Hoffman, *Beyond the State*, Londres, Polity Press, 1995. Ira William Zartman, ed., *Collapsed States*, Boulder, Rienner, 1995. Nigel Lawson, Arthur Seldon, Michael Taylor et David Owen, eds., *The Retreat of the State*, Nerwick, Canterbury Press, 1998. Bertrand Badie, *Un monde sans souveraineté?*, Fayard, 1999. Michael Greven et Louis Pauly, eds., *Democracy beyond the State?*, Lanham, Rowman and Littlefield, 2000. « The Servile State », *Tocqueville Review*, février 2001. Richard Rosecrance, *Débat sur l'État virtuel*, Presses de Sciences Po, 2002 (1999). (鈴木主税訳『バーチャル国家の時代』日本経済新聞社, 2000 年) T. Paul, J. Ikenberry et John Hall, eds., *The Nation-State in Question*, Princeton, Princeton University Press, 2003. Kai Nielsen, « Are Nation-States Obsolete? The Challenge of Globalization », *in* Michel Seymour, ed., *The Fate of the Nation-State*, Montréal, McGill-Queen's University Press, 2004. Jacques Chevalier, *L'État post-moderne*, LGDJ, 2004. Martin van Creveld, *The Rise and Decline of the State*, Cambridge, Cambridge University Press, 2004.

びながら確認している。そこでは，昔ながらの語彙が脚色され，今日風にいい換えられて，奇妙なことに新鮮さを与えられている。いまでは古めかしいものになったサン＝シモン (Henri de Saint-Simon, 1760-1825) やマルクス的な往年の解釈に取って代わって進化論的観点が採用されて，「物の管理」は人の統治に終止符を打つことが，現代風にいい換えられている。

　実際，こうしたことがらすべてが示しているのは，国家の機能原則が脅かされているということである。多くの論者たちによれば，次のような要因によってこれまで揺らがなかった国家の優位が最終的に問題とされる。すなわち，市場の優位性の承認，自由主義の勝利，物の交換や国境の国際化，トランスナショナルな取引傾向の増加のみならず市民社会の価値観の強調，公的空間と私的空間の分離の再検討，公的機能の後退，公の私化の拡大と私の公化（社会の成員が公共利益の任務を与えられるようになる）の同時生起，部門の混同，国境線の消滅，利益集団・圧力団体の活動の正当性の承認である。「下からの調整」が「上からの調整」に勝る。それによって国家は私的領域のアクター，その要求，その需要に敏感たろうとする。使われる用語の変化がこの大変動を強調している。つまり，国家は調整に，政府はガヴァナンスに取って代わられる。国のレベルでも地方のレベルでも，すべての組織体，社会集団そして都市が発言権を与えられている。そして，それらは他の公的・私的アクターと協働して進められるグローバル・ガヴァナンスの過程に組み込まれるのである。強力で主権を有する実体としての国家は，その本質，その存在が脅かされている。いまの国家には，伝統的に国家固有の機能を果たす能力がないからである。国家主権は対外的にも，対内的にも打撃を受けているように見える。対外的には，一方で国家主権を免れるあらゆる種類のトランスナショナルなフローの拡大，他方

補論2　281

で，規範や規則そして用語法さえ徐々に強制するヨーロッパ〔統合〕の圧力がある。対内的には，決定作成において自分たちの取り分をやかましく要求するアクターがいる。このように国家は固有の論理[2]とともにその荘厳さも失う。さらに，徴兵制の終了と戦争勃発の危機の後退により，「祖国のために死ぬ」ことがいつか突拍子もないことになる。それだけいっそう市民は国家への忠誠をますます示さなくなる。

広く流布したこうした現状認識は，しかしながら，相矛盾する評価を受ける。この現状認識が国家固有の構造を無視し，他の国家よりも強い国家が存在するという事実を考慮に入れない図式的な国家観に依拠しているからである。実際，強い国家は，十分な権力資源と制度的能力を有することで独自の論理を保つことができている。ある側面から見れば，国家の退場という通俗的といってもいい理解は，現代風に読み替えられた昔からある経済還元主義的・機械論的解釈に依拠している。それゆえ，国家の終焉は資本主義的生産様式の廃絶の不可避の帰結というよりは，大勝利を収めているグローバル化の帰結ということになる。周知の通り，スーザン・ストレンジ（Susan Strange, 1923-1998）はこの新しいドクサ〔臆見〕をとても高く評価した。彼女には，西欧諸国家は「空疎な」国家になったように見えた。というのは，「世界市場の非人格的な力は，（……）いまや国家よりも強力である。（……）かつては国家が市場を支配していたが，いまでは数多くの重要な部門で諸国家の政府を圧倒しているのは市場の方である」。超国家的企業の絶対的な影響力の前に「諸国家の権力は衰退している[3]」。スーザン・ストレンジと，国家

---

2) Pierre Birnbaum, *La logique de l'État*, Fayard, 1982.

3) Susan Strange, *The retreat of the State*, Cambridge, Cambridge University Press,

に不利なグローバル化という点を前面に押し出すこの観点に追従する多くの人々の主張は，国家は，反対に，公的・私的アクターとの同盟を通して行動することで，開放的で競争的な国際経済のなかで機能を強化していると考える，別の論者たちから反論を受ける。国家は，私的利害を介した新規の戦略を繰り広げる術を知っているからである。たとえばリンダ・ウェイス（Linda Weiss）にとって，国家の弱さは「神話」にすぎない。国家はこうした国際的拘束に適応できるからである。彼女によれば，「国家が時代錯誤的なものになったというは誤りで，国家は，その活動能力のおかげで，国際的競争の主要な要素とみなされる。国家の能力は，産業経済政策を変えていくために，経済団体との協調のもとで調整戦略を推し進めることのできる当局の能力によって示されている。（……）現代の正統派に反して，われわれは次のように主張できる。国家は，国境を越えた変容に無抵抗な犠牲者ではない。（……）グローバル化は国家権力をより効率的にするだけである[4]」。ジョン・アイケンベリー（John Ikenberry）は強い国家の理論家に反対して，制度的にもっとも強い国家は実際にはその活動能力においてもっとも弱く，逆にアメリカ・モデルのようなもっとも弱い国家が結局はもっとも効率的

1996, pp. 4-5.（櫻井公人訳『国家の退場』岩波書店，1998 年）

4) Linda Weiss, *The Myth of the powerless state*, Ithaca, Cornell University, 1998, pp. 5 et 15. Linda Weiss, *States in the Global Economy. Bringing domestic institutions back in*, Cambridge, Cambridge University Press, 2003. ピーター・エバンスも論文のなかで国家の後退に疑念を呈している。Peter Evans, « The Eclipse of the State? Reflections on Stateness in an Era of Globalization », *World Politics*, octobre 1997. さらにグラハム・ウィルソンも「われわれは国家の後退を目撃しているのではなく，1970 年代に始まったガヴァナンスの危機に国家が対応している状況を目撃しているのである」とみなしている。Graham Wilson, « In a State? », *Governance*, avril 2000, p. 242.

で，したがってもっとも強いのである[5]という分析を提示していたが，リンダ・ウェイスはこの主張を暗に取り込むことで次のように考える。つまり彼女の場合，弱い国家こそ，国家の活動能力を強化するような戦略をもっとも容易に実行できるのである。

フランスでも同様に，幾人かの論者が私的利害の支配を前にした国家の退場という主張に異議を唱えている。彼らは同じ考えに立って，実際に国家は逆説的にではあるが自らを私化することで自らを強化していると強調している。たとえばベアトリス・イブー（Béatrice Hibou）は，国家が政策の実施——国境管理，パスポート発給，税金徴収，治安維持——を民間に任せる方法を詳細に述べている。彼女はこうしたまたぎ（straddling）現象，すなわち公的立場と私的立場のオーバーラップ現象が広がっている様を強調している。それでも彼女は，民間部門を介してより効果的に行動することのできる国家の強化という結論にいたっている。彼女によれば，「国家は持ちこたえているだけではなく，『公的領域』と『私的領域』の間の関係をつねに改定することによって，そして，委託プロセスと事後的統制のプロセスを介して，いまも自らを形成し続けている。いい換えれば，私化は国家の統制力の喪失も，私的領域による国家の解体ももたらさない。そうではなく，国家の再編，国内的・国際的変容の影響による統治方法の修正をもたらすのである[6]」。他の論者によれば，国家は，民間部門にその職務の一部を委託すること

---

5) John Ikenberry, *Reasons of the State : Oil Politics and the Capacities of American Government*, Ithaca, Cornell University Press, 1988.
6) Béatrice Hibou, « Retrait ou redéploiement de l'État? », *Critique internationale*, no 1, automne 1998, p. 152. ヨーロッパの諸国家に当てはめた同様の解釈もある。Vincent Wright et Sabino Casesse, dir., *La recomposition de l'État en Europe*, La Découverte, 1996.

で持ちこたえているのではなく,他国の統治組織と緊密な関係を築くことで持ちこたえている。つまり,「国家の代替物は存在しない」。国家は「消滅」しない。国家のいくつかの制度は,外国のその他の統治機関または司法制度と超国家的ネットワークを形成し,それが国家間に「ある種の超政府的秩序」をもたらしているからである[7]。

この2つの現状認識は対立しているにもかかわらず,国家を次のように評価している点では一致している。すなわち,フランス型の分化した国家は,長い間,一般利益のみをに関心を向ける官吏によって推進される独自の公的諸制度に固執していたが,トランスナショナルな挑戦に対処するには分が悪い。国家は,それが弱ければ弱いほど,強さが現れる。国家の制度化や実業界からの隔離は,実際,国家にとって致命的である。なぜなら,それらは国家からあらゆる効率性,柔軟性,適応能力,交渉力を奪うからである。このように考えれば,国家の一定の機能が強化されるとしても,それはとりわけ国際的な経済競争に関する機能であって,領域を統制し,治安を維持する目的をもった機能は後退していくように思える。したがって,国家も2つの顔をもつのである[8]。一方は,経済的拡大に有利な積極的な顔であり,他方は,もっとも伝統的な国家固有の機能に関連する顔である。後者は後退している。この意味で,外国市場への経済拡大の誘導や援助という役割に関して,国家は一般に考えられている以上に強いとしても,治安維持とすべての市民の保護を保障する伝統的な国民国家の諸機能を国家が引き受けるという時,国家は無傷のままではいられない。非常に明快なこの2つの相対立す

---

7) Anne-Marie Slaughter, « The Real New World Order », *Foreign Affairs*, sept-oct 1997.
8) Alberta Sbragia, « Governance, the State and the Market: What is Going ON? », *Governance*, avril 2000, no 2, p. 249.

る主張は，国家の比較歴史社会学の蓄積を考慮に入れていないし，一定の国家はそれが有する物理的・制度的資源のおかげで行動する能力をもっているという事実を無視している。こうした資源によって，国家は，あらゆるタイプの政治的なまたは宗教的な利害から分離しているのと同じように，実業界や支配的な経済的利害からの分化を保つことを前提とした固有の論理を保持している。この意味で，フセイン・カッシム（Hussein Kassim）が指摘しているとおり，フランスにおいて国家の活動能力がヨーロッパ統合や超国家的企業の影響力によって減退しているとしても，国家は「社会連帯と国民的アイデンティティを維持する主要なアクターという重要な機能[9]」を果たし続けている。このカッシムの指摘は，グローバル化と統合過程にある政治的・経済的空間の構築〔つまりヨーロッパ統合〕は大きな影響力をもっているが，だからといって，さまざまな国家類

---

9) Hussein Kassim, « The European Union and French autonomy », *Modern and Contemporary France*, 5(2), 1997, p. 176. Elie Cohen, *Le Colbertisme "high tech"*, Hachette, 1992 も参照のこと。

また，パトリック・アッセントゥフェルは次のように述べている。「国家の輪郭は往々にして曖昧である。（……）公私のアクターの協働による公的政策策定という水平的な考え方を想起させるガヴァナンスの成功がこの相互浸透の拡大を証明している」。したがって，「国家的アクターと非国家的アクターとの区別は多くの点で恣意的である。（……）公共活動を集団で構成していく際に民間のアクター（とりわけ企業と利益集団）にますます依拠することは，公的政策による国家の逆分化のみならず国家の逆制度化にも対応する私化という，より大きな力学のなかに組み込まれるのである」。Patrick Hassenteufel, *Sociologie politique : l'action publique*, Paris, A. Colin, 2008, pp. 269-270.

ラスクムとルガレスも，「明確に確定された部門でおもに国家によって実行されるという古典的な政策モデルは過去のものである。（……）国家は，公共活動の過程において有していた中心性も（相対的な）独占性も失った。（……）国家の役割は，概して国家から自立している既存のネットワークのマネージメントと操縦の問題に限定される」とみなしている。Pierre Lascoumes et Patrick Le Galès, *Sociologie de l'action publique*, A. Colin, 2007, pp. 5, 22 et 64.

型がもつ長い歴史を魔法の杖のひとふりのように消し去ることはできない，ということを強調するものである．またそれは，今日の政治的なるものに関する分析を台なしにしているある種の健忘症を確認するものである．つまり，今日の分析は，あたかもグローバリゼーションが歴史に終止符を打つかのように，またあたかも国家の比較歴史社会学が決定的に時代遅れであるかのように，バリントン・ムーア，スタイン・ロッカンさらにはチャールズ・ティリーといった論者の研究に依拠したこれまでの研究の積み重ねを忘れて，トランスナショナリズムに属する今日的な種々の現象に手をつけていることを遺憾に思うということである．

今日もなお国家の比較歴史社会学は実り多い，ということは明らかにされている．国家の比較歴史社会学により，アメリカでの教会と国家の間の「分離の壁 (*wall of separation*)」の適用とフランス型のライシテを根本的に分けるものは何か[10]，さらには，国家と宗教的なるものがほぼ融合している日本の状態とライシテとを分けるのは何か[11]，についてより理解することができる．たとえば，ユダヤ人のたどった道の比較分析も国家の比較歴史社会学の利点を示すものである．ユダヤ人の解放に関するアメリカとフランスの方法の違いをこれほど豊かに説明するものはないだろう．アメリカでは「多数 (*manyness*)」が直ちに規範としての力をもったことで，ユダヤ人は少なくとも表象のレベルでは，好意的に，しかもアメリカの全体社会を司る論理に合わせて，「国民のなかの1つの民族 (une nation

---

10) Pierre Birnbaum, « Défense de l'État "fort". Réflexions sur la place du religieux en France et aux États-Unis », *Revue française de sociologie*, 2011/3.

11) Yusuke Inenaga, *Les modalités de production des morales politiques : Étude comparative des assises des régimes politiques de la IIIe République et de l'Empire japonais (1868-1914)*, Université de Paris 1, 2010, 397 p. を参照のこと．

dans la nation)」とみなされ,「諸民族からなる国民 (nation de nations)[12]」のなかにその居場所を見つけていた。これに対して同時期のフランスでは,ユダヤ人の解放に好意的なクレルモン＝トネール伯爵 (Stanislas Marie Adélaïde, comte de Clermont-Tonnerre, 1757-1792) がまったく異なる規律を主張し,次のように宣言していた。「民族 (Nation) としてのユダヤ人にはすべてを拒絶し,個人としてのユダヤ人にはすべてを認めるべきである。(……) 国家のなかに非市民の社会があること,国民 (la Nation) のなかに民族 (une Nation) がいること,それは矛盾である[13]」。

2つの革命,2つの憲法,国家類型,過去・自由主義・多元主義との関係,公的空間と私的空間の関係,紛争の性質,暴力やイデオロギーの果たす役割,動員の広がり,民主主義と共和国のとらえ方,国民的なものと地方的なもののとらえ方,市民権 (citoyenneté) の思想,互いに教会と国家の完全な分離を打ち立てた──ただし異なった手段で──国民のなかで占める宗教的なるものの位置。こうしたことがらはことごとく,ユダヤ人の運命を異なったものとした2つの「姉妹共和国[14]」,2つの例外主義の国の状況を描く特徴である。

---

[12] Seymour Martin Lipset, « A Unique People in an Exceptional Country », Seymour Martin Lipset, ed., *American Pluralism and the Jewish Community*, New Brunswick, Transaction Publishers, 1990, p. 4 et suiv. 同書の次の論考も参照のこと。Nathan Glazer, « American Jewry and American Judaism », p. 33 et suiv. Hasia Diner, *A new promised land : a history of Jews in America*, New York, Oxford University Press, 2003.

[13] « Opinion de M Le Comte Stanislas de Clermont Tonnerre, Député de Paris, 23 décembre 1789 », dans La Révolution française et l'émancipation des Juifs, *L'Assemblée Nationale Constituante. Motions, Discours et Rapports*, Éditions d'histoire sociale, Paris, 1968, pp. 12-13.

[14] Patrice Higonnet, *Sister Republics. The Origins of French and American Republicanism*, Cambridge, Harvard University Press, 1988. フランスとアメリカの国家と教会の関係に関する簡潔な比較分析については次を参照。James Whitman,

フランス革命は，長い歴史の産物である強い国家の活動をさらに延長した。強い国家は，封建制からの特殊な離脱方法——社会的・地域的な周辺の徹底的な破壊と自律化した国家機構の漸次的制度化による——として結実したのである。大革命以前のフランス教会独立主義(ガリカニスム)の長い伝統にしたがって，国家は教会の統合機能を引き受け，国家自体が共通文化を担うために宗教を追い払った。革命は公的空間を創出し，それによって，アイデンティティの帰属形態を私的空間に押し込めることで圧殺しようとした。また，地域的・文化的・言語的・同業組合的な忠誠を破壊し，そして普遍主義へと向かう活動的市民権の理想へのあらゆる攻撃とともにすべての個別主義的活動形態をも禁止しようとした。この意味で，革命の契約はわかりやすい。つまり，市民権への接近はすべての権利の付与と同等であるが，同時に，すべての特権，すべての忠誠心の放棄を前提とする。革命がもたらした契約の意図によれば，個別の文化や異なる世界観をもち，別の歴史のなかに根を下ろしている者としてのユダヤ人を否定することで，はじめて彼らを解放することになるのだが，ユダヤ人は大部分情熱をもってこの計画に与した。フランス革命は，人類史上初めて，ユダヤ人を一挙に変身させた。たとえ，1827年にようやく廃止されるユダヤ教式宣誓（serment more judaïco）[訳註1]のように彼らに重くのしかかるいくつかの強制はあったものの，憲法制定議会の議論の言葉を用いるならば，フランス革命はユダヤ人を国家の職務を果たすにふさわしい市民に変身させたのである[15]。要点は，ユダヤ民族（nation juive）の終わりを前提と

« Separating Church and State : The Atlantic Divide », *Historical Reflections*, hiver 2008.

15) この点に関する文献は相当数あるが，とりわけ以下を参照。David Feuerwerker, *L'Émancipation des Juifs en France, de l'Ancien régime à la fin du Second Em-*

して公的空間に入るということである。これに対し、アメリカの革命家たちはユダヤ民族をそのまま認めたのである。実際には〔フランスの〕ユダヤ人は彼ら固有の社交形態を維持し続け[16]、無条件の同化を制限する絆を19世紀の間ずっと保ち続けたとしても、ユダヤ人の統合は彼らを偉大な愛国者とし、彼らに国家の頂点への接近、史上かつてないほどの政治行政エリートへの上昇の道を開いた。この時期以降、多くのユダヤ人が国家の最上級公職についている。彼らは国民議会議員、元老院議員、大臣、大将、裁判官、知事となりフランスの行く末に関して無視できない役割を果たした。逆にそれが新たな政治的反ユダヤ主義を生み出した。これらはすべて能力主義的基準に基づくことで新参者に道を開く国家の論理の帰結である。この意味で、強い国家として構築されたフランス国家の産物であるこの例外的なフランス・ユダヤ人の輝かしい運命は、コインの裏面として反ユダヤ主義の爆発をもたらした。ドレフュス事件からヴィシー体制まで、かつてあれほどまで保護的で解放的であった国家から、一時的であれ、ユダヤ人を容赦なく排除するまでにいたる反ユダヤ主義がユダヤ人に降りかかるのである[17]。

---

pire, Albin Michel, 1976. Bernhard Blumenkranz et Albert Soboul, dir., *Les Juifs et la Révolution française*, Privat, 1978. Mireille Hadas-Lebel et Evelyne Oliel-Grausz, dir., *Les Juifs et la Révolution française*, Louvain, E. Peters, 1992. Pierre Birnbaum, *Destins juifs. De la Révolution française à Carpentras*, Calmann-Lévy, 1995.

16) Phyllis Albert Cohen, « L'intégration et la persistance de l'ethnicité chez les juifs dans la France moderne », *in* Pierre Birnbaum, dir., *Histoire politique des Juifs de France*, Presses de Sciences Po, 1989. Lisa Loses Leff, *Sacred Bonds of Solidarity. The Rise of Jewish Internationalism in Nineteenth-Century France*, Stanford, Stanford University Press, 2006.

17) Michael Marrus, *Les Juifs de France à l'époque de l'Affaire Dreyfus*, Calmann-Lévy, 1972. Michael Marrus et Robert Paxton, *Vichy et les Juifs*, Calmann-Lévy, 1981. Paula Hyman, *De Dreyfus à Vichy*, Fayard, 1985. Pierre Birnbaum, *Les fous de la République. De Gambetta à Vichy*, Le Seuil, 1994.

アメリカのユダヤ人は，公式の解放をいきなり経験したフランスのユダヤ人よりも前に国民のなかに自然と入っていき，すぐに承認され，アメリカ国民のなかで自らの文化を保っていたにもかかわらず，こうした輝かしい行く末を経験しない。彼らの存在の急速な正当性の獲得は実は連邦国家レベルでしか意味をもたなかったのである。後で述べるように，実際に連邦法が完全に州レベルで適用され，諸州に残る偏見に勝るようになるには，いましばらく待たねばならなかった。ニュー・ディールの影響のもとでアメリカ社会が帯びた国有化論理のなかで，1940年の連邦最高裁判所におけるカントウェル（Cantwell）判決[訳註2]がこの変革を完成させることになる。そして，それに大いに貢献したのが，連邦最高裁に加わったばかりの国家ユダヤ人フェリックス・フランクファーター（Felix Frankfurter, 1882-1965）であった。しかし，1787年から1940年まで連邦諸州は大きな自律性を保持し，州憲法は長い間，ユダヤ人を嫌い，その完全な優位性を要求するピューリタン出自のキリスト教に彩られていた。また，20世紀への変わり目のころまで，連邦憲法に反して合衆国を「キリスト教の国」と宣言することを目指した法案が繰り返し連邦議会に提出された。アメリカでは教会は，国家のあらゆる干渉を免れることで，その正統性と人々を引きつける力を保ち続けた。教会は聖なるものを公的空間にまで伝え，市民の価値観をつくり上げていた。この意味でフランスとの比較はまさに意味をもってくる。フランスでは，制度化され教会から分離した国家の機構は，いったん成立すると，たとえ社会的・宗教的抵抗に遭おうとも，普遍主義的形態のもとで直ちにユダヤ人の解放を実行する。普遍主義的形態は，確かに宗教としてのユダヤ教にとっては都合のよいものではないが，ほとんど全面的に公的空間に通じる道を与える完全な市民権の獲得によって，ユダヤ人に19世紀初頭から国家の頂点に

上り詰める道を開いた。合衆国では反対に，制度化の程度が低く，プロテスタントのエスタブリッシュメントからあまり分離していない国家は，地方分権的な機構を保っていた。この国家は，1950年代まで政治行政権力からユダヤ人を排除し，連邦憲法を根拠とするユダヤ教の完全な承認にもかかわらず，公的空間にユダヤ人がいることにあまり好意的でなかった。こうした根本的に多元的で断片化された環境のなかで，キリスト教の無数のセクトや教会と同じように，ユダヤ教は集権的組織構造をもっていない——これに対してフランスのユダヤ教は，フランスの国家構造をモデルにした集権的構造をもつ。アメリカの場合，地方のシナゴーグは独自に組織形成し，豊かなユダヤ教生活に適した枠組みを買って出る[18]。こうした比較は驚くべき対比を明らかにする。フランス型の解放はユダヤ人に市民として公的空間に入る扉を開くが，その代わりに，国民以外のすべてのアイデンティティ同様にユダヤ教を少々押しつぶす。これに対してアメリカ型の解放は，市民としてのユダヤ人の完全な承認よりもユダヤ教の成熟に適していることが明らかになる。この対比は，今日もなお続く2つの国民の間の相違を明らかにしているのである[19]。

訳註

1 裁判におけるユダヤ人独特の証人宣誓方法のこと。かつては，キリスト教

---

[18] Joseph Blau et Salo Baron, *The Jews of the United States, 1790-1840. A Documentary History*, New York, Columbia University Press, 1963, p. XXIX. 次も参照のこと。Daniel Elazar, *Community and Polity. The Organizational Dynamics of American Jewry*, Philadelphie, The Jewish Publication Society of America, 1980, p. 7 et suiv.

[19] Pierre Birnbaum, *Les deux maisons. La citoyenneté des Juifs en France et aux États-Unis*, Gallimard, 2012.

徒の場合，法廷内にある十字架に真実の証言を宣誓したが，ユダヤ教徒の場合はヘブライ語聖書に手を置いて宣誓した。フランス革命によって宗教に基づく証人宣誓は廃止されたが，第一帝政・王政復古期に復活していた。
2 米国において信教の自由を規定した合衆国憲法修正1条の「宗教活動の自由」規定は，もともとは連邦を対象にした規定であったが，現在では修正14条を通して，州内でも適用されている。1940年のCantwell v. Connecticut事件はそのきっかけとなった事件。

訳者あとがき

1

　本書の要約は，小山勉による「解説」で詳細に述べられている。ここでは再訂訳版のあとがきとして，「解説」では十分に展開されなかったP・ビルンボームとB・バディの研究を日本の読者に紹介し，両氏の研究のなかでの本書の位置づけを述べ，原著の初版出版から35年を経た今日でも変わらない，本書の意義を訳者なりに述べてみたい。

　ピエール・ビルンボームは1940年生まれ。専門は政治社会学，フランス近代史。パリ第1大学とパリ政治学院で教授を務めながら，ニューヨーク大学やコロンビア大学でも教え，現在，パリ第1大学名誉教授である。

　ビルンボームには数多くの著作があるが，本書以前のものとしては，*Les sommets de l'État*, Seuil, 1997（田口富久治監訳，国広敏文訳『現代フランスの権力エリート』日本経済評論社，1988年），共編著として *La Classe dirigeante française : dissociation, interpénétration, intégration*, PUF, 1978（「フランスの指導階級――解体・相互浸透・統合」。括弧内の日本語タイトルは訳者による。以下同じ）などがある。そこでは，フランスの権力構造の実証的分析が行われている。

　本書以降のものとしては，*La logique de l'État*, Fayard, 1982（「国家の論理」），*States and Collective Action : the European Experience*, Cambridge University Press, 1988（「国家と集合行為――ヨーロッパの経験」），*Les Fous de la République : Histoire politique des*

Juifs d'État de Gambetta à Vichy, Fayard, 1992（「共和国の道化師たち――国家ユダヤ人の政治史，ガンベッタからヴィシーまで」），*La France imaginée : déclin des rêves unitaires?*, Fayard, 1998（「想像されたフランス――統一の夢想の衰退？」），*Le moment antisémite: Un tour de la France en 1898*, Fayard, 1998（「反ユダヤ主義のとき――1898年のフランス」），*Les deux maisons : Essai sur la citoyenneté des Juifs (en France et aux États-Unis)*, Gallimard, 2012（「2つの家系――ユダヤ人の市民権（フランスと合衆国）」），*La République et le cochon*, Seuil, 2013（「共和国と豚肉」）などがある。

　本書の発表後ビルンボームは，フランス国家を典型として，その他の社会の国家をフランス国家とどれだけ近いか／離れているかという基準で論じられていた本書の国家類型論を「強い国家」「弱い国家」という形で精緻化し，国家類型のもつ影響力についての著作を発表する。その後は，上記の著作のタイトルから分かるとおり，フランスにおけるユダヤ人の歴史に研究の中心を移動させる。そこでは，民族ではなく個人としてユダヤ人を解放した，普遍主義的特徴をもつフランスの共和制国家（État républicain）に積極的に参画し，指導階級に上り詰め，共和制国家を完成させ，守ろうとした「国家ユダヤ人（Juifs d'État）」の歴史を跡づけている。さらにこうした国家ユダヤ人が完成を目指した共和制国家形成への反動として，ドレフュス事件に代表される反ユダヤ主義を論じている。

　これらの研究は単なるフランス・ユダヤ人をめぐる歴史ではなく，分化し制度化した「強い国家」における国民（とくにマイノリティ）のアイデンティティ形成の特徴を解明し，フランスの反ユダヤ主義の特徴が政治的反ユダヤ主義であったことを論じようとするものである。そこでは，フランスの「国家化」，すなわち共和制国家の形成と強化に反対する勢力が，国家化によってもっとも恩恵を受ける

「国家ユダヤ人」を標的とする,とされる[1]。いずれも「強い国家」の特徴から説明するという方法がとられている。近年は,フランスとアメリカ合衆国のユダヤ人の比較が展開され,「強い国家」と「弱い国家」のなかのマイノリティの位置の違いが論じられる。説明変数としての国家類型の重要性は本書補論のなかでも論じられているところである。

このように,指導階級を中心とした権力構造の分析,「国家ユダヤ人」と反ユダヤ主義の歴史,フランスと合衆国のユダヤ人の位置という研究テーマのいずれも,ビルンボームにとって,国家のもつ本質的特徴から説明されるべきものである。

もう1人の著者であるベルトラン・バディは1950年生まれ。専門は国際関係論。現在,パリ政治学院教授であり,2006～2009年には世界政治学会(IPSA)副会長も務めている。

バディは本書以前に,*Le Développement politique*, Économica, 1978(「政治発展」)を発表し,本書以降に,*Culture et politique*, Économica, 1983(「文化と政治」),*Les deux États : pouvoir et société en Occident et en terre d'Islam*, Fayard, 1986(「2つの国家——西欧とイスラムの地における権力と社会」),*L'État importé : essai sur l'occidentalisation de l'ordre politique*, Fayard, 1992(「輸入された国家——政治秩序の西欧化」),*La fin des territoires : essai sur le désordre international et sur l'utilité sociale du respect*, Fayard, 1995(「領域の終焉——国際的無秩序と尊敬の社会的有用性」),*Un monde sans souveraineté : Les États entre ruse et responsabilité*, Fayard, 1999(「主権なき世界——計略と責任の間の国家」),*Le diplomate et l'intrus*

---

1) この点については,中野裕二『フランス国家とマイノリティ——共生の「共和制モデル」』国際書院,1996年,第6章を参照。

: *L'entrée des sociétés dans l'arène internationale*, Fayard, 2007(「外交的なものと闖入者——国際アリーナにおける社会の登場」), *L'impuissance de la puissance : essai sur les nouvelles relations internationales*, Fayard, 2004(「力の無力——新国際関係論」)など多数の著作を発表している。

バディの回想によれば,彼が初めて出会った頃の30代前半のビルンボームは,行動論政治学を批判的に受容し,その後,権力構造の実証的研究と並行して,歴史を介して国家の本質的特徴を見ようとしていた。こうしたビルンボームの観点に魅了されたバディも,国家に歴史の瞬間を見ることに関心を向ける。ただし,バディの場合は,グローバリゼーションと非西欧文化の巻き返しによって脅かされている国家に関心が向けられる[2]。

その後,バディの関心は徐々に国際関係論,そのなかでもとくに主権国家の歴史社会学的検討のなかで発展していくことになる。バディは本書執筆後,非西欧諸国における西欧政治モデル(法システム,代表制民主主義,国家機構)の移植がなぜ失敗したのかを,輸入された政治モデルと社会のもつ文化との関係から,当該文化に責を帰することなく説明しようとした。その後は,グローバリゼーションや自由主義の影響のもと,冷戦構造崩壊後の世界において,国内政治の場でも国際関係の場でも主権国家以外のアクターが「闖入」し,その影響力を増していくなかで,主権国家のもつ「主権」をリアルに問うている。国際関係における「力(puissance)」の市場が国家によって独占されていた時代が終わり,「力」市場も自由化・

---

[2] Bertrand Badie et Yves Déloye, « Pierre Pirnbaume et le renouveau de la science politique française. Regards croisés », *in* B. Badie et Y. Déloye, dir., *Le temps de l'État. Mélanges offerts à Pierre Birnbaum*, Fayard, 2007, p. 8.

規制緩和される時の主権国家の実態を明らかにしようとしているのである。バディによる本書補論は自身の近年の研究の要約といってよかろう。

このように著者たちの研究を振り返ってみた時，本書はビルンボームとバディがもっていた関心の交点を表しているといえるだろう。ビルンボームにとって，それぞれの社会がもつ国家によって権力構造もユダヤ人の解放の仕方も，それに対する反動の表出形態も異なるが，そもそも各社会の国家はどのように構築され，どのような本質的特徴の違いを有するのか。バディにとって，非西欧社会に移植された西欧国家モデルとはそもそもどのように各社会の歴史のなかで形成されたのか。主権国家を歴史のなかで捉え，現在が主権国家の危機といえるならば，国家の出発点はどこにあるのか。こうした両者の問題関心の交点，すなわち，固有の歴史と文化をもつ社会から政治的なるもの（le politique）――ここでは国家／中心の生成と発展――を説明しようとする政治社会学の成果が本書なのである。

2

本書は概して，それまでの政治社会学において関心を向けられなかったか，せいぜい時代と場所を超えて存在するものと措定されてきた国家に再度着目し，そのために国家概念を「国家」と「政治的中心」に区別すること，支配的社会学理論を歴史学の研究と突き合わせることで，そこで使用されていた「分化」「自律化」「普遍化」「制度化」という概念を批判的に検討すること，「特定の歴史すなわち西ヨーロッパの歴史の産物であり，しかも特定の時期すなわちルネッサンス期の産物である」（106頁）国家の生成と発展を説明する

ために,「逆分化」「逆進化」「後成」「文化コード」などの概念を追加すること,そして,それらの概念を応用して,著者たちにとっての「国家の理念型」であるフランス国家の本質的特徴を解明し,その他の社会の国家・政治的中心との類似点・相違点を明らかにするという構成となっている。

著者たちの意図,すなわち「個々の社会の歴史に即して形成された多様な国家の類型を正しく分析する」(7頁)ことは達成されているといってよいだろう。ところが,それだけにいっそう,著者たちによって詳細に論じられた「国家」や「中心」がそれぞれの社会がもつ国家の完成形のように読めてしまうのも事実である。しかし,それは著者たち自身が避けようとしたことである。「ひとたび特定の類型の国家が構築されると永久不変化するといった理論を再び生み出さないようにしなければならない」(vi頁)。

本書の理論がこうした「国家類型の進化論」に陥らないためには,国家構築を説明するために用いられた同じ概念で,「ある国家型から別の国家型への変容」(vi頁)を説明することだろう。残念ながら本書においてそれが展開されているわけではない。しかし,著者たちの意図は,著者たちと関心を同じくし,または本書に学んだ人々の研究のなかで展開されている。

たとえばパトリック・アッセントゥフェル(Patrick Hassenteufel)は,公共政策論の観点から,社会保障政策に焦点を当てて福祉国家の変容や国家の危機を論じようとする。彼は,社会保障政策分野において,国家以外のアクターが登場し,さらにその重要性が拡大する過程を国家の「逆分化」・「逆制度化」概念で説明している。しかし,こうした過程は単線的な「逆国家化」過程であるとみなすことはできず,詳しく実態を見るならば,1990年代以降,一部の政策分野において「計画エリート(élite programmatique)」と呼べる新

しいエリート集団が形成され，この分野における国家の「再分化」と「再制度化」が確認できるという[3]。

また，本書の国家類型論についてハンスペーター・クリージ（Hanspeter Kriesi）は，本書で論じられたような制度的・組織的な意味で「強い国家」は，はたしてその社会に対して実際に影響を及ぼす（「アウトカム」）という意味で「強い」のかを問う。クリージは，制度的な意味での「強い国家」の特徴を，①領域的集権性，②機能的集中，③官僚制の専門化（職業化），④国家諸装置の一貫性と読み替え，それらと社会が国家をどれだけ受容するか測る指標とを交差させることで，OECDに加盟するヨーロッパ16か国の国家の「強さ」を比較している[4]。

ところで，グローバリゼーションの進展のなか，経済的利益や文化的アイデンティティが国境を越え，国家の調整能力の低下が叫ばれる時，国家を分析単位とすることの意義も問われている。ビルンボームの補論はこの疑念に対する反論となっているが，チャールズ・ティリーは別の方法で分析単位としての国家の重要性を論じている。ティリーは，本書等で論じられる「強い国家」「弱い国家」は，今日，①経済活動への影響力，②人々の動員への影響力，③隣国への影響力という意味での「能力の高い国家」と「能力の低い国家」に読み替えられるとしている。ティリーはさらに，①市民権の平等，②市民の意思への応答性，③市民の権利保障という観点から見た民主主義体制と非民主主義体制という指標を設定し，「高能力国家 – 低能力国家」と「民主主義体制 – 非民主主義体制」の交差か

---

3) Patrick Hassenteufel, « L'État mis à nu par les politiques publiques? », *ibid.*, pp. 311-329.
4) Hanspeter Kriesi, « La performance des États forts et des États faibles. Un essai », *ibid.*, pp. 283-302.

訳者あとがき　301

らなるマトリックスを描く。そして，このマトリックスを用いることで，諸国家の歴史の軌跡と，現在の諸国家相互の位置関係を概念的に説明しようと試みる[5]。

以上簡単に紹介した国家の社会学の諸理論は，単に本書で用いられた概念の応用にとどまらず，その修正，読み替え，そして新しい概念の追加をともなっている。本書の理論ですべてを説明できるわけではない。しかし，これらの研究は逆に，変容しつつある国家のもともとの特徴を論じ，国家を分析する基本的な一連の概念を提示する本書のもつ基本書としての重要性を示している。

3

本書の特徴の1つとして，「文化コード」が国家構築に与えた影響力を重視している点がある。本書では，カトリックとローマ法のもつ「分離コード」，すなわち「宗教的なもの」と「世俗的なもの」の分離，世俗の秩序を「公的なもの」と「私的なもの」に分離する傾向のある，文化のもつ影響力として述べられている。この視点を発展させて，バディは『文化と政治』(1983年)，『2つの国家』(1986年)，『輸入された国家』(1992年)を発表したことは，上述のとおりである。

独立後の第三世界の政治の混乱の原因を西欧政治モデルと第三世界の諸社会の文化との間の不整合に見出し，当該社会の文化に責を帰することなく，政治の安定を目指すとするならば，今度問題にされるべきは輸入された西欧政治モデルの方なのか。第三世界の諸社会の文化と整合性のある政治モデルとは何なのか。それは，西欧で

---

5) Charles Tilly, « États forts, faibles et birnbaumiens », *ibid.*, pp. 303-310.

築き上げられてきた人権保障や民主主義の体制とどれだけ親和性があるのか／ないのか。イスラム過激勢力によるテロ行為が頻発するなか，逆に安易なアマルガムに流されないためには，これらの点が再度冷静に議論される必要があるだろう。

　西欧社会に誕生した国家に関する本書を読む時，翻って日本の歴史のなかで構築された国家をどのように論じることができるのだろうかと問いたくなるのは訳者だけではないだろう。日本の近代国家は「輸入された国家」であり，日本がたどった軍国主義や非民主主義体制の歴史の原因もまた，「輸入された国家」と固有文化との不整合にあったのか。こうした解釈は安易に過ぎよう。訳者は日本の国家構築に関する研究について論じる能力を持ち合わせていない。ただ，豊富な日本国家に関する歴史的・理論的研究と西欧諸国家に関する研究とが「共通の言語」で——本書でいうなら，「分化」「制度化」「文化コード」などの諸概念を用いて——交流するならば，国家の社会学の理論的可能性はより拡大するのではなかろうか。

4

　本書のなかで「国民国家」という語が数多く用いられているにもかかわらず，本書の主眼が国家の構築に置かれていることから，国民形成についてはほとんど語られていない。本書に残された課題を引き継いだのが，ビルンボームのもとで学んだイヴ・デロワである。デロワは，国家構築に関する歴史社会学的研究を発展させると同時に，国民としてのアイデンティティ形成，農村住民を中心とした一般大衆が政治に関心をもつようになる過程，その政治的関心が国民的規模に拡大する（nationalisation）過程などを理論的に明らかにし

ようとしている[6]。本書の「国家の歴史社会学」にこうした国民形成に関する理論を付加することで、われわれは「国民国家の歴史社会学」への発展を見ることができるだろう。

5

　本書が社会から政治的なるものを説明するという意味での「国家の政治社会学」の観点に立っているとするならば、逆に、それぞれの国家の特徴から社会の現象を説明するという意味での政治社会学もある。ビルンボームの「国家ユダヤ人」や反ユダヤ主義に関する研究はこの観点に立っている。また、それまで政治的次元を無視してきた社会運動論や動員論が、国家の社会学の影響を受けて各社会のもつ国家の役割に着目するようになったが[7]、これも政治から社会を説明するという意味での政治社会学的視点であろう。

　さらに、国家型のもつ影響力を強調するという点では、ビルンボームの補論も同じ観点に立つ。上で紹介したアッセントゥフェルのいう「再分化」「再制度化」傾向という議論も同様であろう。「強い国家」は、種々の状況下でたとえ「逆国家化」圧力が働いても、ある一部の分野であったとしても「再国家化」へといたる。ここに

---

6) Cf. Yves Déloye, *Sociologie historique du politique*, 3ᵉ édition, La Découverte, 2007 (1997). (中野裕二監訳, 稲永祐介・小山晶子訳『国民国家　構築と正統化』吉田書店, 2013 年)

7) François Chazel, « Type d'État, structure des opportunités politiques et mobilisations collectives », *in* B. Badie et Y. Déloye, dir., *Le temps de l'État…, op. cit.*, p. 276. シャゼルによれば、その代表例は, Sidney Tarrow, *Power in Movement: Collective Action, Social Movements and Politics*, Cambridge University Press, 1994 (大畑裕嗣監訳『社会運動の力——集合行為の比較社会学』彩流社, 2006 年) である。

「強い国家」の論理の執拗性を見るのである。

ただし，こうした「説明変数としての国家類型」論が国家類型還元主義に陥らないためには，丹念な実証研究に依拠した国家類型間の比較研究が重要になってこよう。たとえば，フランスに限定してみたとしても，グローバリゼーションや新自由主義などの影響をフランスの国民国家が受けていることは事実である。ヨーロッパの統合の影響も無視できない。事実，フランスはEUに主権の一部を移譲し，特定分野の政策の共通化が図られ，ヨーロッパの目指す形で地方自治を拡大し，地方制度改革を進め，文化的な多様性の承認を迫られてきた。しかし，こうしたヨーロッパ化の一方，フランスの国民国家，共和制国家の執拗性が示されてきた。たとえばそれは，「欧州地域語・少数言語憲章」に対する憲法院の違憲判決（1999年）や，共通移民統合政策の流れのなかのフランスの政策の独自性の保持に表れている[8]。こうしたフランスの独自性の保持が何に基づくのか，変化しやすいものと変化しにくいものとの違いはどこにあるのか，といった問いが重要なのである。

これからは，単純なグローバル化やヨーロッパ化による画一化でもなく，国家類型還元論にも陥ることなく，国民国家の実態を分析していくことが肝要であろう。本書は，国民国家のいまを知るための研究の基礎となり，多くの視座を与えてくれる。本書は国民国家研究の基本書なのである。

[8) 参照，糠塚康江「欧州地域語・少数言語憲章と共和国（1999年6月15日）」フランス憲法判例研究会編『フランスの憲法判例 II』信山社，2013年，佐藤俊輔「欧州における市民統合法制の現在」『比較法学』46巻1号，2012年，97-129頁。

＊　＊

　本書の出版は稲永祐介氏（高等研究実習院／CNRS-GSRL ポスト・ドクター研究員）の提案から始まった。イヴ・デロワ『国民国家構築と正統化』の翻訳作業をともに終える頃，稲永氏から本書出版の提案があった。『国民国家』は本書とセットで読まれるべきであり，旧版『国家の歴史社会学』が入手不可能な状態である以上，改訂訳版を出版すべしという意見であった。国民国家のうち「国家」に注目する本書と「国民」に注目する『国民国家』とを読むことで，フランスにおける「国民国家の政治社会学」発展の軌跡と成果を理解できるようにする，という意図をもって本書は出版された。

　稲永氏には，コーディネーターとして著者たちとの連絡係などの役割にあたってもらっただけでなく，旧版訳のデータ化，索引作成など本書出版にとって不可欠な作業にあたっていただいた。深くお礼申し上げたい。

　本書の出版は，『国民国家』に引き続いて吉田書店に引き受けていただいた。訳者の在外研究のために作業が大幅に遅れるなか，辛抱強く訳者を見守り，本書完成までの作業に従事していただいた吉田真也氏に感謝申し上げる。

2015 年 1 月

　　　　　　　　　　　　　　　　　ボルドーにて　　　中野　裕二

事項索引

【ア】

アイデンティティ　54, 57-58, 154, 159, 162, 178, 210, 270, 286, 289, 292
アイルランド　210
アキテーヌ　170
アジア　60, 99, 160, 162, 218
アッバース朝　75, 77-78
アフガニスタン　277
アフリカ　99, 159-160, 162-163, 218, 272
アメリカ〔米国, 合衆国〕　7-9, 13, 15, 41, 43, 46, 52, 66-67, 102-103, 168, 201-208, 214-215, 219, 272, 277, 283, 287, 290-293
アルジェリア　159
アンシャン・レジーム　133, 176-177, 179, 182
アンジュー　171
イギリス〔英国, 大英帝国〕　7, 13, 41, 43, 48, 52, 56-58, 83, 88, 102-103, 111-112, 117-122, 124-127, 130, 132, 135-136, 138, 144-145, 147, 151-152, 164, 168, 172, 175, 179, 188-190, 194-202, 204-206, 208-210, 212-215, 219-220
イスラーム　33, 71, 78, 158, 164-165
　——帝国　71, 75-76, 78, 82, 114
イタリア　21, 122, 126-127, 131, 168, 170, 192, 201, 207, 215
イラク　277
イル＝ド＝フランス地方　119, 171
イングランド　194
インド　33, 83
インドネシア　84, 87, 101

ヴァロワ王朝　116
ヴァンデ　108-109
ヴィシー体制　290
ウェストファリア体制　269, 273
ウマイヤ朝　165
エジプト　36, 162, 165
エスタブリッシュメント　83, 103, 197, 201, 292
エスニシティ〔エスニック〕　209-211, 270
エリート　50, 55-56, 59, 58, 84, 108, 111, 116, 120, 136, 155, 159, 160-161, 163, 181, 188, 192, 195, 204-205, 210-211, 219, 290
　——主義　103, 203
エルベ川　10, 153
王権　48, 112, 132, 141-142, 144, 148, 171, 173
王政　135-136, 172, 175, 178-179
　絶対——　116, 177, 181, 183, 195
王党派　109
オーストリア　121
オスマン帝国　162
オスマン＝トルコ帝国　158
オランダ　118, 209
恩顧主義　193, 208
　——関係　162

【カ】

改革派教会　142-143
階級　10, 14, 39, 91-94, 101, 124, 161
　貴族——　48, 110, 115, 117, 133, 135-136, 154, 182-184, 186, 197, 202, 217

307

支配——　15-16, 18, 74, 161, 169, 185
　社会——　9, 15-16, 26, 28-30, 177, 194, 197
　中産——　168, 194, 197
　労働者——　126, 168, 219
階層制　11, 25, 49, 70, 135, 177, 253
介入主義　93, 96, 113, 143, 176
　経済——　136
　国家——　123, 154, 180, 188, 198, 218
　社会——　181
　非——　119
ガヴァナンス　281
囲い込み運動　117
カタロニア　62
カトリック　143-144, 146, 212
貨幣経済　36, 68, 130-131, 153, 242
カリスマ
　——的権力　32
　——的指導者　54
　——的支配　32-34
カリフ　77, 165
還元主義　2, 6-7, 9, 18, 30, 36
　経済——　282
関税同盟　188
官僚　40, 75, 102, 147, 161, 181-184, 190-191, 200-201, 215
　——機構　10-11, 15-16, 67, 84-85, 102, 117, 154, 159-160, 172, 176
　——制(化)　8-12, 17, 25-26, 31-32, 35-40, 44, 46, 58, 67-68, 71, 74-75, 83, 102, 109, 115-116, 135-136, 140, 142-143, 151, 155, 158, 161, 168, 179, 187, 190, 192, 195-196, 205-206, 214, 219
　——制国家　8, 16, 41, 66
　官職保有——　172
　国家——制　39, 113, 190
　直轄——　172

　武官——制　57, 176, 196
　文官——制　176, 186-187
議会　88, 48-49, 60, 62, 126, 136-138, 145, 151, 177, 184-185, 194-195, 201-202, 204, 208, 214
　帝国——　190
　連邦——　191, 200, 214, 291
機能主義　44-45, 49-50, 52-53, 58, 80-81, 87, 91, 93, 96, 98, 117, 150-151
　古典的——　43
　新——　91, 234
教皇　139-140, 142, 268
共産主義　18
　——モデル　126
行政　31-32, 34, 40-41, 64, 90, 102, 112, 136, 174-175, 181-183, 186, 189, 200, 206, 208, 290, 292
　——機構〔機関〕　33, 35-36, 58, 118, 159-160, 170, 172, 177, 180, 184, 190, 199, 205-207
　——規則　23
　——裁判(所)　173, 197, 206
　——法(典)　23, 25, 41, 155, 178, 189-190, 196-197, 206
　後見監督——　194
協調組合主義　126
共同体　16, 18, 44, 63, 69, 74, 77, 87-88, 92, 108-109, 124, 128, 131, 177
　社会——　47
　政治(的)——　76, 160, 279
　信者——　76-77
　村落——　110
共和主義　25
　——思想　108-109
ギリシャ　73,
　——哲学　99
キリスト教　47, 99, 139, 140-141, 149, 214, 291-292
　初期——　141
　——民主主義　193

宮内審理官　172
グレゴリウス教会改革　140
グローバル
　——化　270-272, 274, 282-283, 286
　——・ガヴァナンス　281
軍国主義　155, 188
軍事　9, 31, 35, 61, 82, 116, 118, 129-130, 153, 155-158, 160, 174-175, 186, 213
　——独裁　8
軍隊　12, 35, 57, 113, 129, 137, 174-175, 186-187
経済主体論　6-7, 18, 42, 123
警察　8-9, 132, 137, 176, 178, 186, 189, 196, 200
　——権　155
契約主義運動　152
ケインズ主義　46
ゲード主義　125
権威　25, 27, 31, 54, 77, 86, 103, 140-142, 158, 164, 172
　——主義　39, 51-52, 65, 88, 102, 109-110, 118, 124, 129, 134-135, 138, 182
　——関係　37, 96, 124
　反——主義　33
原子化　28, 210
現実主義　93, 274
憲法　102, 170, 202, 204, 212, 252, 288, 291-292
　——制定会議　202
　——制定議会　177, 289
権力
　——主体　273
　教会——　192
　執行——　14, 202
　世俗——　76
公的〔公共〕空間　44, 59, 70, 93, 173, 178, 274, 281, 288-292
公的領域　73, 92-93, 95, 147, 154, 284

行動主義　94
高等法院　136
公務員　11, 26, 83, 156, 170, 173, 178, 181, 183-187, 190-193, 197-201, 205-208, 213-214
　——規定　183, 191
合理　16, 26, 32, 36, 40, 52, 79, 143, 160, 173, 179, 187
　——化　37, 44, 58, 68, 77, 84, 90, 98-99, 193, 203, 220
　——性　24, 33, 38-39, 68, 74, 98
国土整備地方振興庁　183
国民　25, 101, 151-152, 173, 178, 184, 195, 201-203, 212-213, 286-288, 291-292
　——意識　63
　——統合　143
国立行政学院　181, 183
国立土木学校　188
国連
　——安全保障理事会　272, 277
　——憲章　277
個人主義　43, 121, 145, 198, 203, 208
国家
　——化　102, 111, 118, 123, 126, 136, 138, 144, 149, 154, 163, 192, 194, 205, 209-210, 215, 220
　——介入　123, 142, 154, 180, 188, 198, 218
　——機構　8, 14, 38, 66, 84, 98-99, 111-113, 118-120, 132, 154, 184, 289
　——構造　146, 292
　——モデル　30, 73, 75, 79, 115, 135, 152, 155, 157, 158-159, 160-161, 220
　——主権　76, 202, 274-275, 281
　——類型　279, 288
　階級——　94
　介入主義——　93

事項索引　309

官僚制―― 8, 16, 41, 66, 190
強力な―― 51, 125, 149, 168, 191, 198
君主制―― 132
警察―― 186, 189
交渉人―― 280
最小―― 8, 220
自由主義―― 93
主権―― 62, 146, 246, 267, 272
守護隊―― 186
商社―― 280
政党―― 192
世界―― 99
絶対主義―― 2, 68, 71, 111, 117, 133, 136, 171-172, 174, 179
戦略家―― 280
強い―― 196, 198-199, 202, 213, 282-283, 289-290
都市―― 2, 69, 73, 135
ファシリテーター―― 280
福祉―― 43, 45-46, 51, 93, 181, 206
ブルジョワ―― 12, 126
崩壊―― 272
法治―― 143, 145, 164, 189-190, 220
民主的―― 231
弱い―― 118-119, 240, 283-284
領域―― 62-63
個別主義 48-49, 58, 63, 72-74, 77, 90, 92, 94, 100, 219, 289
コモン・ロー 145, 196, 206
コルベール主義 116, 180
コンセイユ・デタ 178

【サ】

サイバネティックス 42, 47
サファヴィー朝 158
産業
――化 52, 83, 86, 89, 120-123, 134, 136, 180, 188-189, 198, 219
――革命 98, 122
――社会 19, 22, 87, 98, 101, 157
ポスト――社会 38, 94
サン=シモン主義 122, 180
市場 59-60, 112, 123, 144, 154, 173, 188, 198, 208, 212-213, 215, 281-282, 285, 298
――経済 46-48, 146, 201
――システム 95-96
ジスカールデスタン体制 185
システム(理)論 42, 60, 114
七月王政 185
自治権 62, 154, 171, 174, 177, 185, 211
執行権 14, 83, 118, 184, 195, 202
私的空間 44, 281, 288-289
私的領域 59, 73, 77, 92-93, 95-96, 154, 281, 284
シベリア 156
資本主義 13, 36-37, 39-40, 119, 123, 125, 133, 179, 198, 217, 282
――社会 7, 18, 29
商業―― 111-113
初期―― 115, 119
修正―― 126
前―― 115
市民権 44, 49, 73-74, 76, 288-289, 291, 296
市民社会 8-10, 12, 14-15, 17-18, 24, 26-28, 49, 58, 73-74, 76-77, 80, 93, 102, 116-117, 119, 125-127, 130, 132-133, 135, 137-138, 142, 144-148, 154, 156-157, 160-161, 163, 168, 170, 172-173, 177-178, 180-181, 184, 189, 192-198, 201, 207-208, 210, 214-215, 218, 281
自民族中心主義 38, 78
社会学

アメリカ――　1
機能主義――　44-45, 49-50, 53, 58, 63-65, 67, 69, 79, 84-85, 91, 93-95, 97, 100, 102
国家(の)――　1, 3, 7-9, 16, 22, 44, 46, 88, 95, 279
政治――　11, 17, 23, 30, 41-43, 106
パーソンズ――　45, 54
比較歴史――　286-287
フランス――　31
分化――　81, 143
ミクロ――　1
歴史――　2-3, 8, 31, 90, 267-268
社会主義　125
社会変動　30, 58, 63, 86-87, 89, 91, 149-150
ジャカルタ　101
宗教改革　47, 142, 144-146
宗教戦争　212
宗教的なるもの　73, 101, 140-141, 144, 164, 287-288
集合表象　23
自由主義　134, 145, 179, 212, 281, 288
　経済的――　279
重商主義　122, 143, 177, 188, 198, 218
自由放任主義　198
自由流通主義　198
主権　131, 135, 137, 140, 143, 145, 148, 170, 178, 202, 220, 269, 270-275, 278-279, 281
――概念　267-268, 276-277
――思想　276
――者　274, 276-277
――主義　267, 274, 276-277
　世俗――　76
　反――主義　275
ジュネーヴ　145
所有　77, 132, 174
――権　156, 173
　私的――　12-13, 15, 18-19, 29, 31, 36, 38-39, 133, 173
　土地――　153
自律
――化　11, 17, 23-24, 26, 39, 45, 47, 53-56, 58, 68, 70, 73, 97, 102, 108, 133, 139, 148, 157, 162, 170, 173, 176, 178, 181, 184, 186-187, 189, 192, 197, 204-208, 214-215, 279, 289
――性　7, 18, 53-57, 66-68, 70, 73-75, 77, 95, 102, 113-115, 118, 127, 139-140, 149, 172, 175, 181, 183, 190, 195, 217, 291
進化
――論　18, 21, 30-32, 34, 37-38, 40-41, 45, 63, 68-73, 75, 77, 81, 98, 151, 197, 281
　逆――　82, 87-89
　反――論　34
　非――論　22
人権宣言　202
神聖性　34
神政政治　145, 173
人民投票的民主政　33
スイス　7, 13, 168, 206-207, 209-215
垂直的多元体制　209
スカンディナヴィア　219
ステュアート王朝　117, 145, 151
生産様式　8, 18, 130, 283
政治過程　43, 47, 72, 95
政治的なるもの　15, 30, 50, 73, 101, 125, 139, 140-141, 143-145, 156, 176, 274, 278, 279, 287
政党　34-35, 42, 125-126, 192-193, 204-205, 208
　国家社会主義――　191
　大衆――　126
　保守――　59
正統
――性　33, 38, 44, 49, 63, 70, 72,

事項索引　311

139, 143-144, 147, 160, 162, 165,
　　　178-179, 203, 291
　　――化　20, 24, 48, 63, 72, 140, 156
世襲　34, 161, 172
　　――貴族　75
　　――制　34, 36, 71, 74-75
　　――相続制　29
世俗
　　――化　48, 158, 164
　　――裁判権　276
　　――的なるもの　140, 143-145, 164,
　　　172-174, 176
絶対主義　118-119, 138, 273-274
　君主――　186
選挙　200, 202, 204
　制限――　74
　普通――　59
戦争　57, 61, 171, 196, 212, 273, 282
　植民地独立――　270
全体主義　157, 162
ソヴィエト　175
相互依存　23, 55, 82, 144, 271, 275
ソマリア　272

【タ】

第1次バロン戦争　57
大航海時代　111-112
第五共和政　183-184
第三共和政　24-25, 179, 190
第三世界　65, 68, 78, 80, 99-100, 104,
　　154, 157, 160-164
大衆　24, 33, 50, 133, 162
　　――社会モデル　28-29
　　――参加　219
第二帝政　180, 183
第四共和政　183, 190
多極共存型民主主義　168, 209, 211
多元主義　42, 137, 288
　民族・文化――　219

多元的体制　101, 138, 210, 212
多国間主義　275
多国籍企業　163
タンジマート　158
チェチェン　270
チベット　270
中央集権化　21, 23, 50, 91, 96, 100-
　　102, 106, 109, 115, 119, 123-124, 129,
　　132, 135, 143, 155-156, 170, 173, 178-
　　179, 182-183, 185-186, 194, 196, 202,
　　205, 209-210, 212, 219
中華帝国　71, 75, 78
中国　22, 36
　古代――　75
中心－周辺　62-63, 79
忠誠　25, 44, 61, 108-109, 135, 163,
　　171, 174, 177-178, 187, 191, 193-194,
　　210, 214, 276, 282
　　――心　289
　共同体的――　77
　伝統的――　51, 60, 70
テューダー王朝　111, 117-118, 145,
　　151
チューリップ時代　158
徴兵制　178, 282
ツァーリ帝国　115, 121
帝国　2, 49, 55, 58, 61, 70, 75-76, 141,
　　153-154, 188, 190-191
テクノクラシー　96
伝統　7, 50, 63, 87-88, 98-99, 103, 123,
　　135, 138, 141, 144, 147, 160-162, 164,
　　181, 197, 220, 289
　　――主義　20
　　――的（政治）社会　49, 55, 70-72
ドイツ　21, 30, 39-41, 83, 102-103, 120-
　　122, 126, 147, 188-192, 194, 197-198,
　　200-201, 206-208, 212-215
　　――神聖ローマ帝国　153, 185, 211
東方正教会　141
ドゴール主義　183, 191

ドゴール体制　　170, 180, 183
特権　　28, 59, 61-62, 121, 130, 133, 160-161, 173, 178, 196-197, 203, 289
　宗教的――　　140
トランスナショナル　　281, 285
トルコ　　158, 162
ドレフュス事件　　290

【ナ】

ナイジェリア　　276
内面化　　38
ナショナリズム　　63
　トランス――　　287
ナチズム　　220
南米　　99
日本　　148, 287
ノースコート＝トレヴェリアン報告　　199
ノルマン人　　194
ノルマンディー　　171

【ハ】

売官制　　172
ハッチ法　　208
発展主義　　69, 78, 157
パリ　　108, 136, 174
パレスチナ　　270
ピエモンテ　　192
ビザンティン　　141
百年戦争　　171
ピューリタニズム　　145, 203
平等主義　　58-59, 182
ヒンズー教　　164
ファシズム　　220
フィラデルフィア憲法　　202
福祉国家　　43, 45-46, 51, 93, 181, 206
ふくろう党　　109
普遍主義　　38, 58-63, 71, 73-75, 77, 90, 289, 291
フランス革命　　170, 177, 179, 212, 289
フランス教会　　176
フランドル地方　　119
ブルゴーニュ人　　171
ブルジョワ〔ブルジョワジー〕　　8-9, 11-14, 17-18, 27, 39, 59, 67, 117, 126, 130-134, 136, 168, 180-183, 189, 195, 197, 212
　――貨幣経済　　153
　新興――　　17, 130, 218
フルトン報告　　199
ブルボン王朝　　111
プロシア　　8-9, 11-16, 39, 122, 152-154, 168, 170, 185-190, 196, 198, 202, 213
　――＝ドイツ帝国　　7
プロテスタンティズム　　47, 143, 152, 203
プロテスタント　　203, 212, 293
　――社会　　143-144
プロレタリア　　125
分化
　――概念　　78, 81-82, 84-85, 88, 93, 95
　――過程　　12, 15, 37, 45, 50-53, 59, 68, 82, 84-86, 88, 95, 101, 107
　逆――　　76, 86-89, 96-97
　社会的――　　49-53, 101
　政治的――　　82, 279
文化　　54, 58, 77, 79, 96-100, 106, 139-141, 143, 146-149, 157, 159, 164, 209, 214, 219, 270, 279, 289, 291
　――コード　　47, 75, 97, 99, 104, 150, 218, 279
　――システム　　47-48, 75, 152
　――的ヘゲモニー　　162
　――モデル　　102, 139
　政治――　　101-103
　法――　　147
分業　　15-17, 20-23, 26, 28-30, 50, 64,

事項索引　　313

83-86, 91-92, 106-109, 123-124, 134, 144, 158-159, 217
　機能的―― 17
　社会的―― 45, 53, 56, 84-86, 89, 91, 96, 99, 109, 111, 123, 159
　政治的―― 37
文明化 21
ヘゲモニー 15, 162
ベルギー 122
ペルシア 158
ペンドルトン法 206
封建 112-113, 116-117, 137, 171
　――化 39, 101, 130, 135, 151-153, 217, 218
　――システム 90, 128, 130
　――社会 62, 85, 128, 130, 132, 138-139
　――制 8-9, 12-13, 15, 17, 31-33, 35, 56, 60, 82, 101, 128-131, 134-135, 138, 148, 152-153, 163, 194, 201, 218, 289
封臣的身分関係 35
法の支配 197
ポーランド 112, 115
保守主義 19-20
ボナパルティズム 13-15, 17, 28
ポルトガル 62
本質主義 268

【マ】

マグナ・カルタ 151, 195, 202
マサチューセッツ州 145-146
マルクス主義 6-7, 19-20, 27, 30, 33, 37, 42-43, 98, 120
南アメリカ 162
民主主義 65, 191, 193, 274, 288
　参加―― 279
無敵艦隊 114
メロヴィング王朝 173

モージュ高原 109
モスクワ 154-155
モンゴル 155

【ヤ】

唯物論 10
　軍事的―― 31
　経済的―― 30
有機体 10, 23, 81
　――論 1, 20, 92
ユスティニアヌス法典 147
ユダヤ
　――教 289, 291-292
　――人 287-289, 291-292
　――民族 289-290
　国家――人 291
　反――主義 290
　フランス・――人 290
ユンカー 39, 186-187

【ラ】

ライシテ〔ライック〕 25, 143, 145, 164, 179, 287
理念型 38, 40, 107, 168, 170, 177, 179, 181, 194
ルネッサンス 85, 90, 99, 106, 113, 118, 136, 139, 163-164, 171, 173, 217
ルワンダ 272
例外主義 274, 288
レーニン主義 126
連帯 51, 69, 110
　機械的―― 23
　共同体的―― 92, 131
　社会―― 286
　伝統的―― 49
　有機的―― 23, 29
連邦 205-208, 212-213, 292
　――議会 191, 200

――制国家　22, 291
労働組合主義　126
ローマ　61, 63, 73-74, 82, 135, 152, 164, 173, 196, 269
　――帝国　41, 132, 177
　――法　99, 147, 151
　――教会　142, 142
ロシア　22, 39-40, 55, 103, 115, 120-121, 152, 154-157, 168, 175
　――帝国　71
ロマノフ王朝　115
ロワール川〔渓谷〕　108, -109, 119

【ワ】

ワイマール共和国　190

人名索引

【ア】

アイケンベリー(J. Ikenberry)　283
アイゼンシュタット(S. Eisenstadt)　46, 54-56, 64-66, 70, 75, 82, 84, 88, 100
アウグストゥス帝(Augustus)　61
アブドゥフ(M. Abduh)　165
アフメット3世(Ahmed III)　158
アーモンド(G. Almond)　78, 233
アル=アフガーニー(Al-Afghānī)　165
アンダーソン(P. Anderson)　113, 117, 128, 133, 136, 148
イヴァン3世(Ivan III)　155-156
イヴァン4世〔雷帝〕(Ivan IV)　115, 155
イェリネク(G. Jellinek)　190
イーストン(D. Easton)　43
イブー(B. Hibou)　284
ヴィルヘルム1世(Wilhelm I)　153
ウィリアム征服王(William the Conqueror)　194
ウェイス(L. Weiss)　283-284
ウェーバー(M. Weber)　1, 11, 26, 30-44, 54, 68, 140, 187, 190-191, 214, 270
ウォーラーステイン(I. Wallerstein)　111-115, 117-120, 123-124, 155, 163
エヴァンズ=プリチャード(E. Evans-Pritchard)　69
エツィオーニ(A. Etzioni)　89-90
エリアス(N. Elias)　128
エンゲルス(F. Engels)　15, 18
オッフェ(C. Offe)　94-95

【カ】

ガーシェンクロン(A. Gerschenkron)　120-123
カートライト(T. Cartwright)　145
カッシム(H. Kassim)　286
カペー(H. Capet)　170-171
カントロヴィッチ(E. Kantorowicz)　195
ギアーツ(C. Geertz)　84, 87, 100-101
キアナン(V. Kiernan)　114
グールドナー(A. Gouldner)　46, 85
グネ(B. Guenée)　147
グラムシ(A. Gramsci)　42
クレルモン=トネール伯爵(S. de Clermont-Tonnerre)　288
クロムウェル(O. Cromwell)　33
ゲラシウス1世(Gelasius I)　142
ゲルナー(E. Gellner)　84
コルベール(J.-B. Colbert)　122, 175
コンデ(le Grand Condé)　174

【サ】

サン=シモン(H. de Saint-Simon)　281
ジェルマニ(G. Germani)　100
ショウバーグ(G. Sjoberg)　72
シルズ(E. Shils)　78-79
ストレイヤー(J. Strayer)　136, 140
ストレンジ(S. Strange)　282
スミス.(A. Smith)　149
スメルサー(N. Smelser)　45, 51, 83

【タ】

ダーウィン（C. R. Darwin） 203
ダイシー（A. V. Dicey） 197
ティリー（C. Tilly） 87-88, 108-110, 287
チャールズ1世（Charles I） 195
テーヌ（H. Taine） 180
デュモン（L. Dumont） 148
デュルケム（É. Durkheim） 19-31, 34, 37, 42, 45
ドイッチュ（K. Deutsch） 42
トクヴィル（A. de Tocqueville） 23, 27-28, 176-177, 180-181
トルーマン（D. Truman） 42

【ナ】

ナポレオン1世〔ボナパルト〕（Napoléon Bonaparte） 14, 33, 122
ナポレオン3世（Charles Louis Napoléon Bonaparte） 17, 122, 170
ニスベット（R. Nisbet） 61
ネットル（J. P. Nettl） 103

【ハ】

パーソンズ（T. Parsons） 45-49, 51, 54, 58, 71-72, 83, 91, 98
ハーバーマス（J. Habermas） 59, 92, 96
パイ（L. Pye） 78
パシャ（I. Pasha） 158
ハンチントン（S. Huntington） 52, 66-67
ビスマルク（O. F. von Bismarck） 40, 122, 190
ピョートル1世（Pyotr I） 156
ピョートル3世（Pyotr III） 156
ヒンツェ（O. Hintze） 101
ファイナー（S. Finer） 56, 62
フィリップ端麗王（Philippe le Bel） 116, 147, 267-268
フィリップ2世（Philippe II） 57
フーカー（R. Hooker） 145
フォーテス（M. Fortes） 69
フュステル・ド・クーランジュ（N.-D. Fustel de Coulanges） 73
フュレ（F. Furet） 182
フランクファーター（F. Frankfurter） 291
フリードリヒ大王（Friedrich der Grosse） 122, 154
ブレンナー（R. Brenner） 110
ヘーゲル（G. W. F. Hegel） 10-12, 190
ペロワ（E. Perroy） 112
ベンディクス（R. Bendix） 58, 71, 151
ベントリー（A. Bentley） 42
ヘンリー8世（Henry VIII） 118
ボダン（J. Bodin） 267, 269
ホッブズ（T. Hobbs） 267, 269, 273, 277
ボナパルト〔ナポレオン1世〕（Napoléon Bonaparte） 14, 33, 122
ド・ボナルド（L. G. de Bonald） 20
ポランニー（K. Polanyi） 148

【マ】

マイヤー（O. Mayer） 189
マルクス（K. Marx） 6-21, 26-31, 33-34, 37, 39, 42-43, 98, 149
マルタン（W. Martin） 212
ムーア（W. Moore） 51-52
ムーア（B. Moore Jr.） 188, 287
ド・メーストル（J. de Maistre） 20
モンテスキュー（C. L. de Montesquieu） 203

【ラ】

ライト・ミルズ(C. Wright Mills)　207
リープクネヒト(W. Liebknecht)　12
リシェ(D. Richet)　182
リシュリュー(A.-J. de Richelieu)
　174-175
リッグス(F. Riggs)　86
ルイ14世(Louis XIV)　170, 175
ルーヴォワ候(F. M. Le Tellier de Louvois)　174
ルーズヴェルト(F. Roosevelt)　206
ルソー(J.-J. Rousseau)　268
ル・テリエ(M. Le Tellier)　174
ルロワ＝ボーリュー(A. Leroy-Beaulieu)　180
レイプハルト(A. Lijphart)　210
ローウィ(R. Lowie)　69, 98
ロッカン(S. Rokkan,)　143, 287
ロック(J. Locke)　119, 203
ロベスピエール(M. Robespierre)　33

著者紹介

ベルトラン・バディ（Bertrand Badie）

1950年生まれ。専門は国際関係論。現在，パリ政治学院教授，国際関係研究所（CERI）所属。2006～2009年には世界政治学会（IPSA）の副会長も務めた。

本書の他，いずれも邦訳未完であるが，*Culture et politique*, Économica, 1983 (1993) ; *Les deux États : pouvoir et société en Occident et en terre d'Islam*, Fayard, 1986 (Seuil, 1997) ; *L'État importé : essai sur l'occidentalisation de l'ordre politique*, Fayard, 1992 ; *La fin des territoires : essai sur le désordre international et sur l'utilité sociale du respect*, Fayard, 1995 (CNRS Édition, 2013) ; *L'impuissance de la puissance : essai sur les nouvelles relations internationales*, Fayard, 2004 (CNRS Édition, 2013) ; *Le diplomate et l'intrus : L'entrée des sociétés dans l'arène internationale*, Fayard, 2007 ; *La diplomatie de connivence : les dérives oligarchiques du système international*, La Découverte, 2011 (2013) ; *Le temps des humiliés : pathologie des relations internationales*, Jacob, 2014 などがある。さらに，共編として *International Encyclopedia of Political Science* (8 volumes), SAGE Publications, 2011 など。

ピエール・ビルンボーム（Pierre Birnbaum）

1940年生まれ。専門は政治社会学，フランス近代史。パリ第1大学政治学とパリ政治学院で教授を務めながら，ニューヨーク大学やコロンビア大学でも教え，現在，パリ第1大学名誉教授。

本書の他，*Les sommets de l'Etat*, Seuil, 1977 (1994)〔田口富久治監訳，国広敏文訳『現代フランスの権力エリート』日本経済評論社, 1988年〕; *Le Peuple et les gros : histoire d'un mythe*, Grasset, 1979 (*Genèse du populisme : le peuple et les gros*, Pluriel, 2012) ; *Les Fous de la République : Histoire politique des Juifs d'Etat de Gambetta à Vichy*, Fayard, 1992 (Seuil, 1994) ; *La France imaginée : déclin des rêves unitaires?*, Fayard, 1998 (Gallimard, 2003) ; *Le moment antisémite : Un tour de la France en 1898*, Fayard, 1998 (2015) ; *Les deux maisons : Essai sur la citoyenneté des Juifs (en France et aux États-Unis)*, Gallimard, 2012 ; *La République et le cochon*, Seuil, 2013 ; *Léon Blum : Prime Minister, Socialist, Zionist (Jewish Lives)*, Yale University Press, 2015 ; *Sur un nouveau moment antisémite*, Fayard, 2015 などがある。その他，「ユダヤ人」ピエール・ノラ編（谷川稔監訳）『記憶の場：フランス国民意識の文化＝社会史 第1巻 対立』岩波書店, 2002年。

訳者紹介

小山 勉 （おやま・つとむ）

1936年生まれ。新潟大学法学部教授，九州大学法学部教授ののち福岡大学法学部教授。2006年没。
著書に『近代政治思想の諸相』（編著，御茶の水書房，1997年），『教育闘争と知のヘゲモニー』（御茶の水書房，1998年），『トクヴィル』（ちくま学芸文庫，2006年）など。訳書として，アレクシス・ド・トクヴィル『旧体制と大革命』（ちくま学芸文庫，1998年）。

中野 裕二 （なかの・ゆうじ）

1963年生まれ。現在，駒澤大学法学部教授。専門は政治社会学。
著書に『フランス国家とマイノリティ』（国際書院，1996年），『来るべき〈民主主義〉』（共著，藤原書店，2003年），『移民の社会的統合と排除』（共著，東京大学出版会，2009年），『排外主義を問いなおす』（共編著，勁草書房，2015年予定）など。

国家の歴史社会学〔再訂訳版〕

2015年4月10日 初版第1刷発行

著　者　　ベルトラン・バディ
　　　　　ピエール・ビルンボーム
訳　者　　小　山　　勉
　　　　　中　野　裕　二
発行者　　吉　田　真　也
発行所　　合同会社 吉田書店

102-0072 東京都千代田区飯田橋2-9-6 東西館ビル本館32
TEL：03-6272-9172　FAX：03-6272-9173
http://www.yoshidapublishing.com/

装丁　折原カズヒロ　　　　　　　印刷・製本　シナノ書籍印刷
DTP　閏月社
定価はカバーに表示してあります。

ISBN978-4-905497-32-5

―――― 吉田書店刊 ――――

国民国家　構築と正統化――政治的なものの歴史社会学のために
Sociologie historique du politique

イヴ・デロワ（ボルドー政治学院教授）著
監訳：中野裕二（駒澤大学法学部教授）
翻訳：稲永祐介・小山晶子

歴史学と社会学の断絶から交差へと至る過程を理論的に跡づけ、近代国家形成、国民構築、投票の意味変化について分析。フランスにおける政治社会学の理論的展開を理解するのに最適の1冊。　　　　　　　　　　　　46判並製，228頁，2200円

21世紀デモクラシーの課題――意思決定構造の比較分析

佐々木毅　編

日米欧の統治システムを学界の第一人者が多角的に分析。
執筆＝成田憲彦・藤嶋亮・飯尾潤・池本大輔・安井宏樹・後房雄・野中尚人・廣瀬淳子　　　　　　　　　　　　　　　　　　　　46判上製，421頁，3700円

憎むのでもなく、許すのでもなく――ユダヤ人一斉検挙の夜

B・シリュルニク　著

林昌宏　訳

ナチスに逮捕された6歳の少年は、収容所に送られる直前に逃げ出し、長い戦後を生き延びる――。40年間語ることができなかった自らの壮絶な物語を紡ぎだす。
世界10カ国以上で翻訳刊行され、フランスで25万部を超えたベストセラー。ユダヤ人迫害についての歴史観や道徳心についてさかんに議論されるきっかけとなった1冊。　　　　　　　　　　　　　　　　　　　　　　46判上製，350頁，2300円

グラッドストン――政治における使命感

神川信彦（1924-2004 元都立大教授）著
解題：君塚直隆（関東学院大学教授）

1967年毎日出版文化賞受賞作。英の政治家グラッドストン（1809-1898）の生涯を新進気鋭の英国史家の解題を付して復刊。　　　46判上製，512頁，4000円

カザルスと国際政治――カタルーニャの大地から世界へ

細田晴子（日本大学准教授）著

激動する世界を生きた偉大なるチェリストの生涯を、スペイン近現代史家が丹念に追う。音楽と政治をめぐる研究の新境地。　　　46判上製，256頁，2400円

定価は表示価格に消費税が加算されます。
2015年3月現在